古典文獻研究輯刊

二六編

潘美月・杜潔祥 主編

第7冊

《周易》文本生成研究（上）

謝炳軍 著

國家圖書館出版品預行編目資料

《周易》文本生成研究(上) ／謝炳軍 著 — 初版 — 新北市：
花木蘭文化事業有限公司，2018〔民107〕
目 2+154 面；19×26 公分
（古典文獻研究輯刊 二六編；第 7 冊）
ISBN 978-986-485-351-9（精裝）
1. 易經 2. 研究考訂
011.08   107001760

ISBN-978-986-485-351-9

9 789864 853519

古典文獻研究輯刊
二六編 第 七 冊   ISBN：978-986-485-351-9

《周易》文本生成研究（上）

作　　者 謝炳軍
主　　編 潘美月　杜潔祥
總 編 輯 杜潔祥
副總編輯 楊嘉樂
編　　輯 許郁翎、王筑　美術編輯 陳逸婷
出　　版 花木蘭文化事業有限公司
發 行 人 高小娟
聯絡地址 235 新北市中和區中安街七二號十三樓
　　　　 電話：02-2923-1455／傳真：02-2923-1452
網　　址 http://www.huamulan.tw 信箱 hml810518@gmail.com
印　　刷 普羅文化出版廣告事業
初　　版 2018 年 3 月
全書字數 498163 字
定　　價 二六編 25 冊（精裝）新台幣 48,000 元　　版權所有・請勿翻印

《周易》文本生成研究（上）

謝炳軍 著

作者簡介

謝炳軍，廣東省湛江市人，文學博士，北京師範大學在站博士後。研究方向：經學傳世文獻與出土文獻。迄今，已在《中國音樂學》《學術界》《中州學刊》《江西社會科學》等期刊發表論文多篇。曾獲得國內文獻學方面設置的最高獎項——中國古文獻學獎學金博士生第三等獎。作者所撰博士學位論文《〈周易〉文本生成研究》是迄今國內第一本較爲系統闡釋《周易》文本生成的博士學位論文。

提　要

今本《周易·繫辭》所載關於《易》卦起源及用卦的傳說，有可信之處。大約在伏羲時代，產生了八卦數占，其因革了前代以結繩記數產生的發達的象數思維。三代之前的八卦、六十四卦以及其口頭解說體系的成熟，爲三代《易》書的取材提供了直接的源泉。《連山》《歸藏》發展了《易》占的重卦體系，成爲官學。而周族所用的仍是原始的八卦占筮法，且其稽疑的主要方式爲龜卜。周文王在拘於羑里之時，將周人之八卦筮法追改爲六十四重卦形式，並在某個卦如《乾》之六爻下增廣爻辭，以表惕屬、憂患之心思，開有周一代筮典《周易》繫以爻辭之先河。

《周易》六十四卦對《連山》《歸藏》的卦名體系有所揚棄，其命名方法主要有四種：以事物所處之狀態名卦；以人的行爲、品質名卦；以象之所用名卦；以物象名卦。《周易》卦辭體系保留有《連山》《歸藏》生成義例的痕跡，但王官在歸納、總結與編輯筮例過程中，有意識地刪汰了占筮的本事，從而使卦辭更具理論性、概括性。《周易》爻辭體系的生成則與西周的稽疑體制密切相關。西周專事卜筮的職官集體在完善以周文王所演之重卦筮法的稽疑活動中，吸收《連山》《歸藏》的養分，以因象繫辭、緣事生辭、計占撰詞、隱其判詞及綜合利用各撰文之法，編撰出了《周易》爻辭體系，生成了有周一代之筮典。《易象》之卦序是今本《周易》卦序生成的重要借鑒。《乾》更替殷易《歸藏》之《坤》，具有深刻的政治意義。今本《周易》卦序主要依據如下三個原則排列而成：一是鄰卦的排列原則，主要爲「二二相耦，非覆即變」；二是以王官作意排列鄰卦的先後；三是由卦序框架安插餘卦。

《周易》經文本生成後，言說《周易》之風的興起是《易傳》得以生成之主因。《易傳》是官學、私學相互作用、相互疊加的產物。卜官、筮人、史官以及私學中言說《周易》者如孔子、孔子後學等人，皆爲《易傳》的生成作出了貢獻。於私學而言，《繫辭》所載「子曰」，是以孔子爲代表的儒家的習《易》體認，是《繫辭》與儒家存在著關係的明證。《易傳》中，《說卦》是生成最早的文本，其因革《八索》而成文，最後編定或在魯國。《象傳》則淵源各自，《大象傳》來自王官，意在解說一卦的上下經卦結構，以及詮釋一卦之教戒意義；《小象傳》出自孔子後學，意在解說《周易》各卦爻辭的微言大義，反映著西漢前私學言說《周易》的最高學術成就。《小象傳》解說爻辭自成體系。雖然《小象傳》所解之文，存在有悖《周易》爻辭本意的現象，但並未削弱《小象傳》的思想價值。

目

次

緒　論

在《漢書‧藝文志》中，《周易》冠於群經之首，其體小思精，因象立言，寓教於筮辭，鈎貫著王官勸誡稽疑者的作意，成爲有周一代之筮典。《周易》又因象、言相得益彰，運思造奇，其語鮮涉玄虛，係推明天道、地道而彰顯人道之書，是周禮之神采，蘊含著博深的思想內容，所以能成其爲中國古典文獻府庫的奇珍異寶。然而，儘管較之《詩》《書》《禮》《樂》《春秋》五經，《周易》的傳承鏈條未曾中斷，但《三易》源流及《周易》文本生成的歷史眞貌，在起自《易傳》，洎今之論著之中，罕有源流分明、脈絡粲然之說。也即，雖然《周易》的經解之書甚爲繁富，蔚爲大觀，但拘囿於成見，《周易》的文本生成研究難見自成體系之說。

《周易》文本的生成是《周易》學的發端，而《周易》文本生成研究是《周易》學研究的根基。《周易》文本由《周易》各文本構件組成，分爲卦畫體系、卦名體系、卦辭體系、爻辭體系以及十翼等主要部分。五個文本構件缺一不可；若缺其一，必不成其之體系。歷代儒者論《周易》大多立基於此：《易經》即指經傳一體之《周易》。〔註 1〕

在進入論題之前，有必要簡述《三易》源流及回顧古今學者研究《周易》文本生成的重要成果、本文的研究視角及本文在先達時賢的研究基礎之上所作的工作。

〔註 1〕《漢書‧藝文志》載：「《易經》十二篇，施、孟、梁丘三家。」師古曰：「上下經及十翼，故十二篇。」此爲正解，三家各十二篇，凡計三十六篇，方與後文所云「二百九十四篇」相合。可見，《易經》即包括經文系統與解說系統《易傳》。所以漢儒引《十翼》之文，統稱「《易》曰」。

一、《三易》源流

　　《三易》源流是《周易》生成前史要考察的問題。《三易》源流問題，簡而言之，是《連山》《歸藏》《周易》三者成書的關係問題。釐清了《三易》源流，有利於闡明《周易》各文本構件生成的問題。

　　在《周易》之前，有夏商兩代之筮典《連山》《歸藏》。《周禮·春官·大卜》云：「〔大卜〕掌《三易》之灋：一曰《連山》，二曰《歸藏》，三曰《周易》。其經卦皆八，其別皆六十有四。」〔註2〕鄭《注》：「杜子春云：『《連山》，虙戲；《歸藏》，黃帝。』」〔註3〕鄭玄又云：「夏曰《連山》，殷曰《歸藏》，周曰《周易》。連山者，象山之出雲，連連不絕；歸藏者，莫不歸藏於其中；周易者，言《易》道周普，無所不備。」〔註4〕是杜氏之意，或以《連山》《歸藏》分別爲虙戲、黃帝所作，而未言及《周易》；又或意爲《二易》始於虙戲、黃帝之時代，但非虙戲、黃帝所自作〔註5〕。鄭氏則指出三代《易》書之題名，並闡釋其題名之義趣。可見，漢儒杜子春、鄭玄皆認爲：在《周易》成書之前，《連山》《歸藏》業已形成重卦體系〔註6〕，即《連山》《歸藏》已包括重卦卦畫、卦名、卦辭以及解卦理路等主要內容及方法。

　　出土文獻以實物的形式，與傳世文獻一起印證了殷代《歸藏易》的存在〔註7〕。此說明《周易》各文本構件生成之前，六十四卦重卦體系已經存在。

〔註2〕〔漢〕鄭玄注，〔唐〕賈公彥疏《周禮注疏》卷二十四，《十三經注疏3》，藝文印書館，2013年版，第370頁上～下。

〔註3〕〔漢〕鄭玄注，〔唐〕賈公彥疏《周禮注疏》卷二十四，《十三經注疏3》，藝文印書館，2013年版，第370頁下。

〔註4〕〔漢〕鄭玄撰，〔宋〕王應麟編《周易鄭康成注·易贊易論》，《景印文淵閣四庫全書》經部第7冊，臺灣商務印書館，1986年版，第145頁下。

〔註5〕劉師培：《〈連山〉〈歸藏〉考》，《中國學報》1915年第2期。

〔註6〕金景芳先生同此說，其云：「在《周易》作出以前，已經有《連山》《歸藏》二易存在。」（金景芳《論〈周易〉的實質及其產生的時代與原因》，《傳統文化與現代化》1998年第3期，第41頁）

〔註7〕《隋書·經籍志》載：「《歸藏》十三卷晉太尉參軍薛貞注。」（〔唐〕魏徵、令狐德棻《隋書》卷三十二，中華書局，1973年版，第909頁）《舊唐書·經籍志》載：「《歸藏》十三卷殷《易》，司馬膺注。」（〔後晉〕劉昫等撰《舊唐書》卷四十六，中華書局，1975年版，第1966頁）《新唐書·藝文志》亦載：「司馬膺注《歸藏》十三卷。」（〔宋〕歐陽修、宋祁《新唐書》卷五十七，中華書局，1975年版，第1423頁）《崇文總目》則載：「《歸藏》三卷。晉太尉參軍薛正注，《隋書》有十三篇，今但存《初經》《齊母》《本著》三篇，文多闕亂，不可詳解。」（〔宋〕王堯臣《崇文總目》卷一，〔清〕鮑廷爵輯，《後知不足齋

江陵王家臺所出土的秦簡有「易占」之書〔註8〕，論者多以《歸藏》繫屬之，認爲其承自殷代筮典《歸藏》〔註9〕，亦有學者因持《歸藏》比《周易》晚出之見，而否定其爲殷代筮書〔註10〕。我們之見同王明欽等先生。顯然，王家臺秦簡《歸藏》是歷經周秦之編者的追改、排纂、裒次而成，已是殷代筮典《歸藏》的異本，但其卦畫之形制、卦名、卦辭製撰之體例等方面當與筮典《歸藏》一脈相承。因此，藉助王家臺秦簡《歸藏》、殷周數字卦材料以及相關的傳世文獻，我們認爲：周民族本以八卦占爲主〔註11〕，接受了殷商文化

叢書》本，清光緒中常熟鮑氏刊本，第1頁下）以上爲正史、目錄書所載《歸藏》書目信息的情況。《禮記・禮運》載：「孔子曰：『……我欲觀殷道，是故之宋，而不足徵也，吾得《坤》《乾》焉。《坤》《乾》之義，……吾以是觀之。』」（〔漢〕鄭玄注，〔唐〕孔穎達疏《禮記注疏》卷二十一，阮元《十三經注疏5》，藝文印書館，2013年版，第415頁下）此表明殷代已有筮典。《山海經》曾載：「黃帝氏姚信作歸藏氏得河圖，商人因之，曰《歸藏》。」（〔清〕朱彝尊《經義考》卷三，林慶彰等新校，上海古籍出版社，2010年版，第23頁）漢儒桓譚稱：「《連山》八萬言，《歸藏》四千三百言。夏《易》煩而殷《易》簡。《連山》藏於蘭臺，《歸藏》藏於大卜。」（〔漢〕桓譚《新輯本桓譚新論》卷九，朱謙之校輯，中華書局，2009年版，第38頁）是桓譚之時，《連山》《歸藏》猶存。然而，後世因專習《周易》，《連山》《歸藏》遂散亡，僅餘片言隻語。幸賴王家臺秦簡《歸藏》的出土，傳世文獻所載的《歸藏》信息方得以進一步證實。自秦簡《歸藏》出土之後，學界重新審視傳世文獻的相關記載，大部學者認爲秦簡「易占」與殷代《歸藏》有著密切的聯繫。此說可信從。

〔註8〕劉德銀《江陵王家臺15號秦墓》，《文物》1995年第1期，第40～42頁。

〔註9〕可參如下著述：王明欽《試論〈歸藏〉的幾個問題》，古方編《一劍集》，中國婦女出版社，1996年版，第101～111頁；李家浩《王家臺秦簡「易占」爲〈歸藏〉考》，《傳統文化與現代化》1997年第1期，第46～52頁；王明欽《王家臺秦墓竹簡概述》，艾蘭、邢文編《新出簡帛研究》，文物出版社，2004年版，第29～39頁；王寧《秦墓〈易占〉與〈歸藏〉之關係》，《考古與文物》2000年第1期，第49～55頁；王保玹《從秦簡〈歸藏〉看易象說與卦德說的起源》，艾蘭、邢文編《新出簡帛研究》，文物出版社，2004年版，第146～153頁；柯鶴立《兆與傳說：關於新出〈歸藏〉簡書的幾點思考》，艾蘭、邢文編《新出簡帛研究》，文物出版社，2004年版，第154～157頁；邢文《秦簡〈歸藏〉與〈周易〉用商》，《文物》2000年第2期，第58～63頁；林忠軍《王家臺秦簡〈歸藏〉出土的易學價值》，《周易研究》2001年第2期，第3～12頁；廖名春《王家臺秦簡〈歸藏〉管窺》，《周易研究》2001年第2期，第13～19頁，等等。

〔註10〕程二行、彭公璞《〈歸藏〉非殷人之易考》，《中國哲學史》2004年第2期，第100～107頁。

〔註11〕考古成果、傳世文獻皆可爲證，詳見本文第一章。

之周文王始重八卦爲六十四卦〔註12〕。「文王重八卦」係《周易》發生之起點（其初，《易》特指《周易》，後成爲《三易》之統稱），《周易》鑒於兩代，集其所成，加以發明，生成了彰顯本色之體系，可略述如下：

（一）《周易》重卦體系承自《連山》《歸藏》

夏造殷因，周因殷禮，承載文化之各代典籍，其內容有所承繼。《論語·爲政》載：

> 子張問：「十世可知也？」子曰：「殷因於夏禮，所損益可知也；
> 周因於殷禮，所損益可知也。其或繼周者，雖百世可知也。」〔註13〕

孔子所言甚是。「文王重八卦」之說並非遊談無根。文王重八卦的時代殆在拘於羑里之際，其備具借鑒《歸藏》之條件〔註14〕。

（二）《周易》卦名體系有承自《連山》《歸藏》者

《周易》因仍《連山》《歸藏》名卦體例，如以物象而爲卦名、以體用爲卦名、以人事爲卦名等命名卦畫的方式。

（三）《周易》八卦取象因仍《連山》《歸藏》

承繼《連山》《歸藏》取象之法，如「近取諸身」（如八卦之象與人體部位之關係）、「遠取諸物」（如八卦之象與天文、地理之關係）。此還可從《連山》《歸藏》題名窺見八卦取象由來已久。

（四）《周易》卦辭文例因革《歸藏》

以考古材料觀之，河南安陽四盤磨出土之殷末甲骨（兩片）、陝西岐山鳳雛村出土之殷末周初甲骨（85號），其文例皆係「數字卦畫＋曰＋某某」之形式，而王家臺秦簡《歸藏》卦辭文例亦如是。此與《周易》卦辭之文例相同或相似。以傳世文獻之記述觀之，《漢書·五行志》云：「昔殷道弛，文王演

〔註12〕起初，周族所用之筮法，是八卦筮法，與商代官方重卦筮法分路。新近刊布之清華簡《筮法》或保存了今本《周易》生成前的一種形態。

〔註13〕〔魏〕何晏等注，〔宋〕邢昺疏《論語注疏》卷二，《十三經注疏8》，藝文印書館，2013年版，第19頁下。

〔註14〕《新書·君道》云：「文王桎梏於羑里，七年而後得免。」（〔漢〕賈誼《新書》卷七，閻振益、鍾夏校注，《新編諸子集成》，中華書局，2000年版，第287頁）《淮南子·齊俗訓》云：「湯入夏而用其法，武王入殷而行其禮。」（何寧《淮南子集釋》中冊卷十一，《新編諸子集成》，中華書局，1998年版，第800頁）周文王拘於羑里，有機會接觸並習玩殷代《歸藏》。

《周易》。」師古曰：「演，廣也，更廣其文也。」〔註15〕是認爲周文王據《歸藏》而增廣其文辭。此說成其理，爲可信之論。

總而言之，有周一代之筮典《周易》借鑒《連山》《歸藏》而生成其重卦體系，並沿革其卦名及增益其文辭，終成其大者。所以，《周易》文本能生成其獨特的體系，《連山》《歸藏》是其足資借鑒與取用的源泉，是研究《周易》前史不可忽視的重要方面。

二、《周易》文本生成研究的主要問題及現狀

《繫辭》開闡述《周易》文本生成之先河，將其根繫於伏羲，以爲伏羲仰觀俯察畫成八卦；將其花繫於周文王、周公旦，以爲周文王、周公旦分別作卦辭、爻辭；將其果繫於孔子，以爲孔子作《十翼》。自漢泊唐，學者沿其波，少有異詞，以之爲不刊之論。及宋，疑古之風始扇，歐陽修撼動孔子作《十翼》之根柢，朱子明申《周易》爲卜筮之書，以爲其初未有深意；《易》之圖書一派自象數派歧出，其神化《周易》之根本，也未能撥開遮蓋在《周易》之上的烏雲，尋得《周易》生成之眞貌。又歷元、明、清三代，以禪學解《易》者有之，以心學解《易》者有之，旁搜博採漢《易》之說者亦有之，然《周易》生成之本末始終半明半晦，專於象數與長於義理者皆有偏失。時至二十世紀，相關考古材料的發掘和利用，多個學科視閾的交叉考察，《周易》文本生成之研究推陳出新，此使《周易》文本生成研究煥發新氣象。尤值得表而出之者是張政烺，其主張出土的商周青銅器、卜骨等文物上的數字爲數字卦，推動《周易》卦畫體系生成之研究。歷史考據學派意爲卦畫源自數字卦，古史辨學派考稽文本、徵以史事的勤力，以及諸多先達對《周易》文本生成的追溯，貢獻甚大，然而卻尚未能釐清《周易》各個文本的生成問題。

《連山》《歸藏》對《周易》文本的生成有著直接的影響，周人筮典重卦體系的構建取材於夏殷二代筮典，此解決了「誰重《周易》之卦」〔註16〕的

〔註15〕〔漢〕班固撰，〔唐〕顏師古注《漢書》卷二十七上，中華書局，1962 年版，第 1316～1317 頁。

〔註16〕重卦之人繫於誰的糾葛，爭端起於論者未能分清《三易》之源流，各民族各有筮法，其可共享八卦或六十四卦之形式，但筮法的發展階段及解筮方法各有差異。周人之筮法與殷王朝《歸藏》筮法異輒（此將在後文加以詳說），而論者鮮有關注，故致歧見迭出。其見解主要有四個：王弼、孔穎達以爲伏羲

糾葛。然作爲王官集體編纂而成的《周易》，其文本生成之諸多問題迄今或仍
然懸而未決、難成定讞，或先達時賢闡之不詳、未成體系。其主要問題集中
在如下六個方面：一是《周易》與周文王、周公旦之關係，二卦名體系的生
成問題，三是《周易》卦辭之生成，四是《周易》爻辭之來由，五是《周易》
卦序的排纂原則，六是《十翼》的生成。此六個問題是研究《周易》文本生
成所要闡明的主要方面，先達時賢對它們或詳或略地進行過研究。他們的研
究成果現作評述如下：

（一）《周易》與周文王、周公旦的關係

周文王、周公旦與《周易》之關係問題，涉及《周易》卦辭、爻辭文本
作者及年代等《周易》學重要內容。值得提及的是，王家臺秦簡《歸藏》載
有幾條重要占筮記錄：

1. ䷆《師》曰：「昔者穆天子卜出師，而支占□□□╱（439）╱龍
   降於天而□╱╱遠飛而中天蒼╱。」〔註17〕

2. ䷻《節》曰：「昔者武王卜伐殷，而支占老＝茇＝〔筆者按：老茇，
   老茇〕占曰：吉（194）……」〔註18〕

此兩例是周武王、周穆王以《歸藏》稽疑的記載，此可證殷代之筮典《歸藏》
在西周很長一段時間內被筮人所沿用。此可能暗示著直到周穆王時代，有
周一代之筮典《周易》尚未成形。而對於今本《周易》卦爻辭的生成年代，
即關於《周易》卦辭、爻辭的形成與定本的年代等問題，學者歷來見仁見
智。傳統的學術觀點自不待言，在此重點論及近人、今人的觀點，其主要有
如下五種：第一種，《周易》卦爻辭形成於西周初年以前〔註19〕；第二種，《周

重卦：鄭玄以爲神農重卦；孫盛以爲夏禹重卦；司馬遷等以爲周文王重卦（參
〔魏〕王弼注，〔唐〕孔穎達等正義《周易正義》卷第一，《十三經注疏1》，
藝文印書館，2013年版，第4～5頁）

〔註17〕王明欽《王家臺秦墓竹簡概述》，艾蘭、邢文編《新出簡帛研究》，文物出版
社，2004年版，第30頁。

〔註18〕王明欽《王家臺秦墓竹簡概述》，艾蘭、邢文編《新出簡帛研究》，文物出版
社，2004年版，第31頁。

〔註19〕參：靳德峻《本田成之君〈作易年代考〉辨正及作易年代重考》，《新東方》
1940年第1卷第1期；高文策《試論易的成書年代與發源地域》，載1961年
6月2日《光明日報》，轉載於劉大鈞總主編《百年易學菁華集成・〈周易〉經
傳》第二冊，上海科學技術文獻出版社，2010年版；高懷民《先秦易學史》，
廣西師範大學出版社，2007年版，第59頁，等等。

易》卦辭、爻辭大致寫定於殷末周初〔註20〕；第三種，《周易》卦辭、爻辭完成於西周初年或前期〔註21〕；第四種，《周易》卦爻辭作於西周晚期〔註22〕；第五種，《周易》卦辭、爻辭是西周末年到春秋中葉以前的產物〔註23〕。我們認爲第五種說法比較符合《周易》卦辭、爻辭生成的實情。學者最新的研究成果指出「《易經》一書的問世當在西周晚期，而且很可能是在周宣王時代」〔註24〕。此爲有見地之說。

今本《周易》的經文體系的生成經歷了一個相當長的時期〔註25〕，而在這個時期內，傳統的《易》學觀點將兩個重要人物表而出之，即周文王和周公旦。〔註26〕對此，孔穎達《周易注疏》卷首「第四論卦辭、爻辭誰作」一

〔註20〕　參：梁啓超《古書眞僞及其年代》，上海中華書局，1936 年版，第 73 頁；〔中國臺灣〕王開府《〈周易〉經傳著作問題初探》，《易經研究論集》，臺灣黎明文化事業股份有限公司，1981 年版，亦轉載於劉大鈞總主編《百年易學菁華集成・〈周易〉經傳》第 3 冊，上海科學技術文獻出版社，2010 年版；張善文《〈周易〉卦爻辭詩歌辨析》，《文學遺產》1984 年第 1 期，等等。

〔註21〕　參：〔中國臺灣〕屈萬里《〈周易〉卦爻辭成於周武王時考》，〔中國臺灣〕《文史哲》1950 年第 1 期；張立文《周易思想研究》，湖北人民出版社，1980 年版，第 22 頁；李學勤《周易溯源》，巴蜀書社，2006 年版，第 18 頁；徐芹庭《經學源流──中國易學史》，中國書店，2008 年版，第 132 頁，等等。

〔註22〕　參：董延壽、史善剛《〈易經〉創作時代之辯證》，《哲學研究》2013 年第 2 期。

〔註23〕　參：王世舜、韓慕君《試論〈周易〉產生的年代》，《齊魯學刊》1981 年第 2 期；錢耕森、張增田《〈周易〉成書年代考》，《大易集要》，齊魯書社，1994 年版，等等。

〔註24〕　董延壽、史善剛《〈易經〉創作時代之辯證》，《哲學研究》2013 年第 2 期，第 64 頁。

〔註25〕　陸侃如認爲《周易》定本時間當在東周中葉，不能以《周易》說明西周的文學情形，其有三點依據：一是，《易》卦爻辭與前 8 世紀的詩句相襲；二是，《易》卦爻辭在前 6 世紀初年尚無定本；三是，《易》卦爻辭更含有前 5 世紀的語法。（陸侃如《論卦爻辭的年代》，《清華週刊》1932 年第 37 卷第 9 期）此對後學研究卦爻辭分時期而生成的問題具有重要的啓發意義。《周易》文本的生成有著複雜的因素，它作爲繼《連山》《歸藏》之後的一個流傳至今的筮典文本，其卦爻、爻辭的體例、措詞、文法等既受《連山》《歸藏》的深刻影響，又必然有形成其文本的各個時代的文化及思想的直接作用。儘管《周易》文本最後是經由王官統一編纂、潤色而形成定本，但受使用、引用習慣的影響，以及出於尊重原來之文本的考慮，一些反映其時代特色的用語被予以保留。卦爻辭的分期或斷代問題，無疑是一個甚爲重要的課題，然受文獻的限制，只能作初步的設想與陳述。若以後出土與《周易》文本相關的簡本，即比今本《周易》內容單薄而用語更古樸的版本，那麼將能爲此設想提供明證。

〔註26〕　《周易》卦爻辭是否成於一時一人的問題，迄今亦未有定論。有主張《周易》

節有總括之論，其云：

> 其《周易》繫辭，凡有二說：
>
> 一說所以卦辭、爻辭並是文王所作。知者案《繫辭》云：「《易》之興也，其於中古乎？作《易》者其有憂患乎？」又曰：「《易》之興也，其當殷之末世，周之盛德邪，當文王與紂之事邪？」又《乾鑿度》云：「垂皇策者犧，卦道演德者文，成命者孔。」《通卦驗》又云：「蒼牙通靈昌之成，孔演命明道經。」準此諸文，伏犧制卦，文王繫辭，孔子作《十翼》，《易》歷三聖，只謂此也。故史遷云「文王囚而演易」，即是「作《易》者其有憂患乎」。鄭學之徒並依此說也。
>
> 二以為驗爻辭多是文王後事。案《升卦‧六四》：「王用亨於岐山。」武王克殷之後，始追號文王為王。若爻辭是文王所制，不應云「王用亨於岐山」。又《明夷‧六五》：「箕子之明夷。」武王觀兵之後，箕子始被囚奴，文王不宜豫言「箕子之明夷」。又《既濟‧九五》：「東鄰殺牛，不如西鄰之禴祭。」說者皆云「西鄰謂文王，東鄰謂紂」。文王之時，紂尚南面，豈容自言己德受福勝殷，又欲抗君之國，遂言東西相鄰而已。又《左傳》韓宣子適魯，見《易象》，云：「吾乃知周公之德。」周公被流言之謗，亦得為憂患也。驗此諸說，以為卦辭文王，爻辭周公。馬融、陸績等並同此說，今依而用之。所以只言三聖，不數周公者，以父統子業故也。案《禮稽命徵》曰：「文王見禮壞樂崩，道孤無主，故設禮經三百、威儀三千，其三百、三千，即周公所制《周官》《儀禮》。明文王本有此意，周公述而成之，故繫之文王。然則《易》之爻辭，蓋亦是文王本意，故《易緯》但言文王也。〔註27〕

卦爻辭辭不成於一時一人者(張立文《周易思想研究》，湖北人民出版社，1980年版)，有主張《周易》卦爻辭成於一時一人者(參〔中國臺灣〕屈萬里《〈周易〉卦爻辭成於周武王時考》，〔中國臺灣〕《文史哲》1950年第1期；〔中國臺灣〕李漢三《〈周易〉卦爻辭時代考》，〔中國臺灣〕《建設》1955年第3卷第11期；〔中國臺灣〕屈萬里《易卦源於龜卜考》，《中央研究院歷史語言研究所集刊》第27本，臺北精華印書館，1956年版；中國臺灣〕詹秀惠《〈周易〉卦爻辭之著作年代》，《易經研究論集》，臺灣黎明文化事業股份有限公司，1981年版)。

〔註27〕〔魏〕王弼注，〔唐〕孔穎達等正義《周易正義》，《十三經注疏1》，藝文印書

此兩說皆有合理和可取信之處，它們肯定了周文王、周公且在《周易》卦辭、爻辭體系生成之中的貢獻。《周易》與西伯昌之關係的文獻記述，肇自《周易・繫辭下》，其云：「《易》之興也，其於中古乎？作《易》者其有憂患乎？」〔註28〕又曰：「《易》之興也，其當殷之末世，周之盛德邪？當文王與紂之事邪？」〔註29〕此以「乎」「邪」之疑辭稱述《周易》文本生成之始的時間，指出了《周易》文本所貫穿的憂患意識。然其語焉不詳，未明指《周易》的作者是周文王，且「文王與紂之事」究爲何事亦未顯言，此造成了「說者或自明，而讀者難分明」的問題。

從孔穎達所舉兩說的立論依據當中，我們可以找到一個平衡點，即有一些卦辭、爻辭爲周文王所作，有一些卦辭、爻辭可能爲周公且所作或被周公且整理、編輯過。此種情況於情於理皆有協。但值得指出的是，亦不能過份誇大文王對《周易》文本生成的貢獻，一代之筮法是一個相當複雜的系統，周文王不可能創立有周一代之筮法；《周易》卦辭、爻辭有一些爲周文王所創作，但絕大多數爲專事卜筮的王官所作，卦爻辭雖然不成於一時一人，但最後是經王官統一編纂潤色而成的，不存在內容不完整等情況。張立文稱：「從《易經》卦、爻辭中有筮辭和韻文詩歌等不統一的問題來看，《易經》卦、爻辭並非一時一人之作，它是由於卜官、大卜等在不斷占筮過程中，積累了大量占筮資料，又經過他們的概括、提煉和初步抽象，而大體上成爲今流傳的本子。」〔註30〕此爲有見地之說。雖然文辭體式的不一，並非是《周易》卦辭、爻辭不成於一時一人的明證，因爲受文勢、因情境及個人發揮等主觀因素的影響，同一個人在不同背景下，所撰寫的文辭體式亦有不一致之處。但此說的合理性成分應當被充分肯定，並以此爲起點，展開新的論證。

值得指出的是，有些學者否定了周文王、周公且與《周易》卦辭、爻辭的關係。清儒皮錫瑞稱：「孔《疏》之說，文王作卦爻辭，及文王作卦辭、周公作爻辭，皆無明文可據，是非亦莫能決。今據西漢古義以斷，則二說皆非是。……當以卦爻之辭並屬孔子所作，蓋卦爻分畫於羲、文，而卦爻之辭，

館，2013 年版，第 6 頁。
〔註28〕〔魏〕王弼注，〔唐〕孔穎達疏《周易注疏》卷十二，日本日本足利學校遺跡圖書館後援會影印南宋初年刊本，1973 年版，第 738 頁第 13 葉後。
〔註29〕〔魏〕王弼注，〔唐〕孔穎達疏《周易注疏》卷十二，日本足利學校遺跡圖書館後援會影印南宋初年刊本，1973 年版，第 754 頁第 31 葉後。
〔註30〕張立文《周易思想研究》，湖北人民出版社，1980 年版，第 22 頁。

皆出於孔子，如此則與《易》歷三聖之文不背，『箕子』『岐山』『東鄰、西鄰』之類，自孔子言之亦無妨。若以爲文王作爻辭，既疑不應豫言；以爲周公作爻辭，又與《易》歷三聖不合。孔《疏》以爲父統子業，殊屬強辭。」〔註31〕清儒廖平亦同皮氏之說，其稱：「舊以《易》爲孔子作，《十翼》爲先師作。或疑此說過創。今按：陳東浦已不敢以《易》爲文王作矣。以《十翼》爲大傳，始於《史記》，宋廬陵、慈湖皆云非孔子作，黃東發、陳東浦以《說卦》爲卦影之學，非解經而作，必非孔子所作，尤與予說相合。《十翼》既非孔子作，則經之爲孔子作，無疑矣。……人但據《繫辭》『文王與紂之時』一語，遂誤周文王；由因《三易・周易》，《左傳》引其文在孔子先，遂酷信俗說『經出文、周，孔子但作《傳》（《翼》）』，故自古至今，迷而不悟也。」〔註32〕顯然，皮氏、廖氏之說既違背《左傳》的相關記載，又與《論語》所載孔子習《易》之說相背離。章太炎以十二條證據駁論皮氏之失，其稱：「謂孔子作《易》者，太史公所不著，施、孟、梁丘所不言。錫瑞直以己意，斷其有無。吾見世之妄人多矣，於皮氏得一焉。」〔註33〕章氏之論雖簡略，但論述明確，可資後學參考。熊十力則稱：「孔子知俗之難挽，故其創造六經，皆託古以申義。《周易》託於伏羲八卦，而其義旨，則於伏羲實無關係。……馬遷作《孔子世家》，稱孔子讀《易》，而後序《彖》《繫》《象》等，即以孔子之作《彖》、作《繫》、作《象》，是序述伏羲之旨，直以孔子爲注疏家。馬遷無知無識乃至此。豈止無忌憚耶！劉向與子歆，僞造文王作《易》，補伏羲之缺，上掩古聖，下抑孔子。……余謂《易》之興，實在春秋之世，孔子作《周易》及《春秋》經，眞萬世之盛事也。〔註34〕孔子既本其平生仰觀、俯察，遠取諸物，近取諸身，積測積驗之所獲，而完成其致廣大、盡精微之德業，發爲學說，而作《周易》。雖卦辭、爻辭，採用舊文。實則用舊文，而變爲新義，有《象傳》《象傳》等，以改定其義故也。」〔註35〕如此，則完全否定了《周易》與

〔註31〕〔清〕皮錫瑞《經學通論》卷一《論卦辭文王作、爻辭周公作皆無明據，當爲孔子所作》，中華書局，1954年版，第28～29頁。

〔註32〕〔清〕廖平《六譯館叢書》第27冊《知聖篇》卷上，四川存古書局，1921年版，第29下～30頁上。

〔註33〕章太炎《章太炎全集》第四冊《太炎文錄初編・孔子作易駁論》，上海人民出版社編，上海人民出版社，1985年版，第20～22頁。

〔註34〕熊十力《熊十力論〈易經〉》，蔡尚思主編《十家論易》，嶽麓書社，1993年版，第770～771頁。

〔註35〕熊十力《熊十力論〈易經〉》，蔡尚思主編《十家論易》，嶽麓書社，1993年版，

周文王、周公旦的關係，否認了《史記》《漢書》所載的《周易》文本生成的意見。此說不可謂不新，但其論過於絕對，且所論前後有牴牾之處，如前批駁司馬遷以爲孔子爲注疏家之說，後則又謂孔子乃取卦辭、爻辭舊文而賦予新義，此實質上亦是自認孔子爲舊說之注疏家。古史辨派學者及唯物史觀派〔註36〕亦皆否認《周易》與周文王、周公旦的關係。日本學者本田成之則稱：「《易》本來非孔門之經書。……要之《易》之根柢，乃功利主義。與儒家之主張，……大異其理想。……《易》多記南方動物，故余以《易》爲楚人之編纂物，頗有理由。據《仲尼弟子列傳》，《易》由商瞿傳之楚馯臂子弘，則《易》或是子弘所作。」〔註37〕此否認了《周易》與周文王、孔子的密切關係，推測《周易》爲楚人馯臂子弘所作。內藤虎次郎繼本田成之之後，又謂「《易》之爻辭，不能不認爲含有戰國之末至漢初出來之意味焉。……原來許多經書，多在秦漢之間，構成今日之形。……商瞿以來之傳授不足信。此外即由田何始著竹帛，殆屬事實。」此指出了《周易》的傳播，口耳相傳是一個重要的方式，此符合先秦文獻傳播的實際情況，但《周易》在春秋時期已經定本成書卻不容否認。

　　傳世文獻首次明言《周易》卦爻文本與周文王、周公旦有一定關係者，是《春秋左傳・昭公二年》。其云：

> 二年春，晉侯使韓宣子來聘，且告爲政而來見禮也。觀書於大史氏，見《易象》與《魯春秋》，曰：「周禮盡在魯矣！吾乃今知周公之德與周之所以王也。」〔註38〕

杜預《注》云：「《易象》，上下經之象辭。……《易象》《春秋》，文王、周公之制。」〔註39〕是杜氏以爲《周易》爻辭之作與周文王、周公旦有關。孔穎達《疏》則云：「由文王有聖德，能作《易象》故也。……《易》文推演爻卦，象物而爲之辭，故《易・繫辭》云『八卦成列，象在其中』，又云『易

第 792 頁。

〔註36〕見楊慶中《二十世紀中國易學史》，人民出版社，2000 年版），第 113～116頁。

〔註37〕〔日〕本田成之《作易年代考》，《先秦經籍考》，上海商務印書館，1931年版，第 39～66 頁。

〔註38〕〔晉〕杜預注，〔唐〕孔穎達等正義《春秋左傳正義》卷四十二，《十三經注疏 6》，藝文印書館，2013 年版，第 718 頁上。

〔註39〕〔晉〕杜預注，〔唐〕孔穎達等正義《春秋左傳正義》卷四十二，《十三經注疏 6》，藝文印書館，2013 年版，第 718 頁上～下。

者，象也』，是故謂之《易象》。」〔註40〕是孔氏指實《易象》爲《周易》文本之內容，其爲文王所繫。孔氏此說乃從鄭玄之見。鄭玄依《左傳》之文，云：「據此言，以《易》是文王所作，斷可知矣；且《史傳》《讖緯》皆言文王演《易》，『演』謂爲其辭以演說之，《易經》必是文王作也。」〔註41〕而鄭眾、賈逵、馬融、陸績等驗爻辭之文，或以爲《周易》爻辭繫之周文王，爻辭屬之周公旦。

鄭玄、鄭眾二說出後，歷代儒者或宗鄭玄，或從鄭眾，紛競未爲深。至 20 世紀初，此佔據傳統《易》學一千七百多年的學術觀點，遭遇前所未見的疑古思潮，論者多否定《周易》卦爻辭與周文王、周公旦之關係的舊說〔註42〕。其中，尤以古史辨派（如顧頡剛）和唯物史觀派（如郭沫若）排擊最爲用力，如顧氏云：「〔易經〕著作人無考，當出於那時掌卜筮的官。……這一部書原來只供卜筮之用……此書初不爲儒家及他家所注意，故戰國時人的書中不見稱引。」〔註43〕又如郭氏云：「《周易》……經部作於戰國初年的楚人馯臂子弓。……子弓把種種的資料利用了來作爲《周易》的卦辭和爻辭。」〔註44〕此徹底否定了鄭玄、鄭眾之說，這有利於學者衝破舊說成見的拘囿，以推陳出新。但其弊在疑古過勇，有意無意間貶低了作爲中國文化元典的思想價值。應當意識到，在未發現顯證推翻正史所載《周易》生成的學說之前，司馬遷、班固等人的意見不宜輕易否定，當以慎之又慎的治學態度，重新考論，作出新的合理闡釋。20 世紀中葉至今，《周易》與周文王、周公旦之關係的研究從熱門走向沈寂，此固然有客觀條件之限制（如先秦文獻對此問題之記述語焉不詳，出土之文獻又難與之印證，等等），但亦不容忽視的是，論者自行己意，以歷史實證的姿態強硬地介入傳統經學的研究，否

〔註40〕 〔晉〕杜預注，〔唐〕孔穎達等正義《春秋左傳正義》卷四十二，《十三經注疏6》，藝文印書館，2013 年版，第 718 頁上～下。

〔註41〕 〔晉〕杜預注，〔唐〕孔穎達等正義《春秋左傳正義》卷四十二，《十三經注疏6》，藝文印書館，2013 年版，第 718 頁下。

〔註42〕 參顧頡剛《〈周易〉卦爻辭中的故事》，《燕京學報》1929 年第 6 期；李源澄《讀易志疑》，《學術世界》1935 年第 1 卷第 3 期；蔡介民《〈周易〉源流考》，《國民雜誌》1941 年第 1 卷第 8 期；郭沫若《〈周易〉之製作時代》，《青銅時代》，科學出版社，1957 年版，第 66～94 頁，等等。

〔註43〕 顧頡剛《〈周易〉卦爻辭中的故事》，《燕京學報》1929 年第 6 期，第 1005 頁。

〔註44〕 郭沫若《〈周易〉之製作時代》，《青銅時代》，科學出版社，1957 年版，第 93 頁。

認傳世文獻之記述的學術含金量，從而陷入了新的偏見而不自知。所以，對此問題的研究難有創獲。而重估周文王、周公旦等人對《周易》文本生成的貢獻，既是回應「走出疑古時代」〔註45〕的呼聲，又是重審傳世文獻價值的必要。

（二）卦名體系的生成問題

卦名體系的生成問題是今本《周易》研究的又一個難題。首先對此問題有所述說的是《周易》之《易傳》。《周易・繫辭下》，其記述了《離》《益》《噬嗑》《乾》《坤》《渙》《隨》《豫》《小過》《睽》《夬》凡計 11 個卦，凡九事，以贊其卦義。其所用詮釋卦名的方式是以事明義。依其考稽於卦畫，可逆推卦名與卦象存在對應關係。《象傳》《序卦》《雜卦》皆不同程度地闡釋卦名之含義，其中，前兩者所論自成體系，後者則有補苴之功，可資探究卦名之義的豐富性特徵以及其流變情況。《說卦》則對八經卦之義及其象、義之間的對應，進行了簡要的論述。顯然，《易傳》是先秦《易》學文獻中最值得寶重的經解之作，是探究卦名與卦畫等疑難問題的基礎文獻。

雖然六十四卦卦名在《周易》成書之前已經產生，但作為《周易》文本構成的一個主要方面，對之的生成體例以及與卦畫、卦辭的關係進行詳細的考察，是《周易》文本生成研究必不可少的一環。歷代的經解之作多數集中在對卦名之義的闡釋上，如鄭玄《周易鄭康成注》、王弼《周易注》、孔穎達《周易正義》、程頤《周易程氏傳》、朱子《周易本義》等《易》學名著，除了孔穎達《周易正義》對六十四卦的命名體例有簡短的論述外，其他著述對此甚少涉及。

孔穎達《疏》云：

> 聖人名卦體例不同。或則以物象而爲卦名者，若《否》《泰》《剝》《頤》《鼎》之屬是也；或以象之所用而爲卦名者，即《乾》《坤》之屬是也，如此之類多矣。雖取物象，乃以人事而爲卦名者，即《家人》《歸妹》《謙》《履》之屬是也。所以如此不同者，但物有萬象，人有萬事，若執一事，不可包萬物之象；若限局一象，不可揔萬有之事。故名有隱顯，辭有踦駁，不可一例求之，不可一類取之，故《繫辭》云：「上下無常，剛柔相易，不可爲典要。」韓康伯《注》

〔註45〕李學勤先生在《走出疑古時代》一書的《導論》中倡導學者「走出疑古時代」（見李學勤《走出疑古時代》，遼寧大學出版社，1997 年版）。

云：「不可立定準。」是也。〔註46〕

此論述雖寥寥數語，但對後世研究命卦體例有重要的啓示意義。章絳《八卦釋名》從文字音韻的角度闡釋了《說卦》「《乾》爲天，《坤》爲地，《震》爲雷，《巽》爲風，《坎》爲水，《離》爲火、爲日，《艮》爲山，《兌》爲澤」及「乾，健也；坤，順也；巽，入也；坎，陷也；離，麗也；艮，止也；兌，說也」的取象與取義之由，其云：

> 案《說文》：「乾，上出也。」此說草木冤曲而出，無取天義。字從倝聲，當讀爲倝。倝，日始出，光倝倝也。語轉爲晫、暤、昦。暤者，晧盰也，盰乃倝字盰字訓晚，無晧盰義。昦者，元氣昦昦，春爲昦天，稱天者多言昦，故以聲轉謂之倝。其言健者，象聲而爲訓也〔註47〕

其餘七卦亦以此類方式詮釋。章氏從《說文》發端，依次從音韻、字義、音韻的角度闡釋了《乾》爲「天」象的依據。但章氏並未從卦畫形制闡釋卦命名之因，並且所解「是否合乎作《易》者的本旨，尚需作出進一步的研究」〔註48〕。

林義光《〈周易〉卦名釋義》則側重從卦形上解說卦名之義。林氏先釋三畫八卦本義，其云：

> 純卦之三畫，分之爲天、地、人；合之又像一物之全體。由「─」「─ ─」之參伍錯綜，而種種之象生焉。乾（☰），健也；坤（☷），順也。乾與健古音同，坤與順同音近。漢人書坤作巛，巛即川字，川與順古音同也。乾以純陽象天，坤以純陰象地，其義較然易明矣。震（☳），振也，二柔居上，一剛居下，其勢必奮迅而上，故爲雷；巽（☴），遜也，二剛居上，一柔居下，其象爲伏，爲橈，橈物者莫若風；而物之易橈者莫若木，故爲風爲木。坎（☵），坎窞也，中剛外柔，凡險屬剛類，外柔順而中有險，故爲水。《離》（☲），麗屬開明也，凡虛空屬陰類，外陽中陰，本爲中空之義。……中空通明，又爲火象，故離爲火。《艮》（☶），二柔居下，一剛居上，以限止之，

〔註46〕〔魏〕王弼注，〔唐〕孔穎達疏《周易注疏》卷一，日本足利學校遺跡圖書館後援會影印南宋初年刊本，1973年版，第1頁第1葉前～2頁第1葉後。

〔註47〕上海人民出版社編《章太炎全集》第4冊《八卦釋名》，上海人民出版社，1985年版，第15～16頁。

〔註48〕楊慶中《二十世紀中國易學史》，人民出版社，2000年版，第8頁。

居上之剛，爲險峻之象（凡險屬陽類），其下二陰則近乎坤，此猶山居地之上，險峻難越，故爲山。兌（☱），脫也，……上柔下剛，即其象也，故爲澤。〔註49〕

可見，此兼從卦的形制、卦名用字音義上探究卦的本義，此又爲我們進一步考察六十四卦的命名方法提供了重要的參考。

林氏論重卦名義，以《說卦》之文「兼三才而兩之，故《易》六畫成卦，分陰分陽，迭用柔剛，故《易》六位而成章」爲立論依據，從六爻位皆正而當的《既濟》卦論起，以剛柔、陰陽之爻位的各種情況，將六十四卦分爲以下幾組：

第一組：陰陽相迭、剛柔相交之卦。林氏以爲「卦以既濟名也：既，盡也；濟，劑也；陰陽相間，而陰上陽下，則是剛柔相交，盡相調劑，故名既濟也」，是不同《彖》《象》釋卦名之義，不取涉水而過之意；以《既濟》爻性之變論《未濟》《屯》之得名。以「陰陽相從，而陰往居上，陽來居下者」釋《泰》，並以爲「泰」與「達」古字相通；以「剛柔不交」釋《否》；以《否》中間兩爻互換得《漸》，稱「漸者，剛柔漸交，爲自《否》至《泰》之漸」；以《否》上下兩爻互換得《隨》，謂「隨者，墮也」；以《否》之上爻不變而下爻獨變得《無妄》，謂「三陽在上，二陰在下，閉隔不通，而二陰之下復有一陽，此爲出於期望之外。……若以無妄解爲『眞實不妄』，則於爻象無一可通也」；以上下卦相應之爻互換而釋卦，稱「《否》之三與上互換爲《咸》，亦陰陽互劑之義」「《恒》，爲《泰》之初與四互換而成」「《否》之初與四互換爲《益》，《泰》之三與上互換爲《損》，《損》《益》之義，與《既濟》《未濟》《否》《泰》《咸》《恒》稍有不同，蓋《損》《益》言盈虛互劑，與前言剛柔相交者無涉也」。

第二組，剛柔相交之卦的變卦。林氏稱「剛柔相交之卦，有以『陰陽相間』『陰陽相從』合爲一事者，是爲變例。《泰》之變爲《歸妹》」「盈虛消息之卦，與《損》《益》稍不同者爲《豐》《節》。……一陰一陽爲『少』，二陰二陽爲『多』（筆者注：二陰相鄰，二陽相鄰），《豐》則先少復多，《節》則先多後少也」「與《豐》《節》相似者爲《渙》《旅》。……《渙》，下少上多，在上者爲勝，爲優勝之義。……《旅》，內憂外絀，故謂之旅」。

第三組，一陰五陽之卦。林氏稱「陰居眾陽之下爲《姤》，姤古文作遘，

〔註49〕林義光《〈周易〉卦名釋義》，《清華學報》1928年第1期第5卷。

遇也。卦由純《乾》而變，乃剛健中正之象，而一陰以卑小得附其列，其遇可知也，故謂之姤」「陰進居二爲《同人》。位在正中，則儕於眾陽，非僅爲臣僕而已，故曰同人」「陰更進而居三爲《履》，以一柔居眾剛之中，而所處之位乘剛而不中正，其勢至危，有履虎尾之象，故謂之履」「陰更進而居四爲《小畜》，以卑弱而近尊位，乘三剛之上，此必被尊者所畜，故謂之小畜」「陰居五爲《大有》，柔居尊位以馭眾剛，以小而包有眾大者也」「陰居上爲爲《夬》，一柔居眾剛之上，高而近危，眾剛從而擊斷之，故謂之夬」。

第四組，一陽五陰之卦。林氏稱「陽居上爲《剝》，……《剝》爲『柔變剛』，柔變剛者，小人侵削君子使就淪滅之象也」「剝削垂盡，而近下之處有新生機焉，爲《蒙》」「剝之極則變爲純坤而後自下復有生機爲復，《復》者，陽長陰消之始也」「《復》之一陽進而居二爲《師》，以陽居眾陰之中，而二之位得中正，故爲將帥之象」「一陽雜於眾陰，而不在中正之位者，抑而稍下爲《謙》，揚而稍上爲《豫》」「一陽進二居五爲《比》，陽居尊位，而前後皆陰，有群侯親附之象」。

第五組，二陰四陽之卦。林氏稱「二陰聚而居下者爲《遯》，陰長於下，陽消於上，象小人進而君子退。遯者，退也」「二陰進而稍上爲《無妄》」「更上爲《中孚》，則二陰包於四陽之中。孚者，包也」「二陰更進而近上爲《大畜》。《大畜》與《大有》義近」「二陰進而至極爲《大壯》」「二陰四陽，四陽聚而二陰不聚曰《大過》。二陰分居上下，其勢平均，惟以全體言，則陽多於陰，故曰大過」「二陽四陰之卦，二陽聚而在下者爲《臨》。臨者，隆也。臨、隆，一聲之轉」「二陽進而居中爲《小過》，二陽四陰，兩兩對稱，其勢平分，而陰多於陽，故謂之小過」「《小過》之中剛外柔變爲外剛中柔，則爲《頤》」「《頤》中有物曰《噬嗑》」「二陽更進而近上爲《萃》，五以陽居尊位，而四獨以陽與之聚。萃者，聚也」「二陽進而至極爲《觀》，陽在陰上，居高臨下之意也」。

第六組，類《離》《坎》《兌》等卦之「大卦」者。林氏稱「『《賁》爲大《離》者，《離》之義玲瓏多空，而純卦之《離》止象一空，重卦之《賁》正像多空」「《蹇》爲大《坎》者，《蹇》之初至四爲一《坎》，其四至上又爲一《坎》」「《困》爲大《坎》者，……《井》爲大《坎》者」「《需》爲大《兌》者」。

第七組，以貞悔之關係見義之卦者。「明出地上爲《晉》，明入地中爲《明

夷》，澤在或火上《革》，火在木上爲《鼎》」。

第八組，其他卦。林氏稱「《觀》『大觀在上』，而其下陰陽交者爲《家人》」「『大觀在上』，而其下陰陽不交者，爲《訟》」「《家人》反轉爲《睽》」。

由上所述可見林氏主要是以六爻來往之間的關係釋卦之名義，所論不失周密、精彩。但儘管卦由爻組成，上下卦卦畫及其卦象更應顧及。卦畫是組成一卦意義的首要因素，故在探究六十四卦卦名之義及其生成體例之時，上下卦之象及象義宜詳加考察。

高亨推測六十卦先有卦辭，後有卦名，其在《周易卦名來歷表》中云：

> 《周易》六十四卦，卦各有名，先有卦名乎？先有筮辭乎？吾不敢確言也。但古人著書，率不名篇，篇名大都爲後人所追題，如《書》與《詩》皆是也。《周易》之卦名，猶《書》《詩》之篇名，疑筮辭在先，卦名在後，其初僅有六十四卦形以爲別，而無六十四卦名以爲稱。依筮辭而題卦名，亦後人之所爲也。〔註50〕

在此，高氏以《書》《詩》之篇初無篇名，類推起初卦亦當無卦名。此資參考，暫存而不論。高氏又在表後列舉了八種《易》卦得名之義例，其稱：「一、取筮辭中常見之一字以爲卦名。如《乾》《屯》《蒙》《需》……《坎》……四十七卦皆是也。但《乾》卦筮辭五爻有龍字，一爻隱龍字，一爻有乾字，不名之曰龍而名之曰乾，此不可解者也。二、取筮辭中常見主要之兩字以爲卦名。如《同人》《無妄》《明夷》《歸妹》四卦皆是也。三、取筮辭中常見主要之一字而外增加一字以爲卦名。如《噬嗑》取噬字，《大壯》取壯字，《小過》取過字皆是也。四、取筮辭中內容之事物以爲卦名，如《大畜》，筮辭中有馬有牛有豕，皆家畜大物也。但《小畜》筮辭中絕無家畜字樣，何由名爲小畜，此不可知也。五、取筮辭中常見之二字，及內容之事物以爲卦名。如《家人》《未濟》兩卦是也。六、取筮辭中常見之一字及內容之事物而外增一字以爲卦名。如《大過》《既濟》兩卦是也。七、卦名與筮辭無關，莫明所以名命之故者。《坤》《小畜》《泰》是也。……〔八、〕取卦辭首二字以爲卦名。」〔註51〕

李鏡池先生在《周易卦名考釋》一文中肯定了高先生的卦名研究成果，又有所推進，其云：

〔註50〕高亨《周易古經今注‧周易古經通說》，中華書局，1984年版，第24頁。

〔註51〕高亨《周易古經今注‧周易古經通說》，中華書局，1984年版，第43～44頁。

一、《易》本只有卦畫而無卦名；卦名之增添，由於卦畫之難畫而易訛，而且也難稱謂，不能不另給它一個文字的名目；有了文字，說起來方便多了。

二、但說卦名完全後出，這話也未必很對。六十四卦，我想其中有一部分原來就有卦名的。例如《乾》《坤》二卦。

三、卦之命名，以卦、爻辭中常見之一字爲主，取以爲名。如《屯》《蒙》等卦是。八卦亦歸於這個系統。八卦先有，故不再提。但《坎》卦又作「習坎」，那是因爲初爻「習坎，入於坎窞」的影響。卦名往往取卦辭之字或詞爲名的。

四、卦名有以複詞爲名的，以卦、爻辭中常見之二字爲主，取以爲名。如《同人》《無妄》《家人》《歸妹》等卦是。

五、以單詞或複詞爲卦名，普通以卦辭或爻辭常見之字爲主；若是卦、爻辭中常見之字，卦辭已先具，即以卦辭爲名，不另立卦名。如《履》，卦、爻辭中全有，即以卦辭頭一句「履虎尾」之履字爲卦名，名不另立。

六、卦名除取外形的常見之字或詞外，也有從内容方面去標名的。如《大畜》，似乎因爲有「良馬逐」「童牛之牿」「豶豕之牙」等有牲畜的關係，故取義爲「畜」而以之爲名……

七、爻辭沒有常見之字，而爻辭之義也難以尋求通則，即以卦辭之詞爲名；或雖有常見之字，而卦亦相同，亦以卦辭爲名。《大壯》《大有》，似乎是卦辭本來有的話，……疑《大壯》卦辭本有「大壯」二字，即以卦辭爲卦名。

八、卦名之立，以形容詞、動詞爲主，名詞次之，副詞又次之。〔註52〕

李鏡池又在《《周易》筮辭考》之「卦名與卦爻辭之編纂」一節中列出六十四卦卦名的三種形式以及簡述了六種卦名與卦辭、爻辭的關係，其云：

(1) 單詞獨立的——如《乾》《坤》《屯》《蒙》《小畜》《大畜》之類；

(2) 連於他文的——如「履虎尾」「否之匪人」「同人於野」「艮其背」是。「觀」與「中孚」則爲連文中之獨立的。

(3) 省稱的——如《坎》，本爲《習坎》，省爲《坎》。(《無妄》，《象

〔註52〕李鏡池《周易探源‧周易卦名考釋》，中華書局，1978 年版，第 280～283 頁。

傳》謂「物與無妄」，似亦因省而有脫文）

卦名與卦、爻辭之關係：

(1) 卦名與卦、爻辭意義上全有關係的——如《師》卦，卦名與卦
辭爻辭完全是說師旅之事的……《履》卦，說的是踐履行為之
事。……《同人》，說的都是戰爭。《頤》卦說的是飲食之事。

(2) 大部分言一事，只有小部分不同，然而與卦名也有意義的關連
的——如《復》卦，都是說往而能「復」的，這往復是指行旅
說；但《上六》末後附有一節講「行師」而「打敗」的，雖然
大敗，其意蓋以為敗而能「復」也，而「行旅」與「行師」卻
是兩事。……

(3) 只小部分或一半與卦名的意義或字音有關連——如《隨》，只有
《六二》《六三》《九四》與「隨」有意義之關連，餘爻似無
關。……

(4) 卦中說的不是一事，因為卦名有數義，或以同字或以假借而聚
攏在一塊的——例如《需》卦。……

(5) 卦名與卦、爻辭無關連的——如《乾》，《乾》卦據說是指「天」
說的，然「乾」不訓「天」，《乾》卦卦、爻辭亦不說天。……

(6) 《漸》卦是特別的一類，與上面五種都不同——「漸」，說的是鴻
之漸，與所言之事沒關連的，甚至簡直不言事，只言鴻。〔註53〕

由上觀之，李氏簡要地指出了卦的命名義例，又從卦的用字形式、卦名與卦
辭、爻辭的關係等方面論述了卦的命名及其意義，此是研究六十四卦的一個
應予以關注的方面，有利於我們進一步研究《周易》六十卦卦名的生成情況。
但應當指出，其第一條原則所言「《易》」不知是指《三易》，還是《周易》的
簡稱，若是指《連山》或最早的卦，尚有一定的合理性，但若特指《周易》，
則不符合《禮記‧禮運》所載孔子之宋，得殷《易》之《坤》《乾》兩卦的情
況，既然《坤》《乾》兩卦已有卦名，那麼餘者亦當有卦名以便於王官歸類、
保存、搜索以及查閱。再者，卦畫並不難畫，並且給卦命名不一定非得以文
字的形式流傳，口頭流傳在西漢前亦是一種非常重要而常見的傳播方式。其
次，卦名是一個卦的主題，是先有卦畫，後有對卦畫意義的規定，然後有卦

〔註53〕李鏡池《李鏡池論〈易經〉》，蔡尚思主編《十家論易》，嶽麓書社，1993年版，
第281～283頁。

名以表卦畫的含義，最後卦辭、爻辭以卦畫、卦義爲主題，在稽疑中形成卦辭體系、爻辭體系。顯然，無有對卦畫意義的限定，則無法用以稽疑；若對卦畫意義有預先的規定，那麼這個「規定」就是卦名生成的緣由。最後，李氏之說未能就卦畫與卦名之間的關係問題進行論述，故其所論有待進一步的深化。

姜廣輝《〈周易〉卦名探原》一文系統地論述了六十四卦得名之原，是研究卦名生成新的研究成果。姜氏將除了八純卦之外的五十六個卦的命名方法分爲四大類：一是以卦形定卦名（凡十一卦），二是以覆體之關聯定卦名（凡十四卦，除與前節重複之《夬》卦爲十三卦），三以卦中獨陽之特殊位置定卦名（凡四卦），四是以上下二體之象定卦名（凡二十八卦）。〔註54〕此從卦形、卦畫之象，並結合《大象傳》來探究卦的得名之由，對我們進一步探究今本《周易》卦名的生成有重要的學術參考價值。

（三）《周易》卦辭、爻辭的生成

《周易》卦辭的性質及其製撰體例是一個值得研究的《易》學問題。對《周易》爻辭的性質的判斷，主要有兩種針鋒相對的觀點：

其一，其爲周文王或周公旦所繫，體現著聖人之旨意。此種觀點曾在漫長的歷史歲月中佔據學術的主流地位。此種見解指出了卦辭所蘊含的思想價值，即其是由某人或某些人依據一定的思想或作意所撰寫。

其二，周文王、周公旦皆與卦爻辭的生成無關。此觀點是在 20 世紀初掀起的疑古思潮之下脫穎而出，在很長一段時間佔據學術的主流。其完全斬斷了傳統的《易》學所構建的《周易》文本生成的鏈條，雖對人們開闊視野，鼓勵學者勇以創新有積極的推動作用，但其過於強調以史證經，牽經入史，有傷及文化根基之病，應當慎之。

爻辭是《周易》文本各生成構件中篇幅最大的文本，是傳統經學研究的熱點與難點。《易》學史中雖產生了浩如煙海的經解之作，但多依文解義，宗《易傳》而敷衍其義，漢之孟喜、施讎、梁丘賀、京房及費、高等，或偏重象數解經，或以《十翼》解經，諒未研及《周易》爻辭的來由。歷來對爻辭的生成研究，或未建立在通曉爻辭，逐一分析的基礎上，故未能全面、系統地揭示《周易》爻辭生成的方法。又如王弼者僅僅宗義理而詮釋經文，亦有

〔註54〕姜廣輝《〈周易〉卦名探原》，《哲學研究》2010 年第 12 期。

所失。所以全面、系統地分析《周易》上下經爻辭的生成過程，尤顯必要與重要。

　　《周易》卦辭、爻辭是如何生成的問題，學者多有所研究。歷史中最值得留意的是王弼的《周易注》、孔穎達《周易正義》、李鼎祚《周易集解》、朱子《周易本義》、程頤《周易程氏易傳》、胡瑗《周易口義》、朱震《漢上易傳》、黃道周《易象正》、惠棟《周易述》、胡煦《周易函書約註》等《易》學名著。《周易注疏》詳細地闡釋了卦辭、爻辭之意義，影響最爲深遠，是我們研究《周易》卦辭、爻辭生成問題最基本的研讀資料。《周易集解》集先唐象數《易》學之大成，其針對卦辭、爻辭的生成，與象數作一一對應的關係研究，雖不免有穿鑿附會之病，但其對卦辭、爻辭的生成從象數上進行研究，能自圓其說，成其體系，對後世象數派《易》學影響巨大。所以在考探《周易》卦辭、爻辭的生成研究中，《周易集解》是重要的參考資料。《易象正》以先秦王官占筮「遇某卦之某卦」的形式編排每一條爻辭，雖其多附會史事而解釋卦辭、爻辭，但亦爲我們研究《周易》卦辭、爻辭的生成提供了一個主要的途徑。參照《左傳》《國語》先秦官學的占筮形式、方法及《易象正》，重新考察每一條卦辭、爻辭的生成，可以有新的發現。

　　進入近現代，借助殷商甲骨卜辭等出土文獻，有學者將甲骨卜辭與《周易》卦辭、爻辭相互參稽，進行對比研究。余永梁《易卦爻辭的時代及其作者》一文認爲商代無八卦，筮法興起的一個主要原因是卜法稽疑的程序繁難及兆象實多，而筮法較之卻簡易得多。余氏稱：

> 　　卦爻辭本稱繇辭。……卦爻等於龜卜的頌，六十四卦等於龜卜的兆象。《周禮》「大卜掌三兆之法，其經兆之體百有二十，其頌皆千有二百」，頌就是繇辭。灼龜自然的兆象實非百二十體所能盡的，不過大致相似的就用其體的繇辭，若無所附麗的兆就要另造新辭。卦爻仿自兆而數有一定，繇辭也有一定的附麗，依卦爻檢辭即得，這實在方便得多。……兆像這樣地繁難，不易辨識。筮法就是起來解決代替這種繁難的。卦數有一定，則於卦爻之下繫以有定之辭，筮時遇何卦何爻，即可依卦爻辭引申推論，比龜卜的辨別兆象，實在是進步了。〔註55〕

〔註55〕余永梁《易卦爻辭的時代及其作者》，《歷史語言研究所集刊》1931年第1本第1冊，第33頁。

余氏所言於理有協，筮法較之卜法，確有稽疑上的簡易之優，此是筮占後來逐漸佔據稽疑主流的重要原因。對於《周易》卦辭、爻辭的產生，余氏稱：「《易》卦辭爻辭是與商人的甲骨卜辭的文句相近，而筮法也是從卜法蛻變出來的。」〔註56〕此理論依據主要有兩個：其一，《周易》卦辭、爻辭與殷商甲骨卜辭在句法上有近似之處；其二，《周易》卦辭、爻辭與商代甲骨卜辭在成語運用上有可比較之處。〔註57〕此是事實，但據此並不能論定筮法源自卜法，卦爻辭仿自卜辭，只能說它們兩者的語言體式有相似性。它們的相似性，主要原因不是此仿彼，或彼仿此的關係，而是它們皆有爲稽疑服務的性質。如卜辭言「利」「不利」，《周易》常見「利」「無不利」「無攸利」；卜辭言「吉」「大吉」「弘吉」，《周易》有「吉」「元吉」「大吉」「嘉吉」「終吉」，等等。這些句式爲常用語，皆是稽疑的判語，談不上誰仿自誰的問題。

顧頡剛《〈周易〉卦爻辭中的故事》推定卦辭、爻辭的本事五則。王國維從甲骨卜辭中考證出商的先祖有王亥和王恒，並參照《楚辭》《山海經》《竹書紀年》等傳世文獻，考核出王亥的故事。依據王國維的發現，結合《大壯·六五》爻辭「喪羊于易，无悔」、《旅·上九》爻辭「鳥焚其巢，旅人先笑後號咷。喪牛于易，凶」兩條爻辭，推斷出此兩條爻辭隱藏著「王亥喪牛羊于有易」的故事。根據《既濟·九三》爻辭「高宗伐鬼方，三年克之，小人勿用」、《未濟·九四》爻辭「震用伐鬼方，三年有賞于大國」及《詩經·商頌·殷武》《今本竹書紀年》等傳世文獻的相關記載，以爲爻辭所載爲高宗伐鬼方的故事。根據《泰·六五》爻辭「帝乙歸妹，以祉，元吉」、《歸妹》六五爻辭「帝乙歸妹，其君之袂，不如其娣之袂良。月幾望，吉」論定帝乙歸妹的爻辭本事。根據《明夷》六五爻辭「箕子之明夷，利貞」論述「箕子之明夷」之事。根據《晉》卦辭「康侯用錫馬蕃庶，晝日三接」考定康侯衛康叔用錫馬蕃庶的故事。〔註58〕這五則卦辭、爻辭的本事可信，此是顧氏對《易》學的一大貢獻。但應該指出，今本《周易》中此類帶有歷史人物的本事性質的卦、爻辭也僅有這幾例。王官在最後編定《周易》卦辭、

〔註56〕余永梁《易卦爻辭的時代及其作者》，《歷史語言研究所集刊》1931年第1本第1冊，第33頁。

〔註57〕余永梁《易卦爻辭的時代及其作者》，《歷史語言研究所集刊》1931年第1本第1冊，第34～37頁。

〔註58〕顧頡剛《顧頡剛論〈易經〉》，蔡尚思主編《十家論易》，嶽麓書社，1993年版，第96～111頁。

爻辭之時，有意地隱去了它們的本事，以使卦辭、爻辭體現出普遍性、概括性。

李鏡池《周易筮辭考》對卦辭、爻辭的生成的研究亦有貢獻，其稱：「我對於《周易》卦、爻辭的成因有這樣的一個推測，就是，卦、爻辭乃卜史的卜筮記錄。《周禮・春官》說：『占人……凡卜筮，既事，則繫幣以比其命，歲終，則計其占之中否。」所占一定有一爻數占的，因而有數種記錄。到了歲終，就把所占的各種記錄彙集比對，而計其占之中否。所以卦、爻辭中，很有些不相連屬的詞句，這不相連屬的詞句，我們要把它分別解釋；若硬要把它附會成一種連貫的意義，那就非大加穿鑿不可。」〔註59〕此言有合理的成分，即指出了卦爻辭構成內容的差異性，但卦辭、爻辭並不是單純的占筮記錄的匯總或疊加，它們的最終形成是是編纂者精心篩選、潤色的結果。

李氏對卦爻辭生成研究的另一貢獻是，指出了六種卦辭、爻辭內容的體式，即：（1）純粹的定吉凶的占詞。（2）單敘事而不示吉凶。（3）先敘述而後吉凶。（4）先吉凶而後敘述；（5）敘事，吉凶；又述事，吉凶。（6）混合的：或先吉凶，敘事；又吉凶。或先敘事，吉凶；又敘事。〔註60〕此爲我們研究卦辭、爻辭的生成提供了重要的基礎。

其他的學者對《周易》卦辭、爻辭的生成研究亦有貢獻，如陸侃如《論卦爻辭的年代》、郭沫若《周易之製作年代》、屈萬里《〈周易〉卦爻辭成於周武王時考》、廖名春《〈周易〉經傳與易學史新論》（人民大學出版社，2014 年版）、林忠軍《易學源流與現代闡釋》（上海古籍出版社，2012 年版），等等。在此不再贅述。

（四）《周易》卦序的排纂原則

《周易》卦序的排纂原則，是《周易》文本生成研究的一個重要方面，亦是《周易》文本生成研究的薄弱環節。歷來先儒多宗《周易・序卦》詮釋卦序之排列意義，雖偶有零章散論，但鮮有創說。

自二十世紀至今，對今本《卦序》研究的論著主要有：沈有鼎《周易序卦骨構大意》《周易卦序分析》（沈有鼎《沈有鼎集》，中國社會科學出版社，2007 年版）劉大鈞《今帛本卦序與先天方圖「卦氣」說的在探索》顧伯敍《〈序卦〉研究》（此兩文均載於劉大鈞主編《象數易學研究（二）》，齊魯書

〔註59〕李鏡池《周易探源》，中華書局，1978 年版，第 21 頁。
〔註60〕李鏡池《周易探源》，中華書局，1978 年版，第 22～23 頁。

社，1997 年版）、《李尙信《今、帛、竹書〈周易〉卦序研究》（山東大學博士學位論文，2007 年）、〔新加坡〕陳壯雄《「方陣」卦序的構擬及〈周易〉初始形態研究》（吉林大學博士學位論文，2007 年）、趙中偉《〈周易〉卦序詮釋意涵的轉化與發展——以今本〈周易〉〈帛書周易〉及〈戰國楚竹書周易〉爲例》（參《新出土文獻與先秦思想重構》，臺灣書房出版有限公司，2007 年版，第73～104 頁）、蘇永利《從六十四卦排序看不同的易學思想》（參《周易研究》2008 年第 1 期）、吳克峰《從〈泰〉〈否〉卦序及〈周易〉卦序解讀先秦思維邏輯》（參《南開學報》（哲學社會科學版）2009 年第 1 期）、陳仁仁《李尙信卦序與解卦研究的成就與不足》（參《周易研究》2013 年第 4 期）、張豐干《〈周易〉之卦序及其義蘊》（參《中國哲學史》2014 年第 4 期），等等。可見，今本《周易》卦序的研究成果並不盛美，此與今本卦序生成的研究難度有直接關係：作爲《周易》學的難解之迷，劉大鈞先生稱其「最少困擾了人們兩千餘年」〔註61〕。

在爲數不多的研究成果中，尤值得表而出之者，是沈有鼎與李尙信兩位先生的著述。沈氏將今本《周易》序卦的骨構予以闡明，將元儒吳澄、清儒崔述等先達對卦序之見解表述得更爲詳覈。然其不足亦甚爲明顯，其對今本卦序框架之外的其他卦排列原則，僅有寥寥數語，所言「回互之序」、「順布之序」及「交錯之序」又有語焉不詳之憾〔註 62〕，使後學難探其曲。所幸時賢李尙信先生集十年之功，潛心研習今本等卦序，賡續沈氏等先達之前緒，對主卦、從卦排列原則詳加考論，撰成《今、帛、竹書〈周易〉卦序研究》一文。此文是迄今爲止，從象數的角度詮釋今本卦序最爲詳實的學術論著，此研究成果爲學界所矚目。但美中不足的是，李氏立論偏重象數，而作爲王官之學的《周易》，其卦序固然要體現出象數的和正，然而其因序立教的編纂

〔註61〕李尙信《卦序與解卦理路》，巴蜀書社，2008 年版，第 1 頁序言。

〔註62〕沈有鼎於 1936 年 9 月在《哲學評論》發表名爲《周易序卦骨構大意》的短文，全文轉引如下：「《周易》義例首乾而主長男，首乾體也，主長男用也，故能以陽取陰，以剛制柔。其序卦也，用建構原則（Principle of Architectonic）而不用平等原則（Principle of Continuity）。是以意味深長。後世儒者多不能曉，蓋其卦有主從之別，有同德合德之分，主卦十有六，立其骨構；從卦四十有八，皆從八相隨。其排則上篇象天而圓，下篇法地而方。有三序：胡互之序，用於上篇；交錯之序，用於上下篇；順布之序，用於下篇；井然森然雜而不亂，學者所宜用心焉。」《沈有鼎《周易序卦骨構大意》，《沈有鼎集》，中國社會科學出版社，2007 年版，第 272 頁）

思想亦不容忽視，《周易‧序卦》的思想價值亦應予以表出。

（五）《十翼》的生成

　　《十翼》的生成涉及到《彖傳》上下、《象傳》上下、《繫辭》上下、《文言》《說卦》《序卦》《雜卦》〔註63〕十篇解釋《周易》之文本的作者、著作年代等《易》學問題。司馬談、司馬遷父子認爲《十翼》的生成與孔子有著直接的關係，前者稱孔子正《易傳》，後者稱孔子序《易傳》，殆「正」「序」意思一致〔註64〕。值得注意的是，司馬談、司馬遷皆無明文謂孔子作《易傳》。謂孔子作《十翼》者始於班固〔註65〕，此說影響深遠，儒者幾無異詞，孔穎達等儒者作《周易正義》亦從其說。〔註66〕直至北宋，歐陽修始發難

〔註63〕孔穎達《周易正義》卷首有《論夫子十翼》一節，其云：「數十翼亦有多家。既文王易經本分爲上下二篇，則區域各別，《彖》《象》釋卦亦當隨經而分，故一家數十翼云：「上《彖》一，《下彖》二，上《象》三，下《象》四，上《繫》五，下《繫》六，《文言》七，《説卦》八，《序卦》九，《雜卦》十。」鄭學之徒並同此說，故今亦依之。」（〔魏〕王弼注，〔唐〕孔穎達等正義《周易正義》，阮元《十三注疏1》，藝文印書館，2013年版，第7頁上）

〔註64〕《史記‧太史公自序》云：「太史公曰：『先人有言：自周公卒五百歲而有孔子。孔子卒後至於今五百歲，有能紹明世，正《易傳》，繼《春秋》，本《詩》《書》《禮》《樂》之際？意在斯乎！意在斯乎！小子何敢讓焉。』」《正義》：太史公，司馬遷也；先人，司馬談也。（〔漢〕司馬遷撰、〔宋〕裴駰集解、〔唐〕司馬貞索隱、〔唐〕張守節正義《史記》第10冊卷一百三十，中華書局，2013年版，第3974頁）是《易傳》已被司馬談認爲與孔子有直接關係。司馬遷繼父之志，讚述經典源頭。《田敬仲完世家》載：「太史公曰：蓋孔子晚而喜《易》。《易》之爲術，幽明遠矣，非通人達才，孰能注意焉！故周太史之卦田敬仲完，占至十世之後。」（〔漢〕司馬遷撰、〔宋〕裴駰集解、〔唐〕司馬貞索隱、〔唐〕張守節正義《史記》第4冊卷四十六，中華書局，2013年版，第2293頁）《孔子世家》載：「孔子晚而喜《易》，序《彖》《繫》《象》《說卦》《文言》。讀《易》韋編三絕。曰：『假我數年，若是，我於《易》則彬彬矣。』」（〔漢〕司馬遷撰、〔宋〕裴駰集解、〔唐〕司馬貞索隱、〔唐〕張守節正義《史記》第4冊卷四十七，中華書局，2013年版，第2293、2334頁）是司馬遷認爲孔子屬於通人達才之等，孔子「序」（根據司馬談之言，「序」或「正」之意）《彖傳》《繫辭》《象傳》《說卦》《文言》。

〔註65〕《漢書‧藝文志》云：「孔氏爲之《彖》《象》《繫辭》《文言》《序卦》之屬十篇。」（〔漢〕班固撰、〔唐〕顏師古注《漢書》卷三十，中華書局，1962年版，第1704頁）

〔註66〕孔穎達《周易正義》卷首《論夫子十翼》云：「其《彖》《象》等《十翼》之辭，以爲孔子所作，先儒更無異論。」（〔魏〕王弼注，〔唐〕孔穎達等正義《周易正義》，阮元《十三注疏1》，藝文印書館，2013年版，第7頁上）孔穎達《疏》亦信而從之。

〔註67〕，趙汝談隨其後，亦認爲《十翼》非孔子所作〔註68〕，徐總幹則疑《繫辭下》《說卦》雜入了《易緯》之文〔註69〕。至明代，質疑《十翼》者益多。鄧夢文疑《繫辭》《說卦》《序卦》皆有不類孔子之言〔註70〕。季本祖述歐陽修之說，以爲「《繫辭》《文言》《說卦》《序卦》《雜卦》五《傳》或傳於孔子，或後人附會」〔註71〕，認爲實情難以明確。且季氏自行己意，多割裂

〔註67〕《易童子問》載：「童子問曰：『《繫辭》非聖人之作乎？』曰：『何獨《繫辭》焉，《文言》《說卦》而下，皆非聖人之作，而眾說淆亂，亦非一人之言也。昔之學《易》者，雜取以資其講說，而說非一家，是以或同或異，或是或非，其擇而不精，至使害經而惑世也。然有附託聖經，其傳已久，莫得究其所以來而覈其眞僞。故雖有明智之士，或貪其雜博之辯，溺其富麗之辭，或以爲辯疑是正，君子所慎，是以未始措意於其間。若餘者可謂不量力矣，邈然遠出諸儒之後，而學無師授之傳，其勇於敢爲而決於不疑者，以聖人之經尚在，可以質也。」（〔宋〕歐陽修《歐陽修全集》第 3 冊卷七十六《易童子問》，李逸安校點，中華書局，2001 年版，第 1119 頁）是歐陽修認爲《繫辭》《文言》《說卦》而下皆非孔子所作。

〔註68〕陳振孫云：「《南塘易說》，三卷。禮部尚書趙汝談履常撰，專辨《十翼》非夫子作，其說亦多自得之見。」（〔宋〕陳振孫《直齋書錄解題》卷一，徐小蠻、顧美華點校，上海古籍出版社，1987 年版，第 25 頁）

〔註69〕徐總幹在「初上中爻」條下云：「愚以爲，《下繫》『《易》爲書』三章皆漢儒《易緯》之文，訛爲夫子之作而誑後世。兼有『若夫』與『噫』之言，與魯論不類。信非夫子之筆也。若夫子贊《易》之文，典雅醇正、辭旨貫通，豈三章之可擬哉。」在「兼三爲兩」條下云：「其『兼三爲兩』一章，疑漢儒作《易緯》，亂於《大傳》中，以惑天下耳目。」（〔宋〕徐總幹《易傳燈》卷四，《景印文淵閣四庫全書》經部第 15 冊，臺灣商務印書館，1986 年版，第 844 頁上～下）

〔註70〕《繫辭上》云：「成性存存，道義之門。」鄧夢文云：「二語似推而言之，非論《易》也。且其語意頗似老子，不類夫子口氣。」（〔明〕鄧夢文《八卦餘生》卷十七，《續修四庫全書》經部第 5 冊，上海古籍出版社，2002 年版，第 283 頁下）《說卦》云：「昔者聖人之作《易》也，將以順性命之理。」鄧氏云：「夫子曰：仁人見之謂之仁，知者見之謂之知。仁知之不足以盡道也久矣。此云爾，似亦不合。」（〔明〕鄧夢文《八卦餘生》卷十八，《續修四庫全書》經部第 5 冊，上海古籍出版社，2002 年版，第 305 頁上）《序卦》云：「飲食必有訟，故受之以《訟》。」鄧氏云：「飲食男女之大欲存焉，訟何必專始於飲食！」《序卦》又云：「訟必有眾起，故受之以《師》。……眾必有所比，故受之以《比》。」鄧氏云：「物自蒙之時，必有所依附而後成立，比時莫切於此時。且不比，何以成師，亦似在師之前。」（〔明〕鄧夢文《八卦餘生》卷十八，《續修四庫全書》經部第 5 冊，上海古籍出版社，2002 年版，第 307 頁下～308 頁上）

〔註71〕〔明〕季本《易學四門》卷三，《續修四庫全書》經部第 5 冊，上海古籍出版社，2002 年版，第 250 頁下。

《易傳》之文。此改經之舉，爲四庫館臣所批駁。〔註72〕劉濂亦稱：「《十翼》之辭，不盡出於聖門也，故其言多無謂，且叛於二聖之教，古今宗之而不敢異。《易》道之荒，凡以此也。」〔註73〕薛甲變亂經文，刪汰《大象》《繫辭》《文言》《說卦》《序卦》《雜卦》諸《傳》〔註74〕，是爲疑古過勇者。至清初，明儒改經之餘習尚存。鄭賡唐私增《繫辭》各章之名〔註75〕；周漁則是「《繫辭》《文言》亦指爲非孔子之說，……即《象傳》亦有所去取」〔註76〕；舒㲄纂改《大象》之文〔註77〕；姜兆錫分割《文言》爲兩部分，分綴於《乾》《坤》兩卦的《彖》《象》之下〔註78〕，並且訂定《雜卦》最後八卦的順序〔註79〕，此亦屬於改經過勇之舉。程廷祚以爲《十翼》之名不當，故將之統稱爲《傳》，是爲《十傳》〔註80〕；並認爲《大象傳》不可附於卦辭之後〔註81〕。此有自

〔註72〕　參〔清〕永瑢等撰《四庫全書總目》卷七《易類存目一》，王伯祥斷句，中華書局，1965 年版，第 53 頁上。

〔註73〕　〔明〕劉濂《易象解・序》，《四庫全書存目叢書》經部第 4 冊，齊魯書社，1997 年版，第 244 頁上。

〔註74〕　參〔明〕薛甲《易象大旨》，《四庫全書存目叢書》經部第 5 冊，齊魯書社，1997 年版，第 573～755 頁。

〔註75〕　將《繫辭下》各章命名爲「天尊章」「設卦章」「彖者章」「易興章」「一陰章」「夫易章」「易至章」「聖人章」「天一章」「易有章」「夫易章」「書不章」（〔清〕劉賡唐《讀易搜》卷十，《四庫全書存目叢書》經部第 17 冊，齊魯書社，1997 年版）

〔註76〕　〔清〕永瑢等撰《四庫全書總目》卷七《易類存目三》，王伯祥斷句，中華書局，1965 年版，第 72 頁中。

〔註77〕　如將《乾・大象》之「天性健」改爲「天行乾」（〔清〕舒㲄《易大象說錄》上卷，《四庫全書存目叢書》經部第 30 冊，齊魯書社，1997 年版，第 266 頁下），《泰・大象》之「天地交」改爲「地天交」（〔清〕舒㲄《易大象說錄》上卷，《四庫全書存目叢書》經部第 30 冊，齊魯書社，1997 年版，第 268 頁下）。

〔註78〕　〔清〕姜兆錫《周易述蘊》卷之一，《四庫全書存目叢書》經部第 33 冊，齊魯書社，1997 年版，第 11 頁下～15 上、第 15 頁下～17 上。

〔註79〕　〔清〕姜兆錫《周易述蘊》卷之四，《四庫全書存目叢書》經部第 33 冊，齊魯書社，1997 年版，第 94 頁下。

〔註80〕　程廷祚云：「《十翼》諸名定於漢儒，多有未當，不可以不辨。按《繫辭傳》……象與彖皆以卦言，而爻不得謂之象可知矣。是故卦下所繫『乾，元亨利貞』之類謂之『彖辭』，孔子所作『大哉乾元』以下則『彖辭傳』也；爻下所繫『潛龍勿用』之類謂之爻辭，孔子所作『潛龍勿用，陽在下也』以下則『爻辭傳』也。今以《彖辭傳》而名曰《彖傳》，《爻辭傳》而名曰《象傳》。又以所謂《象傳》者目爲《小象》，而『天行健，君子以自強不息』之類目爲《大象》；又分《傳》附經之後，遂不曰《彖傳》而直謂之《彖》，不曰《象傳》

創體例，變亂古式之嫌。崔述認為《易傳》必非孔子所作，而是出於七十子以後之儒者〔註82〕。此為可作進一步考究之論。至晚清，廖平、康有為皆否認孔子作《十翼》，而認為孔子作《周易》卦辭、爻辭〔註83〕，實為奇論。至此，《十翼》的生成與孔子或孔門或漢儒之關係的觀點已經齊備，總而言之，主要有四種：第一種是認為孔子正《易傳》或序《易傳》，即收集、整理與讚述流傳於社會上的王官之學的《易》說，此符合孔子「述而不作」的治學主張；第二種是孔子作《十翼》；第三種是《十翼》有一部分為孔子所作或為孔子論《易》的記錄，有一部分出自孔子後學或漢儒；第四種是《十翼》與孔子無有關係〔註84〕。

晚清至今，論述《十翼》與孔子關係的論文數量可觀，總體而言，其皆未出上文所論述的四種情況，但其論證更加詳實，具體的論述有所差異。其可參考主要觀點、論著及論文主要可簡要羅列如下：

而直謂之《象》。揆之義理，皆為乖。至《繫辭傳》，在孔門不知名為何《傳》，而今謂之《繫辭傳》，則亦誤。」（〔清〕程廷祚《易通‧易學要論》卷下，《四庫全書存目叢書》經部第 37 冊，齊魯書社，1997 年版，第 548 頁下～549 頁上）

〔註81〕程廷祚云：「惟象、爻二《傳》之於經，乃如車之有轅，屋之有榱，其用有相成而不可缺者，故不可不合而為一也。若《大象》則當別而著之。」（〔清〕程廷祚《易通‧易學要論》卷下，《四庫全書存目叢書》經部第 37 冊，齊魯書社，1997 年版，第 549 頁下）

〔註82〕崔述稱：「《春秋》，孔子之所自作，其文謹嚴簡質，與《堯典》《禹貢》相上下；……若《易傳》果孔子所作，則當在《春秋》《論語》之間，而今反繁而文，大類《左傳》《戴記》……若《易傳》果皆孔子所作，不應自冠以『子曰』字；即云後人所加，亦不應或加或不加也。孟子之於《春秋》也，嘗屢言之，而無一言及於孔子傳《易》之事。」（〔清〕崔述《崔東壁遺書‧洙泗考信錄》卷三，顧頡剛編訂，上海古籍出版社，1983 年版，第 310 頁）

〔註83〕康有為云：「蓋《繫辭》有『子曰』，則非出孔子手筆，但為孔門弟子所作，商瞿之徒所傳授……西漢前《易》無《說卦》。……《說卦》與孟、京《卦氣圖》合，其出漢時偽託無疑。《序卦》膚淺，《雜卦》則言訓詁，此則歆所偽竄，並非河內所出。」（〔清〕康有為《康有為全集》第一集《新學偽經考》，姜義華、張榮華編校，國家清史編纂委員會文獻叢刊，中國人民大學出版社，2007 年版，第 380～381 頁）

〔註84〕有學者認為《十翼》與荀子有關係（參：郭沫若《青銅時代》，科學出版社，1957 年版；〔中國臺灣〕林繼平《論〈易傳〉思想之形成──從〈周易〉原為卜筮之書談起》，《東方雜誌》1986 年第 5 期第 20 卷）又有學者認為《易傳》是思、孟時期的作品，與思、孟學派有關，而不是於荀學有關路德斌《從「性」「命」概念的演化看〈易傳〉的著作年代及思想淵源》，《周易研究》2003 年第 2 期）。

　　日本學者宇野哲人稱「大體上《十翼》非孔子之作，則爲不可搖動之論也」（〔日本〕宇野哲人《易十翼質疑》，羅霈霖譯，《國立中山大學文史學研究所月刊》1934 年第 1 期第 3 卷）；李源澄稱孔子作或不作《十翼》，兩說皆無確證（李源澄《讀易志疑》，《學術世界》1935 年第 1 卷第 3 期）；蔡介民稱孔子與《周易》關係甚少（蔡介民《〈周易〉源流考，《國民雜誌》1941 年第 8 期第 1 卷）；林繼平認爲荀子與《易傳》生成關係密切，在荀子思想普遍影響之下，荀門弟子及其他儒家學者，大量吸取道家思想，乃至陰陽家、墨家思想，以及古代神話傳說等史料，歷經集體創作而在秦末或漢初完成《易傳》（〔中國臺灣〕林繼平《論〈易傳〉思想之形成——從〈周易〉原爲卜筮之書談起》，《東方雜誌》1986 年第 5 期第 20 卷）；耿成鵬稱孔子作《十翼》的傳統觀點應予以否定或糾正，但《易傳》作者深受孔子及其弟子影響，其作者當爲儒家後學（耿成鵬《孔子與〈周易〉關係考辨》，《中州學刊》1988 年第 2 期）；陳鼓應認爲《易傳·繫辭》《彖傳》受老、莊思想影響至深，故應是道家之作，而非儒家之作（陳鼓應《〈易傳·繫辭〉所受老子思想的影響——兼論〈易傳〉乃道家系統之作》，《哲學研究》1989 年第 1 期；陳鼓應《〈易傳·繫辭〉所受莊子思想之影響》，《哲學研究》1991 年第 4 期）；呂紹綱則稱「《易大傳》與《老子》是兩個不同的思想體系，《易大傳》的思想骨幹得自孔子及儒家，而與《老子》無關。《老子》思想可以上溯至殷易《坤乾》，它絕不可能是《易經》和《易大傳》的發展中介」（呂紹綱《〈易大傳〉與〈老子〉是兩個根本不同的思想體系》，《哲學研究》1989 年第 8 期）；劉延剛稱《說卦》是在吸收了陰陽五行的思想，編輯了《禮記》，接著又在以前《易》說卦象和《禮記》時空的基礎上編纂了《說卦》，它的成書在《禮記》的《曲禮》《月令》《禮運》成篇之後，在《史記》成書之前（劉延剛《〈周易·說卦傳〉成書年代新探》，《四川師範學院學報（哲學社會科學版）》1990 年第 4 期）；楊軍認爲《繫辭傳》是孔子晚年的作品（楊軍《從易學傳統看〈繫辭傳〉成書時代》，《周易研究》1995 年第 1 期）；葉福翔推斷《十翼》成書時間從戰國初起直至漢初，曾子作《大象》、子思作《小象》、子弘作《彖》、田何作《繫辭》、丁寬作《說卦》、楊何作《文言》、田王孫作《序卦》《雜卦》（葉福翔《〈周易〉思想綜合分析——兼論〈周易〉成書年代及作者》，《周易研究》1995 年第 4 期）；金春峰認爲《大象》生成於《左傳》《國語》時期或春秋晚期的孔子時代〔中國臺灣〕金春峰《恐懼修省與觀象進德——〈周易·大象〉成書之

時代與思想特色〉,《周易研究》2001 年第 3 期);王新春認爲《易傳》當屬戰國中後期的作品,後歷經漢儒刪編而成今本(王新春《卜筮與〈周易〉,《周易研究》2003 年第 6 期);路德斌稱《易傳》成於思、孟學派(路德斌《從「性」「命」概念的演化看〈易傳〉的著作年代及思想淵源》,《周易研究》2003 年第 2 期);張濤認爲,《易傳》既非儒家的,也非道家的,而是儒道互補且以儒爲主、綜合百家且超越百家的產物〔註85〕,等等。

總之,古今研究《周易》的論著雖繁富,但系統、全面地闡釋《周易》各文本生成情況的作品卻實屬鳳毛麟角。古之學者多出經解之作,今之學者或專力於對古之經解之書的研究,如王弼《周易注》研究等,或著力於某一個文本構件的研究上,如卦序研究、易傳研究等。迄今,中國大陸〔註86〕、中國臺灣(1966〜2012 年)尚未發現對《周易》文本生成情況展開全面論述的博士學位論文〔註87〕。所以,對《周易》各構件文本進行系統、全面的考察,有利於從整體上、體系上去把握《周易》之書的本質以及其生成情況,以便更好地弘揚《周易》所包含的優秀的中國思想以及其獨樹一幟的文化。

三、本文的研究視角及創見

在上文對歷代《周易》文本生成的研究成果評述的基礎上,本文的立論基於以下認識:

1. 《周易》是一部象、言、意層次粲然分明的典籍,對它的文本生成研究當三者兼而顧之。
2. 在肯定《周易》爲王官發揮智慧之書、爲勸誡之書,爲以筮爲諫之書的認識基礎上〔註88〕,對《周易》的經文本(即除《易傳》十翼之外

〔註85〕相關論文可參看:張濤《秦漢易學思想研究》,中華書局,2005 年版;張濤、孫世平《〈周易〉經傳與先秦兵家》,《理論學刊》2014 年第 9 期;張濤、陳婉瑩《〈周易〉經傳與先秦陰陽家》,《理論學刊》2015 年第 11 期;張濤《論〈易傳〉的成書與學派歸屬》,《歷史文獻研究》第 29 輯,華東師大出版社,2010 年版,等等。

〔註86〕以中國知網所收錄關於《易》學的博士學位論文爲統計源,見本文《參考文獻》。

〔註87〕參賴貴三《臺灣易學人物志》,臺灣里仁書局,2013 年版,第 1221〜1228 頁。

〔註88〕關於《周易》經傳文本的性質問題,有學者認爲《周易》經文系統不屬於儒家經典(參:〔日本〕本田成之《作易年代考》,《先秦經籍考》,上海商務印書館,1931 年版;平心《關於〈周易〉的性質及歷史內容和製作時代》,《學術月刊》1963 年第 7 期),此不符合作爲王官之學的《周易》眞實情況與《論語》關於孔子習《易》的記載。

的文本）的生成詳加研究。顯然，《周易》並不是簡單的筮書，即使無有《易傳》爲之添翼，周易卦畫與閃發著德義之光輝的爻辭亦足可使之成爲中國典籍府庫中的奇珍異寶。所以，不宜顛倒《周易》經文本與《易傳》的關係，如以爲《易傳》昇華了《周易》經文本，使《周易》走向哲學典籍之列；否則，所言所論，難免有舍本逐末之嫌。《易傳》無疑煥發了《周易》的德義之光，使之更加明亮，具有彌足珍貴的思想價值，但不宜抑經揚《傳》，因爲一個基本的前提是：無經即無傳。

3. 重新審視傳統的「人更三聖，世歷三古」之說，其所包含的合理性成分不宜輕易否定，其不合理的因素亦應當愼重地予以揭出與考論。

　　本文的研究方法是，以傳世文獻的印證爲主，以先秦、秦漢出土文獻爲輔，兩相爲協，進而推明《周易》文本生成之研究。即從傳世文獻對《周易》文本生成的零星記載中，鈎沉出其最爲可能的形成路徑；參稽相關的出土文獻，以佐證對《周易》文本生成問題的闡釋與說明。《周易》經解之書，多沿用自《上經》《下經》解說經文的著書義例。本文在《爻辭的生成》一章採用此義例，將爻辭的生成情況一一臚列。

　　在本書中，我們主要作了三個方面的工作：

1. 體系上的創新。本文系統地研究了《周易》各文本構件（卦名、卦辭、爻辭、卦序、易傳））的生成情況，如對每一個卦的命名方式、每一條卦辭、爻辭的生成語境、情境進行了詳細的考察。

2. 研究方法上的創新。本文將《周易》各文本構件置於《詩》《書》《禮》《樂》等經學文獻生成的文化環境之中，研究視野比前人寬闊。

3. 研究內容上的創新：（1）明確地、客觀地論述了周文王與《周易》的關係，爲正史《史記》《漢書》所載「西伯拘而演《周易》」、「重八卦爲六十四卦」等見解找到了一個合理的解釋，認爲：「小邦周」原本所用乃八卦筮法，是周文王將之重爲六十四卦，並在《乾》《坤》兩卦之下增加爻辭，其首創之功，應不可輕易否定，不宜以「託名」之說簡而視之。（2）在孔穎達對卦名生成體例的認識基礎上，根據卦畫的上下結構，更詳實地考察了六十四卦的命名及生成過程。（3）以義理、象數的角度研究了卦辭、爻辭的生成的情況，指出了象數派闡釋卦辭、爻辭生成的研究缺陷，認爲：卦辭、爻辭的生成與卦象有著主要

的關係，但並不存在「一一對應」的關係，如一部分卦辭、爻辭寫入了占筮之時的內外情境，與卦畫之象不具有對應關係。（4）根據正統的王官之學「遇某卦之某卦」的筮法形式，探究了爻辭的生成與此模式的重要關係，推進了宋儒都絜《易變體義》、明儒黃道周《易象正》等先儒的研究，彌補了其研究中的缺陷，從而探明了今本《周易》爻辭生成的一個主要的義例。（5）在卦序的研究上，彌補了沈有鼎、李尚信等先生的不足，認爲作爲王官之學的卦序排列，雖必從卦之象數上精心排纂其次序，但貫穿卦序主線者應是王官的思想，而不是機械的象數排列。（6）明確地提出了「《十翼》爲官學、私學疊加的成果」的結論，認爲《大象傳》屬於官學、《小象傳》屬於私學，爲孔門後學所作。

第一章 《周易》六十四卦卦畫的生成

　　二十世紀的《易》學研究史中，數字卦的發現是一抹亮光，其是陰陽八卦符號的前身；其所約定俗成的數及象的對應、先民對象數所持有的觀念，以及隨著社會文明的進化，人們思維能力的不斷提高，構造象與數的抽象運思益加寬廣。先民對未知的將來充滿著迷惑，其需要某種稽疑方法來獲得指南，從而堅定或進或退的信念。而以數決疑就是一個重要的稽疑方式。古民在長期的生活實踐當中，積累了對數字吉凶性的認識，以為其乃背後之神靈的指示。

　　八卦體系的生成是六十四卦生成的基礎。夏代筮典《連山》，殷代筮典《歸藏》所生成的重卦體系是可資《周易》六十四卦卦畫體系形成的直接源泉。據考古成果及對傳世文獻信息的篩選、考論，我們初步認為作為商之「小邦周」，其最初使用的是八卦筮法，而不是殷王朝的重卦系統《歸藏》；而且，周人主要的稽疑方式是龜卜，筮法在周人執掌王朝的很長一段歷史時期裏，並不被寶重。雖然周文王在拘於羑里之時，接觸並習玩殷代重卦筮法，並將周人的八卦卦畫體系追改成六十四卦卦畫體系，並撰寫了一些自警且惕厲的卦辭、爻辭，為有周一代筮典彰顯異質，開其先路，有首創之功。但顯然周文王並無有意識地創造一部屬於周人的重卦筮典，所以自虎口逃生之後，周文王忙於征伐各諸侯國，被改造的周人重卦體系《易象》被暫告擱置。儘管周文王無意於創造一部完整的重卦筮法，但其將周人八卦筮法改易成重卦體系，並繫以爻辭，其創爻辭義例之功不可埋沒，故本章特以宣明。

第一節　卦畫起源與性質

　　數字卦的研究是先秦八卦研究的基礎，而八卦的研究是《三易》研究的基礎。數、象的起源及數、象蘊含的豐富的表徵意義是數字卦研究的根本內容。它關乎中國文明的起源、演進、成形歷程的各個層面。而文明往往與承載文明的媒介與方法相聯繫，展示著文明的程度。結繩記事是中國上古時代社會組織藉以承載文明的一種主要方法。繩結的數量、形狀、顏色、繩結間距及繩的用材等構成了一套豐富的表意系統。與此種表意系統相聯結的表意思維是數字卦雛形的智力基礎。數字卦的組成形式是以數字為內容的上下層級結構。嚴格來說，所謂數字卦是指由三個數字或六個數字組成的由占筮生成的卦體。數字卦之所以成為數字卦，是因為其與一套有體系的易占方法相聯繫。任意的數字或數字組並非易占的記錄或產物。只有至少八個數字卦形成的易卦體系，「卦」的意義才真正形成。

　　易的數、象意義在八組數字卦所呈現的形態，比今本《周易》由「一、──」陰陽符號表示的卦體豐富得多，其所表徵的豐富意蘊雖至今已難以知曉，但可以想見的是，與多形式的數字卦相適應的口頭解說必定是一個完整而有邏輯的體系。而這種智慧的成果的傳承在上古是以口耳相傳為主要方式。而一個部落的首領，既是身強體壯的英雄，又是代表智慧的先知者，是能洞察神靈旨意的先行者，是推進社會發展的智者與領袖。易占的創造者、傳承者正是這類人。準此，《易傳·繫辭》所載伏羲畫卦並非向壁虛造的文明神話。口耳相傳的歷史或有誇大、虛假的成分，但載於考古文獻的歷史亦難免於此。並且，口耳相傳的歷史最終亦是以文字的形式，以傳世文獻的形式傳承於世，其基本事實與精神在注重文明、文化傳承的中國實屬可信、可靠。基於此體認，我們才有可能在結合考古的出土材料與傳世文獻的基礎上，推進數字卦及易學起源及《周易》文本生成的研究。

一、數字卦的思想淵源：結繩記事

　　《易傳·繫辭下》載：「上古結繩而治，後世聖人易之以書契，百官以治，萬民以察。」〔註1〕此言在以文籍作為記載文明的媒介之前，中國上古經歷過一個以結繩記事的歷史階段。結繩記事承擔著文籍的主要功能。可見結繩在

〔註 1〕　〔魏〕王弼等注，〔唐〕孔穎達等正義《十三經注疏上·周易正義》卷八，上海古籍出版社，1997 年版，第 87 頁。

上古時代的重要作用。而這個重要的歷史階段卻因史籍的語焉不詳而無法深加細究，但通過考稽傳世文獻的零章散句，仍可尋討結繩時代中國古民生活的蛛絲馬蹟，覓到數字卦生成的思想淵源。

繩索是上古時代人們賴以生存與發展的生產工具之一〔註 2〕。《易傳‧繫辭下》載：「古者包犧氏之王天下也，……始作八卦……作結繩而爲罔罟，以佃以漁，蓋取諸《離》。」〔註 3〕伏羲作爲天下之王，率先結繩爲網，捕獵鳥獸、網羅魚蝦，因而改善了古民的生存環境。伏羲此等智慧被《繫辭》作者認爲是受了《離》卦卦象、卦義的啓發而得以產生。我們的認識與此恰好相反，由結繩而佃而漁，並以結繩的方式記錄所捕鳥獸、所獲魚蝦的種別、數量、分配情況等等，並由此產生了《離》（或《羅》）卦的卦象、卦義。結繩記事〔註 4〕便成爲結繩之政的一個主要的內容。由繩結的形狀（如大小、長短、圖樣等）、數量、顏色、材質等的不同來區分社會成員的身份地位、功過是非、獵物分配等的差異。這種差異性是社會私有制度形成的內在動力，並最終形成了較爲穩定的社會關係。此與後世改易「結繩之政」而以文籍作爲介質確定的「設官分職」、官民關係、神人關係等社會制度，在本質上實相鉤貫。

繩的廣泛應用，有利於解放並發展古民的生產力，成爲中國古民迅速繁衍、壯大族群的物質保障。一部分人開始從集體的體力勞動中分化出來，從事社會管理等腦力勞動。「伏羲王天下」是上古社會進步的一個值得特別關注的標誌性事件，所以以神話傳說的方式世代相傳。正是這些能人的出現，中

〔註 2〕　具體到歷史階段，《莊子‧胠篋》載：「昔者容成氏、大庭氏、伯皇氏、中央氏、栗陸氏、驪畜氏、軒轅氏、赫胥氏、尊盧氏、祝融氏、伏羲氏、神農氏，當是時也，民結繩而用之。」（〔清〕王先謙《莊子集解》，沈嘯寰點校，中華書局，1987 年版，卷三，第 111 頁）

〔註 3〕　〔魏〕王弼注，〔唐〕孔穎達疏《周易注疏》卷十二，日本足利學校遺跡圖書館後援會影印南宋初年刊本，1973 年版，第 703 頁第 6 葉前。

〔註 4〕　陳明遠、金岷彬兩先生稱：「『結繩記事』是文字發明之前，人類進入眞人階段（晚期智人）才學會使用的一種記事方法。即在一條線繩上打結，用作思維記憶的信息載體。上古華夏及美洲印第安人皆有此習慣，直到近代，某些尚無文字的部族，仍然採用結繩記事來記載和傳達消息、情報。」（陳明遠、金岷彬《結繩記事‧木石複合工具的繩索和穿孔技術》，《社會科學論壇》2014 年第 6 期）靳青萬先生亦稱：「從世界範圍來看，古時的日本、波斯、埃及、墨西哥、秘魯和太平洋的波里尼西亞及其附近各群島，都曾盛行過結繩記事的方法。」（靳青萬《釋「傳說」——兼探結繩記事的内部運作機制》，《文史哲》2002 年第 5 期）

國進入了前文明時代，並催生了上古的一次文明的革新，即總結結繩記事的經驗與實踐智慧，以及古民世代口頭相傳的生存智慧，這些智慧包括對天文、地理、神人關係等的探知。《易傳・繫辭下》將之描述爲：「古者包犧氏之王天下也，仰則觀象於天，俯則觀法於地，觀鳥獸之文，與地之宜，近取諸身，遠取諸物，於是始作八卦，以通神明之德，以類萬物之情。」〔註5〕此伏羲氏利用前人積累的經驗知識，將之驗證於現實之中，並逐漸生成了中國文明史中的第一部圖書——以圖畫爲內容的書籍。孔安國《尚書序》將此圖書稱爲「文籍」〔註6〕，圖書亦即文籍之始。此類圖書後來成爲古時中國人考古的一次重大發現，「河出圖、洛出書」概括的正是有文字記載的中國上古或中古之民挖掘出土的遺存的情況。抹去其在闡釋上的神化、異化的色彩，它實際上真實地記錄了此次圖書出土對中國文化發展所產生的巨大影響。《論語・子罕》載：「子曰：『鳳鳥不至，河不出《圖》，吾已矣夫！』」〔註7〕可見，河、洛出土的文獻圖、書對於文化傳承所起的巨大作用。《易・繫辭上》亦稱：「河出《圖》，洛出《書》，聖人則之。」〔註8〕此言諸聖賢玩味《圖》《書》，傚仿其中的精義而獲得教益。那麼，《河圖》、《洛書》究竟爲何《圖》、何《書》，而備受諸如孔子之類的文化聖賢所推崇呢？《河圖》、《洛書》與《易》學的淵源又何在？此兩大問題歷來是中國上古文化探索中的難解之題。

宋代易學歧出的圖書一派對《河圖》《洛書》有詳細的論述，基本上以數、象當之，以落實其學脈的淵源有自。此是《河圖》《洛書》的一個翼，但遠非其全部。《河圖》《洛書》是先後出土的關係，是在對以往歷史中產生的經驗、生存智慧、天地人關係體認等認識的基礎上生成。八卦的思想淵源正是從中抽離而出，被以伏羲爲代表的智慧型集體所總結、歸納、賡續和發展。文化、文明從來都是一個有所承繼、有所發展的系統。八卦體系的雛形不是僅藉伏羲等人的仰觀俯察就可造就，而是在因仍前面多代人的思想成果的基礎上，驗之於仰觀俯察的實踐活動，因探尋而畫成八卦，以便探測天、地、人三者

〔註5〕〔魏〕王弼注，〔唐〕孔穎達疏《周易注疏》卷十二，日本足利學校遺跡圖書館後援會影印南宋初年刊本，1973年版，第703頁第6葉前。

〔註6〕〔漢〕孔安國傳，〔唐〕孔穎達等正義《十三經注疏上・尚書正義》卷一，上海古籍出版社，1997年版，，第113頁。

〔註7〕〔魏〕何晏等注，〔宋〕邢昺疏《十三經注疏下・論語注疏》卷九，上海古籍出版社，1997年版，第2490頁。

〔註8〕〔魏〕王弼注，〔唐〕孔穎達疏《周易注疏》卷十一，日本足利學校遺跡圖書館後援會影印南宋初年刊本，1973年版，第680頁第19葉後。

的關係，以便更好地推進生產、發展部落力量以及管理社會成員。「百官以治、萬民以察」說明的是文籍代替結繩理政所提供的行政方便。這種社會治理結構模式乃是在結繩基礎上的因革和超越。

結繩爲政所形成的古民的一套完整而發達的象、數表意體系以及口頭解說系統，生成了古民發達的象、數思維能力。畫圖、記數及構造由繩結組成的各種圖案等所表徵的各種信息、知識匯聚成古民記錄生活、生產等實踐的寬廣的圖景。而隨著古民智慧的開化，生產工具的創造和利用，在釋放人類更多產生力的同時，逐漸分化出社會或部落的管理階層，並由社會管理階層，即以領袖集團爲核心創造與發明了更爲先進的表意系統，即文字系統。文字系統的產生是文明走向新曙光的一個標誌。文字系統因襲、轉化了結繩系統的內容與精髓。

文字系統承繼了結繩爲政的表意系統的基因，只不過在深度、廣度等方面更進一步，更具抽象性。在此過程中，漢字數字由結繩的形式轉化而成。漢字數字（爲區別於阿拉伯數字，故特表以「漢字數字」，以突出中國漢字數字的主體特色。下文省稱爲「漢數」）是最早的漢字，它既表數，又表象。由結繩爲政所建立的發達的數、象體系，轉化爲漢數表徵體系，是水到渠成之事。

考古證實，迄今所發現的最早的漢數是契刻於河南舞陽賈湖遺存的龜甲之上的「八」字〔註9〕，此暗示著在新石器時代，至少一至八的漢數已產生，而記錄漢數的材料爲龜甲或其他動物的胛骨、胸骨等不易腐朽的可供書寫的工具。被刻的漢數所表示的意義如何？與筮占記錄相關與否？或是灼龜的紋路的記錄？這些問題因時代文化語境的晦澀，我們尚無法提供一個明晰的答案。但其所記錄的漢數對當時必是意義頗大，故值得予以書寫記錄。

若舞陽龜甲所刻漢數是數占的記錄，龜殼所夾小石子則是漢數占的工具。所謂漢數占是用某種物體爲工具，以隨機的方式擲出若干個漢數，然後以所得漢數的吉凶性判斷稽疑結果，最後記錄下來以待後驗的數卜方式。舞陽所見「八」字甚有可能意味著大約在公元前八千至公元前七千年間，存在著以單個漢數爲占的漢數占（暫省稱爲「數占」）和解釋數占的簡單體系。由此觀之，漢數與數占建立起了一種對應關係，換而言之，漢數具有豐富的表

〔註 9〕河南文物研究所《河南舞陽賈湖新石器時代遺址第二次至第六次發掘報告》，
　　　　《文物》1989 年第 1 期。

徵意義。在數的意義上，它表示數目；在稽疑活動的層面上，它表示神明的
旨意；此外，還當有至今我們尚無法探知的意義。

數字何以有預占未來、推知神意的功能？這自然與人們賦予漢數的吉凶
性有關。數目與古民生活息息相關：出沒之猛獸的頭數、外出狩獵的各個隊
伍人數的報數信號、所獵之物的數量、各人分配情況、供應神靈祭品數目、
以漢數推斷神靈護祐的狩獵的收穫情況，以及對這些數目、成員功勞等的記
錄情況等等，皆以結繩的形式表示，並有專人管理、歸類並記錄進展情況及
最終結果。所以，數占起初當與推測狩獵隊伍人員、裝備數量及獵物數量等
密切相關，並於長期的實踐中，形成了對數字的吉凶性的體認。它必然是依
據當時的情境而獲得的認識，是歸納總結的結果。

數占與神明之意聯繫到一起，形成了漢數觀念並沉積成特定的民族心
理。以數爲占，實質上是以人們賦予數目特定意蘊爲前提，而此前提又與各
部落民族特定的生產活動密切關聯，它與數目的概率性與事件結果吉凶性有
著相關性。

數占思想及其解釋體系正是《易》占起源的一個主要的思想理論淵源。
《漢書·律曆志》載：「自伏戲畫八卦，由數起。」〔註10〕此言伏羲畫八卦承
繼了先前數占體系的內容和精神內核，亦言明了伏羲畫八卦的結構是由漢數
組成。八卦其實是先前數占中的一種形式，並逐漸成爲主流的數占範式，至
伏羲時代，在漢數產生後，八卦占被抽離出來，並被確立爲與「王天下」密
切相關的一項重要的政務活動。爲何三個數字組成的、有上下層級關係的數
占形式會成爲數占的主流並被命名爲八卦？它隱藏著伏羲時代對前代積累的
中國古民智慧遺產的總結、命名與分類，是集體性地有意識地承繼先祖精神
財富的重大事件，其背後必然地隱伏著中國上古時代歷史的、文化的、民族
的、宗教等等信息。三畫卦是其中重要的一環。《易傳·繫辭下》云：「易之
爲書也，廣大悉備，有天道焉，有人道焉，有地道焉。」〔註11〕天道、地道、
人道被稱爲「三才」，而此三才是天、地、人的主裁，是天、地、人運行的規
律、法則，體現著古民對天、地、人三者關係的體認。在伏羲或伏羲之前的
時代，人對天、地有著比現今更親密、更直接的感受力度，《詩經》之詩所載

〔註10〕〔漢〕班固撰，〔唐〕顏師古注《漢書》卷二十一上，中華書局，1962年版，
第955頁。
〔註11〕〔魏〕王弼注，〔唐〕孔穎達疏《周易注疏》卷十二，日本足利學校遺跡圖書
館後援會影印南宋初年刊本，1973年版，第753頁第31葉前。

大量的動物、植物，是中國古民與自然密切接觸、感認的旁證。對天、地、人三者關係問題的思考和對此問題答案的不斷探尋，成為社會或部落首領經常要思慮的問題，它關涉到民族或部落的自身發展。而對此的疑惑，便又希望通過某種稽疑儀式，得到神靈的啟示與指引。顯然，推知神明之意，則需要一種莊嚴的占斷儀式，而天、地、人恰好組成人們關注的主體，由三數徵之，並生成一套較為權威的解釋言說體系，在經過結繩為政的數、象表意時代之後，益發完善、成熟。

對天道、地道、人道與人的關係的體認，以及對三者關係的占斷體系的成熟，是上古之民對天、地、人之間複雜關係長期思索的結果。它並不是後世《易傳》哲學解釋的「強制」拔高及本質剝離。八卦占本身所要說明與解決的是現在與即將到來的未知的關係，體現著一種時空的聯繫。而這種推知關係是在多次占測實踐的基礎上，結合過去的經驗及分析當前情勢的前提下進行。它是由具體的已知而推導「可能」的未知。「仰則觀象於天，俯則觀法於地，觀鳥獸之文，與地之宜，近取諸身，遠取諸物」，即由古民探知的天道、地道、人道（即支配天、地、人三者的運行規律或法則），推測未知的走向。準此，《易傳·繫辭》所載並非遊談無根，而是由結繩記事、口耳相傳、文字簡約記存等方式行於世的傳說。而傳說有信史的可靠成分。據靳青萬先生研究，「傳」字有傳達結繩所記之事件之義，此種原始的記事方式一直沿用至殷代〔註12〕。

綜上所述，八卦產生的思想淵源是中國古民在總結、歸納、分類以往先輩積累的天文、地理、人與自然鬥爭、部落間的戰爭、勞動生產等知識和經驗的基礎上方得以產生。它因襲並轉化了由結繩記數的數的性質及結繩所表徵的、需口頭解釋的內容。

二、漢數卦的數、象本質：表意符號系統

岑仲勉先生說：「《易》在上古是一種科學。」〔註13〕此指出了《易》於古民心目中的地位。科學，必有一套成體系的理論與實踐典例與之相應。結繩記數形成了中國古民的數、象思維，並最終轉化成由文字表述的成形體

〔註12〕靳青萬《釋「傳說」——兼探結繩記事的內部運作機制》，《文史哲》2002 年
　　　第 5 期。
〔註13〕岑仲勉《易卦爻表現著上古的數學知識》，《中山大學學報》（社會科學版）
　　　1956 年第 1 期。

系，被廣泛地運用於啟發生產、交易、稽疑等人類的重要活動中，數字八卦
儼然成為上古時代的「百科全書」，它承載著上古之時人們對天文、地理、人
神關係認識等的認知，是中國古民生活、生產經驗的提煉，是集體智慧的
一次大總結。從本質上而言，漢數卦是數、象的表意體系，是推演與決疑的
方法。

　　漢數是數、象的綜合體。漢數八卦亦是由數、象表徵意義的系統。數、
象系統自身不會自言其意義，因而必有由社會部落首領或專職者掌控的一套
解說漢數八卦的方法及內容。方法涉及到其數目的推演過程，而推演得以順
利實現決疑目標的前提條件是數或由數構造的象已有明確的意義，並且至少
形成了較為成熟的穩定體系。伏羲時代所總結出的一套數字八卦屬於這樣的
體系。八卦象的意義並非後世所稱的「☰，古文天字；☷，古僼，地字；☳，
古風字；☶，古山字；☵，故坎字；☲，古火字；☳，古雷字；☱，古澤字」
〔註 14〕，伏羲時代的漢數卦的象依附於數的意義，關注的是人於天地之間生
存與發展的問題，突出的是人對於現實問題迫於解決的心理訴求。

　　由觀天象與地上萬物生存規律或法則，融入結繩記數所範圍的思索和驗
證，八卦從誕生開始便是數、象和理三者不可分割的整體，此「理」是言說
八卦數、象推演及決疑意涵的內容。漢數八卦尚未有重卦體系的複雜多變，
但其是重卦理論框架與闡釋範式的基礎。人們除了將之應用於決疑活動，還
賦予了其指導生產與部落間鬥爭的智慧之書的意義：伏羲從結繩記事及天
文、地理中「網羅」的意義，發明了罔罟的生產工具，推進了部落的生產力
發展，使一部分人從體力勞動中解放出來，專事社會管理及物品分配等腦力
勞動的部門。

　　伏羲氏沒於世之後，神農氏在伏羲氏發展生產力及科學文化積累的基礎
上，進一步發展農業，依八卦之象及其體系所提供的知識而重八卦為六十四
卦，並受《益》卦的啟示而製造了耜耒等農具。這說明漢數卦蘊含著開啟中
國古民智慧的實用的經驗和知識，也同時明確地顯露漢數卦象的意義與製器
有著密切關係。為何漢數卦有著如此功能？為何會流傳著卦與製器相關的傳
說？而其真實性傳至《易傳·繫辭》作者之時已被致疑辭。「蓋」表明《繫辭》
作者已不能詳考其所以然。但亦說明了作者表述的客觀性以及傳說的「真實

〔註14〕〔清〕趙在翰輯《七緯·易，乾坤鑿度卷上》，鍾肇鵬、蕭文郁點校中華書局，
　　　2012 年版，第 6 頁。

性」。此真實性即是確有如斯傳說，而並非《繫辭》作者所虛構的故事。值得特別說明的是，從伏羲至神農，即是從漢數卦的經卦至漢數卦重卦的時代，它表明了漢數卦的發展軌跡。同時以此反觀神農氏社會，可知神農氏時逐漸過渡至農業社會，分工的進一步細化，社會管理的能力增強，社會生活、生產在深度、廣度等方面得到進一步的開拓。與之相應的是，稽疑的活動也隨之流變，在內容上被拓廣。從伏羲八卦至神農六十四卦，則表明了數字卦在古民的操演中的發展軌跡。而此變革是從漢數卦中所包含的象、數知識以及口傳形式的闡釋中受到啓發，展現了古民藉託生產、生活經驗及生存智慧而求得超越現階段歷史進程的方式及方法。

伏羲八卦到神農重卦，表明了稽疑的操演系統從初級發展至高級階段。其所承載的文明信息益加繁富，其體系性愈加細化，其專業性亦益發強化，並取代了伏羲八卦法，成為主流的占筮法，而伏羲八卦法亦未被廢止，二法實際上同時通用，此時，伏羲八卦法或更多地流佈於民間，成為民間主流的占卦方法。

關於重卦之人，我們取神農重卦之說。此符合文獻編纂和發展的客觀規律，亦符合社會發展各層面的內容對稽疑活動訴求的規則。一個文明的成熟化，是逐漸生成的結果，而絕少一蹴而就。伏羲畫八卦是中華文明史開天闢地的文化盛舉，它總結了以前的數、象知識和操演規律，梳理了口頭相傳的闡釋體系，此已非易事。《帝王世紀》載：「庖犧作八卦，神農重之為六十四卦，黃帝、堯、舜引而申之，分為二易。至夏人因炎帝曰《連山》，殷人因黃帝曰《歸藏》，文王廣六十四卦，著九六之爻，謂之《周易》。」〔註15〕此言漢數易卦相互承繼的發展概況，它客觀地指出了《三易》生成的時代性，及其發展的曲折性。「引而申之」，表明《易》的時代性，並生成了炎帝《易》與黃帝《易》之別。夏朝因仍炎帝《易》而作《連山》，殷代因革黃帝《易》而撰《歸藏》，皆明確了文化及文明的承繼性及其發展性，即各代之《易》並非一成不變，墨守成規，而是根據王者需要及時代發展的特點而更新之。炎帝《易》與《連山》易，黃帝《易》與《歸藏》易，是祖本與異本的關係，如殷《歸藏》發展至王家臺秦簡《歸藏》，其卦辭內容亦已更新，也是編纂者「引而申之」的結果。王家臺秦簡《歸藏》卦辭所載周武王、周穆王之事例並非殷《歸藏》成書於周穆王時期的例子，而僅能證實王家臺秦簡《歸藏》

〔註15〕〔晉〕皇甫謐《帝王世紀》，陸吉點校，齊魯書社，2010年版，第3頁。

成書於周穆王之後，並顯示出殷《歸藏》內容的異化，以體現文本的時代性與可理解性。

伏羲《易》和神農《易》的操演系統是漢數的推導和數字組生成的過程。如前文所述，漢數易卦是數、易的綜合體。雖然《左傳》《漢書》對《易》卦起源早有精悍之總括，如韓簡稱「筮，數也」，《漢書・律曆志》云「自伏戲畫八卦，由數起」等等，但是自《周易》卦體精簡爲「━、━━」表示的陰爻、陽爻之卦體之後，顯然弱化了漢數的象數意義，此時《周易》的義理闡釋成爲《周易》學官方的主陣地，《易》的文本內容亦有所偏離數的軌道。

其實，《易傳・繫辭上》已早指出《易》與數、象的血緣關係，如其云：「大衍之數五十，其用四十有九，分而爲二以象兩，掛一以象三。揲之以四，以象四時，歸奇於扐以象閏。五歲再閏，故再扐而後掛。天數五，地數五，五位相得而各有合。天數二十有五，地數三十，凡天地之數五十有五，此所以成變化而行鬼神也。乾之策二百一十有六；坤之策百四十有四。凡三百有六十，當期之日。二篇之策，萬有一千五百二十，當萬物之數也。是故，四營而成《易》，十有八變而成卦。八卦而小成，引而伸之，觸類而長之，天下之能事畢矣。」〔註16〕此言易卦卦體生成的操演程序，它涉及到筮策的用數、四時、天文、地理、鬼神、人事等多方面的內容。它表明《易》卦的操演系統是一個包含著豐富知識結構的決疑體系。

《易傳・繫辭上》又云：「天一，地二；天三，地四；天五，地六；天七，地八；天九，地十。」〔註17〕韓伯《注》云：「《易》以極數通神明之德，故明易之道，先舉天地之數也。」依此說，即若天地之數與《易》卦的關係得以明確，數與象的關係亦得以明瞭。此表明了漢數卦的用數是從「一」至「十」。以奇數表示天象，以偶數表徵地象，人事在天地的交織中形成吉凶的象數。由數的分層組成卦的結構，是以特定的占斷方法生成數的圖畫，由數的排列和組合判定占斷的結果，它首先要具備以下條件：一是漢數卦的數字有規定的吉凶性。據學者研究，世界上較古老的種族都把數目單位內的質生數（如

〔註16〕〔魏〕王弼注，〔唐〕孔穎達疏《周易注疏》卷十一，日本足利學校遺跡圖書館後援會影印南宋初年刊本，1973年版，第654頁第6葉後～656頁第7葉後。

〔註17〕〔魏〕王弼注，〔唐〕孔穎達疏《周易注疏》卷十一，日本足利學校遺跡圖書館後援會影印南宋初年刊本，1973年版，第672頁第15葉後。

三、五、七）看成吉數或神數〔註18〕。數字被人們賦予了與人之運數相聯繫的意義，即它是鈎貫天、地、人三者趨向的媒介，相當通傳未來信息的橋梁。它作爲人們一種精神信仰的寄託力量，激勵人們趨利避害。那麼，爲何數會被賦予表徵吉凶的符號意義呢？林忠軍先生稱：「數在脫離實物形態向抽象符號轉化的過程中，其簡便性、象徵性和普遍性日益顯露，且因爲數本之具體事物而指代事物，數的變化往往與事物的變化相一致，故逐漸被古人神化爲不可捉摸的、通神靈的符號，成爲筮占的工具和記號。」〔註19〕此指出數的表示方式的變易使數體現出抽象的形態，如由結繩記事、記數所概括的數字圖畫意義變成現實的概率被總結出來，並被應用到新的決疑系統中進行檢驗。如此反覆，高概率的漢數便被賦予了吉或凶的身份。換而言之，對漢數的吉凶性判斷的實踐生成了民族共同的感知與認識。從伏羲作八卦「以通神明之德，以類萬物之情」看來，八卦既有通貫天、地、人的前知功能，又有表徵萬事萬物情態的作用。而表現萬物的生動形態，主要有兩種方法：一是畫卦表之；二是以文字或口語引八卦而申之。兩種方法一起使用，便形成《易傳・說卦》的內容。由數、象推演萬事萬物發展的情態，推知鬼神的意圖或啓示，以化解心中的疑難，是八卦總結前代經驗、智慧的成果。它以豐富的漢數排列、組合形式來表徵事物，形成了繁富的表意符號系統。

對於八卦表意的豐富性，《說卦》有詳細的記載，其中涉及人倫等級、人體部位、方位、自然物、動物、植物情態、顏色、事物發展情態等多方面〔註20〕，此表明八卦體系表意的廣泛性及其並不專事占斷的易說特點。從廣義上說，八卦所表徵的知識體系儼然如一部伏羲時代的「百科全書」，其以漢數以及漢數構成的圖象爲基礎，勾勒出事物的形態、事物的性質及其發展態勢，體現著在「畫圖表意」的文化發展階段圖象之於言語的優勢。以畫圖立教，其實質是畫卦者教人們依圖製器或「看圖說話」。此圖起初或以手指頭或以木塊、竹子等可就地取材的工具畫於地，畫卦者即就卦畫而闡釋卦義，故

〔註18〕岑仲勉《易卦爻表現著上古的數學知識》，《中山大學學報》（社會科學版）1956 年第 1 期。

〔註19〕林忠軍《試論易學象數起源與〈周易〉文本形成》，《哲學研究》2012 年第 10 期。

〔註20〕陳道生《重論八卦的起源——結繩、八卦、二進法、易圖的新探討》，黃壽祺、張善文編《周易研究論文集》（第一輯），北京師範大學出版社，1987 年版。

八卦的卦圖難有傳於世者。但畫地為卦，以數為圖，大約是可信的卦的起源之說。陳道生先生說：「八卦之前既為結繩，則八卦當是應契畫的應用而產生的，也就是說八卦也是由結繩變為契畫的東西。契畫的產生，一定要接受它前面舊有的結繩經驗，不能憑空創造而成。」〔註21〕以結繩記事建立的龐大的表意系統為基礎，八卦之畫實則轉化了其內容與形式，而以更為簡略的方式表示出來。

顯然，八卦、六十卦皆是應實際需要而總結出來的實踐性知識體系。《易傳・繫辭下》簡略地記載了古史傳說，其云：「日中為市，致天下之民，聚天下之貨，交易而退，各得其所，蓋取諸《噬嗑》。神農氏沒，黃帝、堯、舜氏作，通其變，使民不倦，神而化之，使民宜之。易窮則變，變則通，通則久。是以，自天祐之，吉，无不利。黃帝、堯、舜，垂衣裳而天下治，蓋取諸《乾》《坤》。刳木為舟，剡木為楫，舟楫之利，以濟不通，致遠以利天下，蓋取諸《渙》。服牛乘馬，引重致遠，以利天下，蓋取諸《隨》。重門擊柝，以待暴客，蓋取諸《豫》。斷木為杵，掘地為臼，臼杵之利，萬民以濟，蓋取諸《小過》。弦木為弧，剡木為矢，弧矢之利，以威天下，蓋取諸《睽》。上古穴居而野處，後世聖人易之以宮室，上棟下宇，以待風雨，蓋取諸《大壯》。古之葬者，厚衣之以薪，葬之中野，不封不樹，喪期无數，後世聖人易之以棺槨，蓋取諸《大過》。」〔註22〕此皆言卦數象之於生產、貨殖、行政、部落鬥爭、交通出行、居住條件、葬喪風俗等的啓發意義，唯無一言涉及筮占之事例。從《易傳・繫辭》所載古史之事豐富的內容皆與漢數卦相關，可以判定漢數卦體系所彰顯的豐富的智慧光芒。顯然，從漢數卦的思想觀念及其意義闡釋中，中國古民獲得了智慧的啓發。因此，漢數卦體系的地位得以確立。

綜上所述，漢數卦體系是數、象的綜合體，其象的意義織成了一張表意繁富的符號體系，承載著古人生產、生活以及鬥爭等多方面的經驗、知識以及創造性思維的智慧成果，它作為一種推演未知的決疑系統被後世所沿用，

〔註21〕陳道生《重論八卦的起源——結繩、八卦、二進法、易圖的新探討》，黃壽祺、張善文編《周易研究論文集》（第一輯），北京師範大學出版社，1987年版。

〔註22〕〔魏〕王弼注，〔唐〕孔穎達疏《周易注疏》卷十二，日本足利學校遺跡圖書館後援會影印南宋初年刊本，1973年版，第705頁第7葉前～713頁第11葉前。

而其承載的其他知識體系被分化出來，成為專門的知識，供專人掌司。總之，原始的八卦及六十四卦體系是具有上古「百科全書」身份的、於人類實踐而言有著廣泛應用意義的圖書。

三、漢數卦的沿革：從表意豐富之書到專門之書

　　二十世紀至今，考古中「數字組」或「奇字」的重新闡釋與研究，是易學史中值得大書特書的濃重一筆。1956 年，李學勤先生認為陝西長安張家坡有字卜骨上的契辭「五一六一」、「六一五」與《周易》爻題或有聯繫〔註23〕。1957 年，唐蘭先生重審了宋代麻城出土的六件銅器中的一件中方鼎，認為其銘末的「　　」兩字是由數字構成的已經遺失的中國古代文字，並指出張家坡豐鎬遺址及四盤磨等甲骨上的這些「奇字」屬於這類古文字〔註24〕。唐先生首次指出「奇字」所代表的特定意義，如表示族徽。此為一種卓識。它明確了「數字組」的整體結構及功能，以及此種結構形式在時空上的古老性。在結繩記事的時代走向文字記事的時代進程中，「數字組」因為漢數所具備各族賦予的吉利等意義而被當成族徽，此實屬可信。張政烺先生推進了唐蘭先生「奇字」的「數字組」的認識，指出銅器銘文中三個數字組成的「數字組」是單卦，周原卜甲六個數字構成的「數字組」是別卦〔註25〕。如此，張先生首次將殷末周初青銅器銘文中的「數字組」辨認為《易》卦，並列舉了三十二例數字《易》卦。張先生的論斷，無疑是二十世紀易學史上的亮光，其開啟了漢數《易》卦研究的大門。張亞初先生、劉雨先生接其踵，在張政烺先生數字卦例的基礎上進行增補，凡計採集了三十六例殷、周的數字易卦。但是值得特別指出的是，諸數字《易》卦的例子中，除了四盤磨甲骨刻有「七八七六七六曰隗」、「七五七六六六曰魁」，及陝西鳳雛村出土的八十五號卜甲刻有「七六六七一八曰其，其入王，既魚」之外，由三個或六個漢數組成的「數字組」庶幾無其他文字的說明。那麼，這些類似漢數卦的形式是否真的是《易》卦的原本面貌，還是積習所致的記錄特定意義的符號或文字的需要？這些零散的「數字組」例子隱藏著什麼共同的特定意義呢？

〔註23〕李學勤《談安陽小屯以外出土的有字卜骨》，《文物參考資料》1956 年第 11 期。

〔註24〕唐蘭《在甲骨今文中所見的一種已經遺失的中國古代文字》，《考古學報》1957 年第 2 期。

〔註25〕張政烺《試釋周初青銅器銘文中的易卦》，《考古學報》1980 年第 4 期。

張亞初、劉雨先生將材料 16 周初銅鼎銘文釐作「史斿父作寶障彝，貞
㚖」，並稱：「銘文以『作寶尊彝』為句，下面一『貞』字，當即『貞卜』之
『貞』。再下之『**㚖**』，當是占筮以後得出的八卦符號。『貞』與『**㚖**』相連，
是這類符號為八卦數字符號的有力證據。」〔註26〕「七五八」是單卦的形式，
此首先表明單卦占斷是周初稽疑活動的一種方法。其次，此例亦表明「數字
組」是稽疑結果的直錄，那麼一個問題就產生了，即「一五八」或「九五八」
的稽疑結果是否與「七五八」所占相同？顯而易見，漢數形式表現的卦體的
形態豐富多樣。若無有一套完整而成體系的識別與闡釋系統，那麼占斷便無
法有效地得以解說。奇數、偶數中各異的數字是否意義一致，必有事先的約
定，否則，占筮便無法順利開展。最後，需要著重指出的是，「七五八」顯然
具有「文字」表意的作用。通過記錄下「七五八」，「史斿父作寶障彝」的淵源
被揭示出來，即占斷結果為吉利，因而製作或獲得製作寶障彝的機會。令人
遺憾的是，諸如此類的殷、周占筮實錄的例子甚少，所以無法推進漢數卦的
深入研究。其他為標注「貞」或「曰」等標識的三個或六個數字組的身份依
然值得進一步探究。它們成立的條件何在？是否僅僅是與三畫卦或六畫卦在
形式、數量上的相同或相似而輒被定論為與《三易》相關的卦體？顯然，它
們若是數字卦，那麼其必是占筮結果的實錄或是被賦予了特定意義而被引來
表達刻契者的意圖的漢數卦。而如前文所述，漢數卦應用頗為廣泛，那麼，
刻記在卜骨或銅器、陶器等物體之上的「漢數卦」未必是占筮的結果，而
亦有可能是出於依象製器的需要而制創的「數字組」，而被賦予了與漢數卦同
樣的神聖的意義；亦有可能是標識漢數卦而表示一種願望或一種人神溝通的
方式。

通觀《易傳》之文，「易」並非特指《周易》，而是包含了《三易》之說，
即「易」是《三易》的泛稱。《易》漢數卦形式的表意系統在上古當屬一個完
整而發達的知識結構，漢數卦含義的繁富性使其具備了百科全書的功用。但
卻不易使漢數卦體系成為專門之學。所以漢數卦體系脫離百科全書的身份，
是其成為專門之學的基本條件。隨著中國上古社會的進化，各個門類的知識
體系逐漸細化，並且配備了專司其職者，世代掌管其文籍及用法。

結繩記數或記事或以漢數記事並以組為單位，歸類後懸掛保存，是早民

〔註26〕張亞初、劉雨《從商周八卦數字符號談筮法的幾個問題》，《考古》1981年第
2期。

存蓄、傳承中國上古時代知識體系的一個主要方式。卦的漢數形式沿襲了以組記數的形式以及其思維特徵，而八卦若用漢數形式來表示，必定具有意義的確定性或唯一性，即無論其形式變化是否多樣，其內涵卻相同或相通，否則必不能成其為八卦。六十四卦也同理，也即卦體「一六六七六六」與「七六六一八八」漢數形式歧異，但實質或相同。這就涉及到占斷規則的問題。占斷規則或原理的約定或制定，是八卦佔有效實施的關鍵要素。《易傳・繫辭》云：「一陰一陽之謂道。」此「道」便是規則，是事物得以生成、發展、消亡等的指揮棒。八卦的生成是在約定或制定的占斷規則的基礎上得以實現。故若肯定伏羲作八卦之說，那麼諸如陰陽、正反的二元化觀念起源甚早之說亦當予以承認。否則，漢數卦便不屬於伏羲八卦或神農六十四卦的統緒。邢文先生說：「《連山》《歸藏》與《周易》僅僅是中國古代筮占經典的突出代表，並不涵括中國古代筮占的全部。數字卦的材料中，至少有一部分反映了《三易》之外的筮占內容。」〔註27〕可見，以漢數卦論述《周易》卦畫文本的生成之時，要辨清漢數卦的源流，即其與《周易》的關係問題，而不能以為漢數卦皆是《周易》卦畫的原貌，它亦有可能出於異於《周易》的純數字占斷系統。可以肯定的是，無論是官方，還是民間，自古以來，數字占斷形式的統緒多種多樣，它們可能同源而異流，並突出地體現出異流的特質，而其源流業已變得不那麼重要。看待這些問題，我們認為至關重要者是分清異流的原因、意義以及異流的分類等等。

　　單純的數字組或由某種方法篩選出來的數字組，未必是八卦卦體之卦，它亦可能是古民記錄數或事的習慣與方式，其亦未必是由占筮或扐策的方法產生的漢數。八卦是在對漢數的屬性的歸類、提煉、抽象等的基礎上產生出來。對漢數性質的歸類是總結了結繩記數時代的生產經驗，其將數與象對應起來，由此而產生八卦的意義。由於八卦的數、象知識及其解卦體系所包羅的古民的生活、生產等智慧，八卦的體系自產生之時起，便具有豐富的表意功能，而並不專用於稽疑事項。此前文已有所論及，不再贅述。八卦過渡至六十四卦的重卦體系，反映了社會生活各層面在內容上的拓展。八卦作為重卦構成的基本元素，其性質未曾有過大的改易，但六十四卦卦體的結構較之八卦卦體發生了質的飛躍，其上下層級的關係、上下各爻的對應或排斥關係、

<hr>

〔註27〕邢文《數字卦與〈周易〉形成的若干問題》，鄭吉雄主編《周易經傳文獻新詮》，臺北市：臺大出版中心2010年版，第77頁。

中間幾個爻重新組合而成的新經卦與重卦的關係等等問題，綜合地使重卦體系煥發出新義。由此，重卦數、象的意義更爲豐富，亦更爲繁雜，而闡釋體系更具有專業性，從事職掌重卦的人員在數量及分工上有質量上的提升。重卦占斷體系的工序的要求及稽疑內容的增廣，是重卦專職人員增多及分工細化的主要原因。此可從後世的文獻中尋得旁證。《周禮・春官・大卜》載：「簭人掌三易，以辨九簭之名。一曰《連山》，二曰《歸藏》，三曰《周易》。九簭之名，一曰巫更，二曰巫咸，三曰巫式，四曰巫目，五曰巫易，六曰巫比，七曰巫祠，八曰巫參，九曰巫環。以辨吉凶。」鄭玄《注》：「此九巫讀皆當爲筮字之誤也。」〔註28〕簭與巫意義差別甚大，從前文占龜的各程序皆有專人職掌來看，占筮的命辭及不同稽疑事項或稽疑工序由不同人來司職，亦於理有協。而且此符合占筮專業化的發展趨勢。由此觀之，「巫」可解爲專司占筮活動之「巫人」，即簭人掌管著九簭，九簭又歸九巫各司一簭。

　　總之，從容納各種知識體系的「百科全書」式的八卦、六十四卦體系，到專事稽疑的專門之書，是易學走向精細化的必備條件。在此過程中，天、地、人的關係解說體系益加理論化，漢數的概念與功能、陰陽等重要概念已經產生。三代之前的八卦、六十四卦共同發展，爲三代易學的取材提供了寶貴的資源。其中的關於用卦的傳說故事是《三易》共同的素材，它明確地指出了《易》之圖書向實用的本質，所謂「道不虛行」，正揭示了易道與古民的各種活動的關係。從八卦、六十卦體系中分離而出的知識門類，對人們的生產活動、人與自然的關係的改善等起著舉足輕重的作用，與此同時，八卦、六十四卦漸趨向人們稽疑之用的圖書，易學沿著此道路發展開來。

第二節　《周易》卦畫系統的形成

　　《周易》卦畫系統的生成年代，是《周易》文本生成研究要闡明的首要問題。在此有必要給「《周易》卦畫系統」下一個定義。《周易》卦畫系統是指卦體形式是由兩個經卦組成的六十四個別卦體系，即《周禮・春官・大卜》所謂「其經卦皆八，其別卦皆六十有四」的卦畫系統。三畫卦的經卦系統以及其筮法不屬於《周易》卦畫系統與《周易》筮法。易學史中重卦創作時代

<hr>

〔註28〕〔漢〕鄭玄注，〔唐〕賈公彥疏《周禮注疏》卷二十四，阮元《十三經注疏3》，藝文印書館，2013年版，第376頁上。

問題歷來是見仁見智的易學公案，主要有四種主流觀點：一是《易傳·繫辭》所暗示的神農之時重卦，此說爲鄭玄所承繼；二是伏義之時制作八卦又重爲六十四卦，此說爲王輔嗣所主張；三是夏禹重卦，以孫盛爲代表；四是文王推演八卦爲六十四卦，以司馬遷之說爲發端，班固因仍之。此將《三易》的根源問題混爲一談，其在廣義的基礎上，將各代、各民族的《易》學〔註29〕視爲一《易》，從而推出「人更三聖，世歷三古」〔註30〕的易學發展鏈條。顯然，「周民族之《易》」與「周代《周易》」是兩個不同的概念。「周民族之《易》」是指周民族建國之前所用的原始的八卦筮法及其相應的解說體系。西周初，在《周易》成書、成熟前，仍沿用八卦筮法。「周代《周易》」是由王官集體在長期的稽疑實踐中，匯總稽疑經驗，代表有周一代重卦筮法及其相應的解說體系的筮典。

殷民族已用重卦體系進行占筮，此已被傳世文獻與出土文獻所證實。出土文獻如河南安陽四盤磨出土的甲骨上刻有「七五七六六六，曰숮」與「七八七六七六，曰숮」（見圖 1）〔註31〕，報告者稱此卜骨「橫刻三行小字，文句不合卜辭通例，看其遺存情形，似乎是一個學習刻契人的住所。」〔註32〕三行文字行文風格與卜辭有異，說明了它的特殊身份與作用。報告者所稱此遺

圖 1：殷墟安陽發掘四盤磨卜骨

〔註29〕本文所指「易學」是廣義上的易學，一切有關《三易》起源、發展、流變及其口頭解說、文字闡釋等等，統歸於「易說」。

〔註30〕〔漢〕班固撰，〔唐〕顏師古注《漢書》卷三十《藝文志》，中華書局，1962年版，第 1704 頁。

〔註31〕郭寶鈞《一九五○年春殷墟發掘報告》，《中國考古學報》第五冊，圖版肆壹、一。

〔註32〕郭寶鈞《一九五○年春殷墟發掘報告》，《中國考古學報》第五冊，第 56 頁。

存似是習契者之住所，此不無道理，習契者既要學習正刻，又要研習倒刻。並且倒刻之技甚有可能是研習的重點，所以卜骨上「七五七六六六，日娞」與「七八七六七六，日娞」兩行文字倒刻，而「八六六五八七」正刻。值得留意的是，此三行文字被契刻之前必有供其臨摹的文本。爲何「八六六五八七」無有卦名呢？一個可能的原因是習契者對此卦之名已了然於心，而對其他兩卦則尙未熟悉。李零先生稱：「四盤磨卜骨有三組卦畫，先生把『七八七六七六』下的字釋爲『日隗』，現在看來應改釋爲『日由（思）女（？）』；先生把『七五七六六六』下的字釋爲『日魁』，現在看來應改釋爲『日由（思）女』」〔註33〕。是李先生將兩漢數卦皆釋讀爲「由（思）女」。細觀四盤磨卜骨上用以標示卦名的兩字，的確字形甚相似，庶幾可斷爲一字。爲何會出現此種情況？一個甚爲可能的原因是習契者的誤記誤刻，即習契者誤刻了一個漢數卦後意識到失誤，所以又糾正之，故其卦名相同。從由六個漢數組成的卦的命名，可以斷定此時已經生有成形的重卦體系。曹定雲先生根據四盤磨卜骨的文字特徵、鑽鑿形態等信息，推斷此卜骨當出於康丁時期〔註34〕。由此例再證了商民族筮法體系的重卦性質。殷代晚期甲骨載有多條用占筮稽疑的文辭，如：

1. 丁丑王卜，貞禽巫九簭，典芑象侯彈〔亡〕尤。眔二輇，余其從〔由〕炎，亡左。自下上□□受又又。不酋戈囙。〔告於大〕邑商，亡邑在〔峡〕〔註35〕。

2. 丁丑王卜，貞禽巫九簭，玕余障，仾告獻侯䛐，冊二十〔註36〕。

3. ……〔貞〕禽巫九簭，乍余酒朕禾……伐人方。上下於戚示，受余又又……於大邑商，亡邑在峡〔註37〕。

4. □□卜，貞禽巫〔九簭〕……人方……率勜……侯䤿……屮余……從侯……〔註38〕

〔註33〕 李零《讀〈張政烺論易叢稿〉》，《東方早報》2011 年 1 月 23 日第 B04 版，第7 頁。

〔註34〕 曹定雲《殷墟四盤磨「易卦」卜骨研究》，《考古》1989 年第 7 期，第 640 頁。

〔註35〕 郭沫若主編，胡厚宣總編輯《甲骨文合集》，中華書局，1980 年版，第 4525頁，第 36344 片。胡厚宣主編，王宇信、楊升南總審校《甲骨文合集釋文》，中國社會科學出版社，2009 年版，第 1793 頁。

〔註36〕《甲骨文合集》，第 4525 頁，第 36345 片。《甲骨文合集釋文》，第 1793 頁。

〔註37〕《甲骨文合集》，第 4544 頁，第 36507 片。《甲骨文合集釋文》，第 1803 頁。

〔註38〕《甲骨文合集》，第 4544 頁，第 36508 片。《甲骨文合集釋文》，第 1803 頁。

5. 丁卯王卜，貞禽巫九禽，余其從多田於多伯征盂方伯炎。叀衣翌
日步，亡尤。自上下於叡示，余受又又。不善找〔田〕。告於茲大
邑商，亡悲在畎。〔王固曰：〕弘吉。在十月，遘大丁翌〔註39〕。

第一例謂：「丁丑這一天，商王以九禽爲筮具進行貞禽（占卦），決疑後，以典
冊的形式命令象侯名彈等人征討不享者，以此可免去內憂外患。此次征伐，
商王率領眾姓諸侯、各路人馬征伐敵軍，所往皆得四方援助。自諸侯至於王
朝所得神靈庇佑者甚多。所筮的結果與龜卜一樣爲吉利。因此，商王要求將
卜、筮吉利的結果宣揚於四方，以便取得敵國的土地。」此例與第三、四、
五例皆爲商王占筮征伐吉凶情況，並以之爲依據以取得諸侯各國的支持。第
五例的占筮結果是要求商王統領各方「甸」、「伯」以征伐盂方伯炎，並讓商
王命令專事討伐的士卒次日出師。商王親自占筮並解釋占筮結果，此從一定
程度上反映了殷代晚期占筮國家大事的稽疑上所起的重要作用，亦暗示出占
筮的解釋由王者把持的特徵。又由占筮內容的公文性寫作特徵，可知商代占
筮體系的成熟。

　　總之，商代王朝已經運用成熟的重卦體系進行稽疑，並且有一批契刻漢
數卦的專業人員記錄商王所筮之卦，以供商王進行吉凶的解說。傳世文獻
如《周禮·大卜》，出土文獻如王家臺秦簡《歸藏》等皆顯示殷代占筮體系的
成熟。

　　與殷代重卦體系的成熟與文化的發達相比，周民族則顯得遜色不少。在
未建國之前，周民族的稽疑工具主要是龜卜，而此時的周民族之筮占未見於
傳世文獻〔註40〕。此暗示著龜卜在周民族稽疑活動中所佔的主體地位，而其
筮占則居於次要地位，以致於寂然無聞於文籍。又從《詩經》等典籍所載，
可知周民族的文化、文明程度落後於殷民族〔註41〕。此從其未有商代成熟的

〔註39〕《甲骨文合集》，第4545頁，第36511片。《甲骨文合集釋文》，第1803頁。
〔註40〕《詩·大雅·緜》載：「緜緜瓜瓞，民之初生，自土沮漆。古公亶父，陶復陶
　　　　穴，未有家室。古公亶父，來朝走馬，率西水滸，至于岐下。爰及姜女，聿
　　　　來胥宇。周原膴膴，菫荼如飴，爰始爰謀，爰契我龜。曰止曰時，築室于茲。」
　　　　（〔漢〕鄭玄箋，〔唐〕孔穎達等正義《十三經注疏上·毛詩正義》，上海古籍
　　　　出版社，1997年版，第509～510頁）此是周民族建國之前重要之事的稽疑用
　　　　龜卜的一個明證。此種稽疑用龜卜的機制一直盛行於西周。
〔註41〕余永梁先生稱：「周民族的文化較商爲低，似是事實。從理論方面講，文化較
　　　　低的民族（野蠻民族）征服文化較高的民族，是世界史的常例。……商、周
　　　　正也不是例外。……周民族固有的文化可說很少。」（余永梁《易卦爻辭的時

六十四卦筮占體系，而筮占所用是原始的八卦占體系可窺見一斑。張亞初、劉雨二位先生說：「就目前擁有的材料看，單卦數字符號絕大多數不是出在商代或商的器物上，而是大多出在西周政治中心的張家坡的骨器或西周的各種銅器上。……早期形態的單卦符號，較普遍地在西周出現，這可能是周人占筮方法比較落後的一種反映。」〔註42〕

　　陝西長安張家坡西周遺址出土的一塊獸骨，報告者稱其「應當是中國考古史上第一片周代刻字甲骨」，這塊由牛肩胛骨製成的刻字獸骨，正面有卜兆，在卜兆附近刻有極細的文字兩行（見圖2）〔註43〕。張政烺等先生將此兩行文字釋爲「六八一一六一」與「五一一六八一」〔註44〕。「六八一一六一」、「五一一六八一」與卜兆是什麼關係？它是對卜兆吉凶的文字解釋嗎？爲何其書寫的方向各異？一個合理的解釋是，兩行文字確實是對卜兆結果的

圖2：長安張家坡村西周遺址出土的甲骨

正面

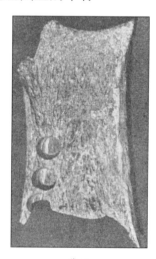

背面

　　　代及其作者》，《歷史語言研究所集刊（第一冊）》，中華書局，1987 年版，第 30 頁）

〔註42〕張亞初、劉雨《從商周八卦數字符號談筮法的幾個問題》，《考古》1981 年第 2 期，第 159 頁。

〔註43〕陝西省文物管理委員會《長安張家坡西周遺址的重要發現》，《文物參考資料》1956 年第 3 期，第 40、58 頁。

〔註44〕張政烺《試釋周初青銅器銘文中的易卦》，《考古學報》1980 年第 4 期，第 404 頁。張亞初、劉雨《從商周八卦數字符號談筮法的幾個問題》，《考古》1981 年第 2 期，第 160 頁。

判定，而其書寫方式的不同是解兆者有兩人而各書所說的緣故〔註45〕。如此看來，「六八一一六一」、「五一一六八一」並非是占筮所得，而是解兆者根據兆象所畫的漢數卦。此例揭示了漢數卦與卜兆的關係，表明了漢數卦具有文字解說的功能。傳世文獻對此有所記載，可爲印證。《周禮·春官·大卜》載：「占人掌占龜，以八簭占八頌，以八卦占簭之八故，以眡吉凶。」鄭玄《注》：「『以八筮占八頌』謂將卜八事先以筮筮之。言『頌』者同於龜占也。」〔註46〕細讀文本，並結合《大卜》一節之上下文，可知占人所掌之法不同於《三易》，亦異於筮人所掌之筮法。占人所掌是「八頌、八卦」之稽疑方法。古今儒者歷來將「八頌」解爲「八繇」，如鄭玄將「其頌皆千有二百」之「頌」釋爲「繇」〔註47〕。賈公彥然鄭玄之說，《疏》云：「凡筮之卦，自用易之爻占之。龜之兆用頌辭占之。今言『八筮占八頌』者，鄭云『同於龜占也』，以其吉凶是同，故占筮之辭亦名頌，故云『同於龜占』，龜占則繇辭，是也。」〔註48〕清儒孫詒讓亦然鄭氏、賈氏之說，稱「頌爲龜占之辭。」〔註49〕其實，「八頌」並非兆繇，而是兆體。《周禮·春官·大卜》載：「大卜掌《三兆》之灋，一曰玉兆，二曰瓦兆，三曰原兆，其經兆之體皆百有二十，其頌皆千有二百；掌《三易》之灋，一曰《連山》，二曰《歸藏》，三曰《周易》，其經卦皆八，其別卦皆六十有四；掌《三夢》之灋，一曰《致夢》，二曰《觭夢》，三曰《咸陟》，其經運十，其別九十。」〔註50〕比勘《三兆》《三易》《三夢》之「經兆、頌」、「經卦、別卦」、「經運、其別」三者，可知「頌」與「經兆」是同一事物，正如「經卦」同「別卦」、「經運」同「其別」是同一事物一樣。準此，「以八筮占八頌」即是「以八筮之法占斷八卜兆之體」。進而言之，占人所掌是八卦筮法與特殊的八頌之法。但因傳世文獻對「八頌」之法記載不詳，其具體情形已不得而知。

〔註45〕細觀兩行文字，其筆劃精、粗程度明顯，可能不出自同一人。
〔註46〕〔漢〕鄭玄注，〔唐〕賈公彥疏《周禮注疏》卷二十四，阮元《十三經注疏3》，藝文印書館，2013年版，第375頁上。
〔註47〕〔漢〕鄭玄注，〔唐〕賈公彥疏《周禮注疏》卷二十四，阮元《十三經注疏3》，藝文印書館，2013年版，第370頁上。
〔註48〕〔漢〕鄭玄注，〔唐〕賈公彥疏《周禮注疏》卷二十四，阮元《十三經注疏3》，藝文印書館，2013年版，第375頁下。
〔註49〕〔清〕孫詒讓《周禮正義》卷四十八，王文錦、陳玉霞點校，中華書局，1987年版，第1960頁。
〔註50〕〔漢〕鄭玄注，〔唐〕賈公彥疏《周禮注疏》卷二十四，阮元《十三經注疏3》，藝文印書館，2013年版，第369頁下～371頁上。

兆體與卦體的關係，《左傳·僖公十五年》亦有闡釋，其載：「韓簡侍曰：『龜，象也；筮，數也。物生而後有象，象而後有滋，滋而後有數。先君之敗德及可數乎？史蘇是占，勿從何益？』」杜預《注》：「言龜以象示，筮以數告。象、數相因而生，然後有占，占所以知吉凶。」〔註51〕龜，物也，經龜人、卜師、菙氏等職官分工、合作，逮及灼龜之工序畢，龜甲顯現裂紋，生成兆象，故稱「物生而後有象」。龜甲的裂紋滋生，條紋自有數目，可視爲筮數，用以筮占。如是，象、數是融爲一體的，象是數的整體觀感，數是象的局部細節，甚而可推數是象的實錄。韓簡之言，實指向春秋之際取筮數的另一種方法，它不肇自策筮。筮卦龜卜在稽疑上具有相通性。申而論之，就像與數而言，韓簡明快地直指其淵藪：一方面滋衍的灼龜裂紋，可以與筮數建立聯繫。有龜之兆象，方能構造一組數字，方可使象有數的表示形式，由是，數通過表徵象而成其爲占問的形式和實錄稽疑結果的符號。另一方面，以數字記錄的象，本質上與筮數相類，已可以筮占的方法加以測量，如是，龜象——筮數——卦象的流程水到渠成。所以生成卦體的方法並非只限於扐策。

值得注意的是，張家坡卜骨除了卜兆與兩個用以解釋卜兆吉凶的漢數卦外，尚未發現其他的文字。同樣的情況亦出現在陝西西安豐鎬遺址出土的甲骨上（見圖3）〔註52〕，張政烺先生將其釋讀爲「六六八一一六」與「一六六六六一」〔註53〕。因漢數卦既無卦義的解說，又無卦名的記載，雖然其在排列的形式上已類似別卦，但依然無法斷定其屬於重卦體系與否。此可從清華簡《筮法》中得到旁證〔註54〕，出於約公元前300年的戰國簡《筮法》中的

〔註51〕《十三經注疏下·春秋左傳正義》卷一四，第1807頁。

〔註52〕唐蘭《在甲骨金文中所見的一種已經遺失的中國古代文字》，《考古學報》1957年第2期，第34頁。

〔註53〕因卜骨字跡漫漶，張亞初、劉雨先生將此漢數卦釋爲「一六六六六一」（張亞初、劉雨《從商周八卦數字符號談筮法的幾個問題》，第160頁）

〔註54〕清華簡的眞僞性，學界現多認爲是眞簡，但亦有學者提出異議，如姜廣輝先生稱「清華簡《尹誥》並非眞《尹誥》或《咸有一德》」（姜廣輝、付贊《清華簡〈尹誥〉獻疑》，《湖南大學學報（社會科學版）2014年第3期，第114頁）、「在對《耆夜》簡文嘗試進行辨僞後，我們認爲這是現代人的擬古之作」（姜廣輝、付贊、邱夢燕《清華簡〈耆夜〉爲僞作考》，《故宮博物院院刊》2013年第4期，第94頁）；房德鄰先生稱「把清華簡當作『中華文明的根脈』，對此我堅決不同意，因清華簡是僞簡。……難道就用這瞎編的飲酒禮來改寫《儀禮》嗎？把《耆夜》添加到《尚書》中嗎？這樣的簡文能是『中華文明

圖3：
西安地區發現的卜骨

圖4：湖北麻城出土
周南宮中鼎銘文

六畫卦卻並非別卦，其性質依然屬於八卦筮法體系。故從這個角度出發，上文所引周初的六畫卦難以定論爲重卦，其亦甚有可能屬於由二個或四個經卦組成的八卦體系。從上述漢數卦例來看，只記錄卦體，而無有其吉凶與否，應驗與否等重要信息。此說明了這些卜骨上的漢數卦的原始性與民間性質，也同時突出了口頭陳述與解說卜兆、漢數卦暗示的意義的重要地位。民間的貞問活動重視口頭的解說，亦缺少記錄其占斷結果應驗與否的環節，所以在灼卜甲得兆象之時，僅僅以漢數卦寥寥幾筆記下兆象所顯示的吉凶，而不及其他。這種粗略的稽疑方式，並不像王官之卜筮那麼正式與講究儀式，所用卜筮的材料亦非龜甲。所以，其與民間的卜筮當爲關聯。可以看出，漢數卦對兆象的解說功能彰顯出卜、筮兩者的密切關係，同時亦證明了漢數卦作爲漢數構成的排列組合包含著豐富的表意功能。此亦體現在王官制作之器物上，如周成王時尚中所鑄之中方鼎，其銘文釋文（見圖4）爲：

> 惟十有三月庚寅，王在寒帥，王命大史括福。王曰：「中，兹福人入史，錫於武王〔註55〕作臣。今括里女福，作乃采。」中對王休命，鼏父乙尊。惟臣尚中，臣十八大夫、八大夫（銘文作 ）〔註56〕。

的根脈』嗎」（房德鄰《決不能把僞簡當作「中華文明的根脈」，《湖南大學學報（社會科學版）》2014年第3期，第104～108頁）。本文暫取信於李學勤等先生的觀點，對清華簡的眞僞性質不展開論述。

〔註55〕 王黼將之讀爲「琰玉」，並將「 」釋爲「赫赫」（〔宋〕王黼編，〔明〕泊如齋重修《宣和博古圖錄》卷二，明萬曆1603年本，第16頁）。

〔註56〕 〔宋〕王俅輯《嘯堂集古錄》，《四部叢刊續編子部》，上海：商務印書館，1934年版，第10頁。

銘文末「ꢀ」，歷來解釋不一。郭沫若先生說：「末二奇字殆中之族徽。」〔註57〕
細考銘文文本，「臣」字後接「ꢀ」，其結構與「臣尙中」當爲一致，其意義或
爲加強表意效果的複沓，或補充相應的信息，以張揚家族身份的尊貴。宋儒
王俅將之釋讀爲「十八大夫、八大夫」，王黼將之釐定爲「赫赫」。此皆認爲
兩個文字與人臣的身份地位相關聯，指出了其文字表意的作用。郭沫若先生
指出了其象徵意義，唐蘭先生指出了此種象徵意義的古老性及其逐漸消亡的
狀態。以漢數卦代表一個家族或人的稱號，當是一個古老的風俗，此起源於
卦表意的豐富性及被賦予的通神性。

　　上引例子說明了至周成王之時，形式上爲重卦的漢數卦已爲王朝所接
受，爲王臣所熟練使用。周民族的占筮體系逐漸從八卦占體系進入重卦的階
段，此與司馬遷「文王重八卦」相互印證。「文王重八卦」的傳說的重要意義
在於證實了周民族之前所用爲八卦體系。又由周民族建國之前所用八卦體系
的歷史事實，可證「文王重八卦」之說的眞實性，其並非司馬遷向壁虛造。

第三節　周文王重周民族之八卦體系

　　《周易》是先秦《三易》之一，在其生成成熟的文本之前，周民族的占
筮是八卦占體系，其與文化發達的殷民族所用重卦的《歸藏》體系並行不悖，
並保留著「伏羲作八卦」的原始面貌。「周文王重八卦爲六十四卦」的眞實內
涵是周文王將周民族的八卦占體系改造爲六十四卦體系，其發生的時間正是
司馬遷所謂「西伯拘而演《周易》」之時。所以，司馬遷《史記·周本紀》所
載周文王「蓋益《易》之八卦爲六十四卦」之說爲信而有徵。

　　《周易》之名來源歷來解說不一，但有一點可通約，即其是周代之《易》
的題名，具有周代《易》鮮明的時代特色。它與《連山》《歸藏》並列爲《三
易》。《周易》作爲《三易》之一，顯示了它在內容、解說體系等方面與《連
山》《歸藏》的差異。作爲可以承載周代官學思想的占筮之書，《周易》的題
名是王官集體在整理二代之《易》書與總結周代占筮稽疑活動的基礎上，形
成整體的文本之後才題以《周易》，而並非爲周文王所題名。但西伯周文王在
周民族占筮體系的演進中有著突出的貢獻。

〔註57〕郭沫若《兩周金文辭大系圖錄考釋》，《郭沫若全集考古編》第七卷，科學出
　　　　版社，2002 年版，《圖編》第 7 頁圖 47，《錄編》第 6 頁，《考釋》第 16 頁。

歷來對周文王的易學史貢獻，多數學者將《周易》納入「人更三聖，世歷三古」〔註 58〕的易學統緒，由此形成了「伏羲作八卦——周文王重《易》六爻——孔子述《十翼》」的易學發展正脈，甚至將之神聖化，如宋儒朱元升稱「數聖人豈各出意見以爲斯易哉？龍馬之所呈，神龜之所授，是皆得之天者也。周公相成王，設官分職，命太卜、命筮人並掌《三易》，不以周用《周易》而置《連山》《歸藏》於無用，是天固將以斯易託斯人也。周轍既東，周禮廢闕，天之未喪斯文也，復生孔子爲天下木鐸，黜《八索》，闡《十翼》，韋編三絕而《周易》繫矣。之杞而得《夏時》焉，之宋而得《坤》《乾》焉，故天下後世有亡書，無亡言，而《連山》《歸藏易》傳矣，是天又將以斯易託斯人也。」〔註 59〕這看似粲然分明的易學脈絡，實則造成了不少易學困惑。其主要原因是將《三易》的發展情形混爲一談。其實，在各個歷史階段，各民族的文化發展情況並不相同。同理，各民族的占筮方法與成熟程度亦各異，王朝的占筮機制與民間的占筮方式亦各異其趣。

汪寧生先生考察了我國西南多個少數民族保存的類似古代筮法的數占方法，如「四川阿壩地區藏族用牛毛繩八根隨便打結，丟在地上，如是者三次，最後看三次所得繩結數的排列關係，以定吉凶」，「雲南西北部的傈僳族有一種占卜法叫『賽薩』，用竹竿 33 根，一手握之，另一手數之，口中念念有詞，共數三次，最後得出三個數字，事情吉凶即以這三個數字的比例關係而定」，四川涼山彝族有名爲「雷夫孜」的數卜法，「其具體情況是這樣的：『畢摩』（彝族巫師）取細竹或草杆一束握於左手，右手隨便分去一部分，看左手所餘之數是奇是偶。如此共行三次，可得三個數字」〔註 60〕。諸例的一個重要意義在於說明即使是當代各少數民族的數卜法依然是「取三數」的形式，而並非取六數，亦不用類似《周易》的筮法。同理例之，儘管殷代王官之占筮體系已經成熟，並以重卦爲主要的形式，但文化後進的周民族的占筮形式卻依然是八卦占法，並且筮占亦並非周民族稽疑的主要方法。

在周民族八卦占法演進成重卦體系之前，夏有《連山》、殷有《歸藏》，其「經卦皆八，別卦皆六十有四」，已各自成爲一個完整的筮法體系，而這個

〔註 58〕〔漢〕班固撰，〔唐〕顏師古注《漢書》卷三十《藝文志》，中華書局，1962年版，第 1704 頁。

〔註 59〕〔宋〕朱元升《三易備遺》，《景印文淵閣四庫全書》本，臺灣商務印書館，1986 年版，第 742 頁原序。

〔註 60〕汪寧生《八卦起源》，《考古》1976 年第 4 期，第 243 頁。

體系必然包含著卦畫、卦名和解筮辭。無論解筮辭爲書面形式，還是口頭形式，其所具有的儀式性、法典性是其重要的特徵，其權威性不容筮人或解筮者私意篡改。筮典《連山》《歸藏》成爲周民族改造其筮法的寶貴資源。

一、「周文王重八卦」還原

司馬遷《史記·周本紀》載：「西伯蓋即位五十年。其囚羑里，蓋益《易》之八卦爲六十四卦。」張守節《正義》：「太史公言『蓋』者，乃疑辭也。文王著演《易》之功，作《周紀》方贊其美，不敢專定重《易》，故稱『蓋』也。」〔註61〕司馬遷言「蓋」，是以謹慎的語氣敘述歷史，而實際上他對文王重八卦爲六十四卦之傳說堅信不移，此可從其身遭重創之後舉「西伯拘而演《周易》」〔註62〕之例安慰己之創傷得以證實：司馬遷只有相信周文王拘役於羑里而操演重卦爲信史，其事例才有勵志的意義。再審「西伯拘而演《周易》」之說，可以推知以下信息：

一、西伯被拘禁於羑里，爲文王借鑒殷代重卦體系而改易周民族之八卦占法提供了時間上的保證。蘇淵雷先生說：「揆之事理，〔文王〕七年幽囚，所得當不僅六十四之卦象：因象演義，自屬可能。」〔註63〕此指出周文王被拘於羑里七年，有足夠的時間研習殷民族之文化，尤其是接觸殷之重卦體系，用以操演推測己之運數。

二、周文王使用推演的是周民族的占筮方法，而借鑒、利用了《歸藏》的重卦形式。周民族之《易》並非承自殷民族之《易》，亦更非源自殷代王官之學《歸藏》，而是沿用了最古老、最原始的八卦筮法。由此而言，傳統易說中的「伏羲八卦——文王重八卦——孔子述《十翼》」可成立，此《周易》的學脈可謂明朗。《周易》文本的生成鏈條屬於《周易》的統緒，而並非夏《連山》、殷《歸藏》的王官之系統。

三、周文王操演改造後的周民族之重卦筮法，在長達七年的時間裏，積累了一些稽疑的經驗，形成了一些表達心中想法、觀點的文字或迫於險境而

〔註61〕〔漢〕司馬遷撰，〔宋〕裴駰集解，〔唐〕司馬貞索隱，〔唐〕張守節正義《史記》卷四《周本紀第四》，中華書局，2013 年版，第 154 頁。

〔註62〕〔漢〕班固撰，〔唐〕顏師古注《漢書》卷六十二《司馬遷傳第三十二》，中華書局，1962 年版，第 2735 頁。

〔註63〕蘇淵雷《易通》，《民國叢書》（第二編）第 4 冊，據黃中出版社，1941 年版影印。

內化於心，而得出姜里之後，以文字的形式予以保留。《易傳·繫辭下》云：
「《易》之興也，其於中古乎？作《易》者其有憂患乎？」〔註64〕此精審地道
出了《周易》卦序安排與爻辭製撰的主題與精神。我們認爲，《周易》的一些
卦辭、爻辭眞實地體現了周文王被拘禁於姜里的心理境況。《周易》的第一卦
《乾》爻辭最能反映周文王的境遇及其處於險境的思索。《乾》云：「初九，
潛龍勿用。……九三，君子終日乾乾，夕惕若厲，无咎。」此兩爻辭眞實地
表露了周文王處於政治險境之際的求生智慧及恭謹的內心世界。顯然，「終
日乾乾，夕惕若厲」並不符合後世儒家所推尙的中庸、中正思想。儘管後世
儒者有將其儒學化或道家化的嘗試，如漢儒劉安等人稱「《易》曰『潛龍勿
用』者，言時之不可以行也。故君子『終日乾乾，夕惕若厲，无咎』。終日乾
乾，以陽動也；夕惕若厲，以陰息也。因日以動，因夜以息，唯有道者能行
之」〔註65〕，但「夕惕若厲」並非「陰息」之義，它本來的意蘊是「夜晚的
警惕好像有增無減」，表現出格外謹愼的狀態。此類爻辭當爲周文王死裏逃生
之後所作。

　　周文王借助殷民族的易占形式，在操演周民族筮法的過程中，對周民族
的占筮從形式、內容及解說方式等方面進行了改造，其本來並不銳意從事周
民族的筮法或文化的革新，只是以研習易占而略推人事，以消磨時光。在如
此險惡的生存環境裏，周文王難以也無意完成一部體系完善的《周易》，但是
難能可貴的是其將周民族慣用的八卦筮法改易成了重卦筮法，此成爲周朝王
官集體完成《周易》的理論基礎，尤其是周文王的憂患意識成爲《周易》的
一個重要主題，成爲中國傳統政治文化的一個特色。

二、周文王時期周族稽疑方式

　　在姜里的七年，周文王將周族的八卦占筮法改造成重卦形式，但是距離
周族創制《周易》尚遠。周文王僅僅邁出了至關重要的一步，而後隨著殷、
周兩族的鬥爭，周族內外事務的重心並非文化上的建制，而終文、武王之世，
周民族對以殷王爲核心的殷之軍事力量的打擊是周之聯盟軍的主要事務。此
爲傳世文獻所證實。《詩·大雅·皇矣》云：

　　　　帝謂文王：「無然畔援，無然歆羨，誕先登于岸。」密人不恭，

〔註64〕〔魏〕王弼注，〔唐〕孔穎達疏《周易注疏》卷十二，日本足利學校遺跡圖書
　　　　館後援會影印南宋初年刊本，1973年版，第738頁第13葉後。
〔註65〕何寧《淮南子集釋》卷十八《人間訓》，中華書局，1998年版，第1296頁。

敢距大邦，侵阮徂共。王赫斯怒，爰整其旅，以按徂旅，以篤于周
祜，以對于天下。……帝謂文王：「詢爾仇方，同爾兄弟，以爾鈎援，
與爾臨衝，以伐崇墉。」

此引文「帝謂文王」的部分當是以龜卜而推知天帝之旨意。周文王假龜卜之
指引、商王之授意而征伐密、崇等國。諸如此類的周族之大事，周文王並不
以八卦筮法或其改易的重卦筮法稽疑，此反映了重卦筮法尚未完善，亦尚未
確立其稽疑國家大事的權威地位。龜卜與占夢是周民族稽疑的主要方式。
《詩·大雅·緜》云：「緜緜瓜瓞，民之初生……周原膴膴，爰始爰謀，爰契
我龜，曰止曰時，築室于茲。」《詩·大雅·文王有聲》云：「考卜維王，宅
是鎬京。」《尚書·周書·大誥》云：「寧王遺我大寶龜，紹天明即命。……
我有大事休，朕卜并吉。」此可見至周成王之時，龜卜是周族推知人事吉凶
的主要方式。孔安國以「寧王」爲周文王，我們意亦同。「寧王遺我大寶龜」
即是周文王之時亦寶重養龜以卜問疑事，周文王時養的龜一直保留至周成王
時，並被成王用以卜問征伐之吉凶。

卜、筮是夏、殷兩代兩大稽疑機制，其作爲王官之學與各民族的稽疑方
式不同。可以推知，周民族有著悠久並且頗爲成熟的龜卜方式，而其占筮體
系卻並不發達。箕子對周民族的稽疑機制較爲熟悉，所以當周武王徵詢其
如何推知天道、治理下民之時，箕子將託名於禹的《洪範九疇》告知周武
王，其第七疇稱「七、稽疑。擇建立卜、筮，乃命卜、筮：曰雨，曰霽，曰
蒙，曰驛，曰克，曰貞，曰悔，凡七。卜五，占用二」。箕子對《洪範九疇》
之文頗爲熟諳，故能脫口而出。此亦反映出殷人對夏之文化典籍的承繼。顯
然，武王對《洪範九疇》並不知曉。周此時作爲一個文化比殷民族落後的民
族，其占筮的稽疑機制亦未有作爲王官之學的諸如《歸藏》者來得成熟、體
系與規範。此亦鮮明地暗示著直至周武王時期，《周易》的占筮體系尚未成
熟，其重卦形式尚處於雛形階段，尚未能成爲與《連山》《歸藏》並立的筮
法。箕子指出了「國家稽疑的機制主要有兩種，一是卜，二是筮。此是推知
天道而決策的重要途徑」。但是值得指出的是，直到周成王之時，經周文王
改造的周民族的重卦方法依然未成體系，尚不能用於國家大事的稽疑，此從
「寧王遺我大寶龜」足可獲見，改易了周族八卦筮法的周文王亦以龜卜爲
主。此種周之稽疑觀念一直影響到春秋，「筮短龜長」就是周族這種觀念的鮮
明體現。

三、周文王對《周易》文本生成的貢獻

　　儘管在周成王之時，《周易》尚未成爲成熟的筮法應用於國家層面的稽疑活動，但是周族之筮書經由周文王的重卦，創作一部分的卦辭、爻辭，《周易》的雛形已經生成。「西伯拘而演《周易》」並非司馬遷向壁虛造之說，綜合零碎的傳世文獻材料，尚可以考尋此說的眞義。班固《漢書・藝文志》載：

　　　　《易》曰：「宓戲氏仰觀象於天，俯觀法於地，觀鳥獸之文，與地之宜，近取諸身，遠取諸物，於是始作八卦，以通神明之德，以類萬物之情。」至於殷、周之際，紂在上位，逆天暴物，文王以諸侯順命而行道，天人之占可得而效，於是重《易》六爻，作上下篇。孔氏爲之《彖》《象》《繫辭》《文言》《序卦》之屬十篇。故曰：《易》道深矣，人更三聖，世歷三古〔註66〕。

班固憑據所掌握的史料，勾勒了周族筮典文本《周易》生成的軌跡。從上文的分析來看，班氏之說並非遊談無根。周族之易占及其演進與殷族中作爲王官之學的《歸藏》重卦筮典異轍，並不同步，也即《周易》有著不同於《歸藏》的生成路徑，不宜將兩者混爲一談。文王對周族《周易》文本生成的貢獻，班固簡括爲「重《易》六爻，作上下篇」，即文王重周族八卦爲六十四卦，並將六十四卦分爲上下兩篇。此說起初當出自劉向、劉歆父子《七略》，是代表著官方主流的易學觀點。劉歆說：「漢興，去聖帝明王遐遠，仲尼之道又絕，法度無所因襲。時獨有叔孫通略定禮儀，天下唯有《易》卜，未有它書。」〔註67〕是直至西漢，占筮之書的傳承未有中斷。《三易》傳承的易說亦未晦澀未明。《帝王世紀》載：

　　　　庖犧作八卦，神農重之爲六十四卦，黃帝、堯、舜引而申之，分爲二易。至夏人因炎帝曰《連山》，殷人因黃帝曰《歸藏》，文王廣六十四卦，著九六之爻，謂之《周易》〔註68〕。

此言《連山》《歸藏》二易無九六之爻辭，而文王增廣之，使周人之六十四卦有了爻辭。此說文意簡略，未說明周族是直承伏羲八卦筮法，但其模棱兩可地稱文王「廣六十四卦」，說明文章作者隱約意識到周文王與「六十四卦」有

〔註66〕　〔漢〕班固撰，〔唐〕顏師古注《漢書》卷三十《藝文志》，中華書局，1962年版，第1704頁。

〔註67〕　〔漢〕班固撰，〔唐〕顏師古注《漢書》卷三十六《楚元王傳第六・劉歆》，中華書局，1962年版，第1968頁。

〔註68〕　〔晉〕皇甫謐《帝王世紀第一》，陸吉點校，齊魯書社，2010年版，第3頁。

著某種聯繫，卻又暫時無法明瞭。顯然，作者受了「神農重之爲六十四卦」的認知限制，以爲文王之前周族已有重卦筮法。但流傳的「文王重八卦」之說又與此相背，所以作者用了「廣」字，造成了文意的模糊。作者又稱周文王制作「九六之爻」，即製撰了周族重卦筮法的爻辭。孔穎達等先達也謂「《易》之爻辭，蓋亦是文王本意，故《易緯》但言文王也」〔註69〕。文王對周族易卦體系的改造有重要貢獻，在囚居於羑里之時，將所見所習所思以比興的方式表述而出，或略刻於簡牘，或被侍從所記載而得以保留，這部分爻辭眞實地記錄了周文王被囚居時的思想狀態。《坤》云：「六四，括囊，无咎无譽。」王弼《注》：「處陰之卦，以陰居陰，履非中位，无直方之質；不造陽事，无含章之美。括結否閉，賢人乃隱。施愼則可，非泰之道。」此《注》道出了人們處於朝不保夕的險境之際，要謹言愼行、隱忍不發，如此，無過錯亦無榮譽，確保逆境求存。《坤·六四》之爻辭當是周文王所創，是處於政治黑暗時期因言得罪而規避生命風險的求存哲學。此與以周公旦爲核心的王官制禮作樂、創建的君臣溝通機制的思想不相脗合。《國語·周語》載：「天子聽政，使公卿至於列士獻詩，瞽獻曲，史獻書，師箴，瞍賦，矇誦，百工諫，庶人傳語，近臣盡規，親戚補察，瞽史教誨，耆艾修之，而後王斟酌焉，是以事行而不悖，民之有口也，猶土之有山川也，財用於是乎出。」〔註70〕處於治世明君之時，明君廣開言路，保障君臣溝通渠道的暢通，諸臣百工庶人暢所欲言，所以眾人不需戰戰兢兢，如臨深淵。而處於君臣猜忌，西伯昌性命堪虞之時，謹小愼微、守口如瓶則是應對之舉。顯然，《坤·六四》正是周文王面對險境的應對之策，其作者當是文王。後之儒者或不明此爻辭之背景，或應一時稱引之需，未得其本義，如荀子云：「君子之於言無厭，鄙夫反是，好其實，不恤其文，是以終身不免埤污傭俗，故《易》曰『括囊，無咎無譽』。腐儒之謂也。」〔註71〕荀子之言適應崇尙唇槍舌劍的戰國時代的需要，故明哲保身、木訥寡言的儒者被荀子視爲無生機的「腐儒」。

　　《周易正義·卷首》云：「卦辭，文王；爻辭，周公。馬融、陸績等並同

〔註69〕　〔魏〕王弼注，〔唐〕孔穎達等正義《周易正義》卷首，阮元《十三經注疏1》，藝文印書館，2013年版，第10頁。

〔註70〕　〔清〕徐元誥《國語集解》，王樹民、沈長雲點校，中華書局，2002年版，第11～12頁。

〔註71〕　〔清〕王先謙《荀子集解》卷三《非相篇第五》，沈嘯寰、王星賢點校，中華書局，1988年版，第84頁。

此說。今依而用之，只言『三聖』不數周公者，以父統子業故也。」〔註72〕
此言《周易》爻辭爲周公述文王之意而製撰。周公旦組織王官制禮作樂之時，
追索周文王對周族易卦所作的貢獻，搜羅其隻言片語，如周文王死裏逃生之
後形諸文字的一些卦辭、爻辭，將之連綴成篇以存檔。此文獻即是《易象》。
《春秋左傳·昭公二年》載：

> 二年春，晉侯使韓宣子來聘，且告爲政而來見禮也。觀書於大
> 史氏，見《易象》與《魯春秋》，曰：「周禮盡在魯矣！吾乃今知周
> 公之德與周之所以王也。」〔註73〕

韓宣子觀書所見之書，尤以《易象》與《魯春秋》爲寶重，此暗示著此兩書
此時獨魯所有，所以韓宣子第一次觀覽時歎爲觀止，認爲包括《易象》《魯春
秋》在內的魯國藏書囊括了周代禮制的內容與精義。顯然，《易象》《魯春
秋》皆與周公旦、周文王有涉，或載有兩人的作品，或記有兩人的事蹟，要
之，兩書有與周禮重合的部分。值得表而出之的是，韓宣子所見之《易象》
並非題名爲《周易》，此說明在周公之時，《周易》尚未成爲周代筮典的題名。
《易象》並非等同後世之《周易》，但其顯然反映了周文王、周公旦憂患、謙
和等思想，顯示其適時應務、藏器於身、待時而動等生存智慧與政治鬥爭謀
略等等，所以韓宣子觀此書時說「吾乃今知周公之德與周之所以王也」，此準
確地道出了組織王官制禮作樂、整理文化典籍的周公的文化貢獻，故韓氏贊
評周公旦之德業。「周之所以王」顯然與周文王成爲王者的人生體悟與履歷密
切關聯。

　　有學者指出「實際上《易象》是文王、周公用以教導周貴族如何『王天
下』的統治方略，是『人君南面之術』，向來藏之秘府，並不傳佈於民間，
一般人極難見到。……韓宣子所見《易象》很可能是當時周室典藏的副本」
〔註74〕，但「周之所以王天下」與「如何『王天下』」兩者卻有異，前者主要
內容是強調成王前、建立王朝前的所作所爲，後者則是建立王朝後的施政要
略。在西伯昌身囚於羑里、命懸一線之時，已爲建立王朝遠見運思，此與文
王的處境不合，亦與情理不協，尤與《乾》《坤》兩卦爻辭不契。我們認爲，

〔註72〕　〔魏〕王弼注，〔唐〕孔穎達等正義《周易正義》卷首，阮元《十三經注疏1》，
　　　　　藝文印書館，2013 年版，第 10 頁。
〔註73〕　《十三經注疏下·春秋左傳正義》卷四二《昭公二年》，第 2029 頁。
〔註74〕　姜廣輝《文王演〈周易〉新說——兼談境遇與意義問題》，《哲學研究》1997
　　　　　年第 3 期，第 66～67 頁。

《易象》是一部集合了周文王重周族八卦爲六十四卦卦畫，周文王基於其人生體認而製撰了部分卦辭、爻辭，後經周公旦整理並增廣部分卦辭、爻辭的周初《易》書。它代表周族的易占水平進入了新的階段。尤值得讚述的是，其爻辭如日記的形式記載了操演易卦者處於各種境遇、地位之時的心路、思索與應對等等，此使其從內容與實質上具有超越了以往筮典的稽疑的生命價值。

《易象》並不是一部成熟的筮典，它僅是周文王、周公旦問筮的實踐中製撰的零章散句的彙纂，但周文王、周公旦撰寫卦爻辭的體式及其寫作思想卻爲後來卜筮之王官完善《易象》文本，構建成熟的一代之《易》指明了方向。

小　結

由今本《周易・繫辭》之傳說可推知，大約在伏羲時代，中國先民隨著生產力的發展，一部人從繁重的體力勞動中脫身而出，成爲社會的管理者，並在提煉先人所積累的各種生存智慧，包括在長期的稽疑活動中所產生的八卦數占，其因革了前代以結繩記數產生的發達的象數思維。漢數是最初的文字，漢數卦體系包含著數與象的對應關係，綜合地構建起中國表意豐富的符號系統。由三個數字組成的漢數卦由於包含著「天、地、人」的知識體系，成爲數占中的主流《易》占。由三個漢數組成的卦體，向六十四卦之重卦卦體發展，表明了古民社會生活的圖景的益廣，人們的象數思維能力，對以天、地、人三者爲中心開展的稽疑活動亦趨向精細化。在此進程中，天、地、人的關係解說體系得以體系化，並由此形成了陰陽等重要概念。可見，三代之前的八卦、六十四卦以及其口頭解說體系的成熟，爲三代《易》書的取材提供了直接的源泉。其中，口耳相傳的用卦之故事，是《三易》可資利用的素材，其體現了《易》之圖書尙實用的文本性質，所謂「道不虛行」，正揭示了《易》道與古民的各種活動的關係。

《連山》《歸藏》發展了《易》占的重卦體系，成爲官學。而周族所用的是原始的八卦占筮法，且其稽疑的主要方式爲龜卜。周文王在拘於羑里之時，將「小邦周」之八卦筮法追改爲六十四重卦形式，並在某個卦如《乾》之六爻下增廣爻辭，以表惕厲、憂患之心思，開有周一代筮典《周易》繫以爻辭

之先河，而其繫以爻辭的思想原則亦為周代王官所推尚。周公旦保藏了周文王所重六十四卦及其所撰寫的零散文辭，並有所增益，而成為《易象》。《易象》所包含的卦爻辭的體式，及其所流動的憂患思想，對後來周代王官完善《易象》文本，並生成有周一代之筮典，有首創之功。所以，《史記》所載周文王「蓋益《易》之八卦為六十四卦」之說實為可信。

第二章 《周易》六十四卦的命名方法

　　六十四卦的命名方法，孔穎達等人所編的《正義》早有論之，在解說《乾》命名之時，其云：

> 乾者，此卦之名。謂之「卦」者，《易緯》云：「卦者，掛也。」言懸掛物象，以示於人，故謂之卦。但二畫之體，雖象陰陽之氣，未成萬物之象，未得成卦。必三畫以象三才，寫天地雷風水火山澤之象，乃謂之卦也，故《繫辭》云「八卦成列，象在其中矣」是也。但初有三畫，雖有萬物之象，於萬物變通之理猶有未盡，故更重之而有六畫。備萬物之形象，窮天下之能事，故六畫成卦也。
>
> 但聖人名卦體例不同。或則以物象而爲卦名者，若《否》《泰》《剝》《頤》《鼎》之屬是也；或以象之所用而爲卦名者，即《乾》《坤》之屬是也，如此之類多矣。雖取物象，乃以人事而爲卦名者，即《家人》《歸妹》《謙》《履》之屬是也。所以如此不同者，但物有萬象，人有萬事，若執一事，不可包萬物之象；若限局一象，不可揔萬有之事。故名有隱顯，辭有踳駁，不可一例求之，不可一類取之，故《繫辭》云：「上下無常，剛柔相易，不可爲典要。」韓康伯《注》云：「不可立定準。」是也。〔註1〕

根據孔氏等先達對六十四卦命名體例的體認，其至少可分成三類：一是以物象名卦；二是以體用名卦；三是以人事名卦。下文將分數端將六十卦命名體列展開詳述。

〔註1〕 〔魏〕王弼注，〔唐〕孔穎達疏《周易注疏》卷一，日本足利學校遺跡圖書館後援會影印南宋初年刊本，1973年版，第1頁第1葉前～2頁第1葉後。

第一節　以事物所處之狀態名卦

　　以事物所處之狀態名卦，即是名卦者以卦體所展示的事物的狀態爲主要特徵的命名方式。以此方式命名的卦主要有以下 24 個：

　　1. ䷂震下坎上，屯。此卦之名，王家臺秦簡《歸藏》作肫〔註2〕，傳本《歸藏》作屯〔註3〕，阜陽漢簡《周易》（下文簡稱爲阜陽《周易》）作肫〔註4〕，馬王堆帛書《周易》六十四卦中的卦名同今本作屯〔註5〕，帛書《易之義》作肫〔註6〕。卦名屯當爲周代王官原本《周易》用字。〔註7〕

　　《彖》云：「屯，剛柔始交而難生，動乎險中，大亨貞。天造草昧，宜建侯而不寧。」此不言陰陽始交，而言剛柔始交，是因爲《屯》意在彰顯事物初始狀態所具有的剛強與柔順的品質，其既包含有事物初始勃發的剛健之勢，又內蘊著事物萌芽之時的柔弱之姿。《屯》之名包含著這兩層意思，其說明事物始生之時，醞釀著迎難而上的力量，又遭受著外在阻力的遏制，但總體上卻又是趨向脫險與前路亨通的狀態。觀䷂之卦象，☳爲內卦，《說卦》云：「萬物出乎《震》。」《震》即突出事物變動的姿態。又《象》云：「雲雷，屯。」《說卦》云：「動萬物者，莫疾乎雷。」雷是震動萬物之力量，能使萬物迅速地受到影響。物之「出」與物之「動」，皆包含在䷂中，「天造草昧」、「建侯」是「出」的結果；「動」在「出」之中，又延續「出」的狀態而或守正如䷂卦之互體☶，爲性靜之舉。命卦者之所以將䷂取名爲屯，是將屯字意義與䷂所代表的萬物所處的萌芽、建始狀態的形象，充分地加以考察的基礎上得出的結果。

〔註2〕　王明欽《王家臺秦墓竹簡概述》，艾蘭、邢文編《新出簡帛研究》，文物出版社，2004 年版，第 30 頁（下文省稱爲《王家臺秦墓竹簡概述》，並標出頁碼）。

〔註3〕　〔宋〕李過《西溪易說·原序》，《景印文淵閣四庫全書》經部第 17 冊，臺灣商務印書館，1986 年版，第 625 頁上。

〔註4〕　中國文物研究所古文獻研究室、安徽省阜陽市博物館《阜陽漢簡〈周易〉釋文》，陳鼓應主編《道家文化研究》第 18 輯《出土文獻專號》，生活·讀書·新知三聯書店，2000 年版，第 18 頁（下文省稱爲《阜陽漢簡〈周易〉釋文》，後標注頁碼）。

〔註5〕　張政烺《馬王堆帛書周易經傳校讀》，中華書局，2008 年版，圖版第 13 頁九一上（下文省稱爲《馬王堆帛書周易經傳校讀》，並標頁碼）。

〔註6〕　張政烺《論易叢稿》，中華書局，2012 年版，第 214 頁。

〔註7〕　陳居淵稱：「『屯』，『屯』通『敦』……作『屯』爲古文，作『肫』、『敦』同爲今文。」（陳居淵《周易今古文考證》，商務印書館，2015 年版，第 36 頁）

明儒來知德云：「萬物始生，鬱結未通，似有險難之意，故其字從屮，屮音徹，初生草穿地也。」〔註 8〕䷂卦有險難之意，其原因在於《屯》卦體之來源。虞翻云：「《坎》二之初。」〔註 9〕李道平《疏》云：「以四陰二陽之例，則當自《臨》《觀》來。茲自《坎》來者，《乾》由《離》入《坎》，合《坤》生《震》，所謂『其血玄黃』，故《坎》二之初成《屯》，而與《鼎》旁通也。」《說卦》云：「《震》爲玄黃。」䷂卦從䷜卦而來，陽剛之爻始爲主於內卦，王輔嗣云：「初《屯》之初，動則難生，不可以進，故磐桓也。」此言䷂卦影響尚在，《屯》初九若有所爲，即有來自互體卦☷的侵擾，而初九若與之戰，則陰陽兩傷，是屯難的表現。若能「息亂以靜，守靜以俟」，則能達到「陰求於陽、弱求於強，民思其主」的境況，即是六四之往而應初。總之，《屯》以其䷂卦象的形態，表明了事物處於屯難之時的狀態，也正是這種欲進未進的狀態與《屯》之意義的脗合，䷂卦最終定名爲「屯」。

2. ䷃坎下艮上，蒙。此卦之名，戰國楚竹書《周易》（下文簡稱爲楚竹書《周易》）作尨〔註 10〕，傳本《歸藏》作蒙〔註 11〕，阜陽《周易》、馬王堆帛書《周易》六十四卦、漢石經皆作蒙〔註 12〕。周代王官《周易》本亦當作蒙。〔註 13〕

《彖》云：「蒙，山下有險。險而止，蒙。」《序卦》云：「物生必蒙，故受之以《蒙》。蒙者，蒙也，物之穉也。」鄭玄曰：「蒙，幼小之貌，齊人謂『萌』爲『蒙』也。」〔註 14〕孔穎達《正義》云：「蒙者，微昧暗弱之名。」

〔註 8〕〔明〕來知德《周易集注》卷二，胡真校點，上海古籍出版社，2013 年版，第 28 頁。

〔註 9〕〔清〕李道平《周易集解纂疏》卷二，潘雨廷點校，中華書局，1994 年版，第 95 頁。

〔註 10〕濮茅左主編《上海博物館藏楚竹書〈周易〉》，中西書局，2014 年版，第 10 頁。

〔註 11〕〔宋〕李過《西溪易說·原序》，《景印文淵閣四庫全書》經部第 17 冊，臺灣商務印書館，1986 年版，第 625 頁上。

〔註 12〕《阜陽漢簡〈周易〉釋文》，第 19 頁；《馬王堆帛書周易經傳校讀》，圖版第 3 頁一五上；馬衡編《漢石經集存》，藝文印書館，1976 年版，第 25 頁（下文省稱爲《漢石經集存》，並標出頁碼）。

〔註 13〕陳居淵稱：「若依段注、上博竹簡本，知作『蒙』爲今文，作『尨』、『𦳝』爲古文。」（陳居淵《周易今古文考證》，商務印書館，2015 年版，第 51 頁）疑非。

〔註 14〕〔宋〕王應麟輯《周易鄭康成注》，鄭振峰點校，中華書局，2012 年版，第 16 頁。

可見，蒙是事物經屯難狀態後成長的又一個階段。觀䷃卦體，☵可爲矯輮，☶可爲指〔註 15〕，兩者結合起來，即表示使水之或直或曲的形態得到改變，其可象徵事物發展到某個階段接受改變的狀態。卦辭將這種狀態以人事言之，其云：「匪我求童蒙，童蒙求我。初筮告；再三瀆，瀆則不告。」王弼《注》曰：「筮者，決疑之物也。童蒙之來求我，欲決所惑也。決之不一，不知所從，則復惑也。故『初筮則告，再三則瀆』。瀆，蒙也。」鄭玄云：「人幼稚曰童，未冠之稱。」〔註 16〕孩童成長之中有不斷被啓蒙又經常陷入猶豫不決的蒙昧之境，所以卦辭以「初筮」、「再三」而筮言童蒙處於成長期中「蒙」的年齡段。

3. ䷄乾下坎上，需。此卦之名，楚竹簡《周易》作⿱雨子〔註 17〕，傳本《歸藏》作傉〔註 18〕或溽〔註 19〕，馬王堆帛書《周易》作襦〔註 20〕，帛書《易之義》作嬬〔註 21〕。需，商代晚期的「需父辛鼎」作「」〔註 22〕，是字上部爲「雨」，下部有「天」字形制，由此觀之，「」之本字或爲「䨎」。《字彙補·戌集·雨部》云：「䨎，古需字，見《歸藏易》。」〔註 23〕準上，周代王官《周易》本當作䨎〔註 24〕。卦畫同，而卦名不同，體現了卦名用字的變化情況。周代王官在重新審定卦名體系的過程中，更細緻地聯繫上下卦畫的卦象與文字的形制，所以對一些卦的命名在殷《歸藏》的基礎上有所改易。

〔註 15〕孔穎達《疏》云：「爲指，取其執止物也。」（〔魏〕王弼注，〔唐〕孔穎達疏《周易注疏》卷十三，日本足利學校遺跡圖書館後援會影印南宋初年刊本，1973 年版，第 788 頁第 13 葉後）

〔註 16〕〔宋〕王應麟輯《周易鄭康成注》，鄭振峰點校，中華書局，2012 年版，第 16 頁。

〔註 17〕丁四新《楚竹書與漢帛書周易校注》，上海古籍出版社，2011 年版，第 7 頁。

〔註 18〕〔宋〕李過《西溪易說·原序》，《景印文淵閣四庫全書》經部第 17 冊，臺灣商務印書館，1986 年版，第 625 頁下。

〔註 19〕〔清〕馬國翰《玉函山房輯佚書·歸藏》，廣陵書社，2004 年版。

〔註 20〕《馬王堆帛書周易經傳校讀》，圖版第 5 頁二二上。

〔註 21〕張政烺《論易叢稿》，中華書局，2012 年版，第 210 頁。

〔註 22〕吳鎮烽編著《商周青銅器銘文暨圖象集成》第 2 冊，上海古籍出版社，2012 年版，第 173 頁 00886 需父辛鼎。

〔註 23〕〔清〕吳任臣《字彙部》，《續修四庫全書》經部第 233 冊，上海古籍出版社，2002 年版，第 699 頁下。

〔註 24〕陳居淵稱：「作『需』、『襦』同爲今文，作『䨎』、『⿰犭而』、『⿱雨子』同爲古文。……上博竹簡本作『需亓首』，又知作『需』亦爲古文。」（陳居淵《周易今古文考證》，商務印書館，2015 年版，第 63～64 頁）

《彖》云：「需，須也。險在前也，剛健而不陷，其義不困窮矣。」朱子云：「此以卦德釋卦名義。」〔註25〕朱駿聲云：「需，從雨從而。而者，須也；須者，頤也。又『雨』下『天』，不從『而』。又讀爲秀，陽氣秀而不直前者，畏上《坎》也。《歸藏》作溽。」〔註26〕又《象》曰：「雲上於天，需。君子以飲食宴樂。」可見，《需》的卦名之義與卦體所展示的物象關係密切，雲升上天而將爲雨水，雨水潤養萬物，將有利於農業生產，由此將有粢盛以祭祀山川神靈及祖廟，將有酒食以宴樂賓客。因雨水對農業生產與社會治亂的影響重大，而求雨又甚艱難，所以以待雨之心理狀態「需」名卦。

4.☰乾下巽上，小畜。此卦之名，秦簡《歸藏》作少督〔註27〕，清華簡《筮法·別卦》作少管〔註28〕，傳本《歸藏》作小毒畜〔註29〕，馬王堆帛書《周易》作少蓺〔註30〕，帛書《易之義》作小蓄〔註31〕。可見☴卦的命名在周代王官編撰卦名體系之時，較殷代《歸藏》有所更替，此是研究今本《周易》卦名體系生成值得注意的問題。若殷代《歸藏》☴之名爲《小毒畜》，那麼就意味著周代王官對此卦之名進行了簡化。

《象》云：「風行天上，小畜。」《大畜》☶爲何名「大」，《小畜》☴爲何稱「小」？若以卦象解之，即是《巽》與《艮》卦象意義的區別。《說卦》云：「《巽》爲風，爲不果。」又云：「風以散之，……橈萬物者，莫疾乎風。」風將一些尚未成熟的果實打落，所以有所損失；加之「《巽》爲近利市三倍」，因有利可圖而將果實出售，儲存者益少。而「《艮》爲山，爲果蓏」，並且「《艮》以止之，……終萬物、始萬物者，莫盛乎《艮》。」《艮》善於積蓄果實，其不僅收集《乾》所表示之「木果」，還藏畜自己所產的果蓏，所以所畜者至大，故以☶爲《大畜》，☴爲《小畜》。若以卦體的剛柔性解之，亦是作爲上體之卦的《巽》與《艮》剛柔性的差異。孔穎達《正義》云：「若《大畜》，《乾》在於下，《艮》在於上。《艮》是陽卦，又能止物，能止此《乾》之剛健，所畜者大，故稱《大畜》。此卦則巽在於上，乾在於下，巽是陰柔，性又和順，

〔註25〕〔宋〕朱熹《周易本義》，廖名春點校，中華書局，2009年版，第57頁。
〔註26〕〔清〕朱駿聲《六十四卦經解》，中華書局，1953年版，第28頁。
〔註27〕《王家臺秦墓竹簡概述》，第30頁。
〔註28〕李學勤主編《清華大學藏戰國竹簡（肆）》，中西書局，2013年版，第130頁。
〔註29〕〔宋〕李過《西溪易說·原序》，《景印文淵閣四庫全書》經部第17冊，臺灣商務印書館，1986年版，第625頁下。
〔註30〕《馬王堆帛書周易經傳校讀》，圖版第13頁八四上。
〔註31〕張政烺《論易叢稿》，中華書局，2012年版，第210頁。

不能止畜在下之乾。唯能畜止九三，所畜者狹小，故名《小畜》。」此言甚確。又若以卦爻的主從言之，六四爲☱之主，與九二、九三互體成☱，兌爲毀折；又與九三、九五互體成☲，離爲折上槁；而☴爲木。木被毀折而又被害蟲食心而成空心，所以其難成大材，其果實小而少。又六四居於陰位，其與《大有》☲六五居尊位不同，陰位爲小，所以六四雖得位之正卻不能大畜。《大畜》六四得正位，六五爲卦主以柔處尊，眾剛來歸，剛柔並畜，所以其能畜者大。總之，☴卦因其卦象表明事物正處在「小」並有所畜集的狀態，所以名卦者將之命爲「小畜」。

5. ☷乾下坤上，泰。此卦之名，清華簡作𣥺〔註32〕（或可釋爲「通」），秦簡《歸藏》作夳〔註33〕，帛書《昭力》作夳〔註34〕，漢石經〔註35〕、唐石經皆作泰〔註36〕。《說文解字‧水部‧泰》云：「𡗗，古文泰。」〔註37〕段玉裁《說文解字注》云：「𡗗，古文泰如此。按當作夳，從夳，取滑之意也，從大聲。轉寫恐失其眞矣。後世凡言大而以爲形容未盡，則作太，如大宰俗作太宰，大子俗作太子，周大王俗作周太王，是也。謂『太即《說文》夳字』，夳即泰，則又用泰爲太，展轉貤繆，莫能諟正。」〔註38〕是段氏意爲泰、夳本意爲「滑」；其「大」之義，因夳與大聲同，人們認爲可表「大之又大」之意，所以「夳」被賦予新的意義。其實，夳本義與「大」、「通」皆有密切聯繫，「夳」字形制與「大＝」相似，故可取「大中之大」之意；又「𡗗」，或從大從舟，爲大船之意。《周易‧繫辭下》云：「刳木爲舟，剡木爲楫，舟楫之利，以濟不通。」〔註39〕據此，「𡗗」可引申爲「通」之意。準上，周代王官原本《周易》☷之卦名爲𡗗。〔註40〕

〔註32〕李學勤主編《清華大學藏戰國竹簡（肆）》，中西書局，2013年版，第130頁。

〔註33〕《王家臺秦墓竹簡概述》，第33頁。

〔註34〕《馬王堆帛書周易經傳校讀》，圖版第37頁一〇〇下。

〔註35〕張政烺《帛書六十四卦跋》，《文物》1984年第3期。

〔註36〕〔清〕嚴可均《唐石經校文》，賈貴榮輯《歷代石經研究資料輯刊》第7冊，北京圖書館出版社，2005年版，第218頁。

〔註37〕〔漢〕許慎撰，〔宋〕徐鉉校定《說文解字》卷十一上，中華書局，2013年版，第236頁下。

〔註38〕〔清〕段玉裁《說文解字注》卷一一上，《續修四庫全書》經部第207冊，上海古籍出版社，2002年版，第420頁。

〔註39〕〔魏〕王弼注，〔唐〕孔穎達疏《周易注疏》卷十二，日本足利學校遺跡圖書館後援會影印南宋初年刊本，1973年版，第710頁第9葉後。

〔註40〕陳居淵稱：「今帛書本作『夳』，秦簡《歸藏》作『夳』，或皆爲『泰』之異體。

　　《象》云：「天地交而萬物通也。」其《正義》云：「正由天地氣交而生養萬物，物得大通，故云泰也。」《象》云：「天地交，泰。」其《注》云：「泰者，物大通之時也。」可見，泰是事物處於大亨通之狀態的稱謂。《泰·卦辭》云：「小往大來。」其《正義》云：「此卦亨通之極。」即天地二氣相互交匯，並使靠其生養的萬物達到最亨通的時機。然物極必反，維持適宜之度實非易事，此也即《正義》所言「物既大通，多失其節」。《象》所言「天地之宜」之「宜」，即是天地二氣消長所處的合乎時宜的狀態，由此使萬物各安其性、各得其宜。於四時言之，天地二氣的消長各行其道、各適其宜，所以能達到「冬寒、夏暑、春生、秋殺」的正常狀態，而事物趨向亨通之時，即以泰稱之。泰即「大通」之意，於人事言之，可援引《象》「上下交而其志同」加以闡明泰卦之得名。《尚書·泰誓上》云：「受有臣億萬，惟億萬心；予有臣三千，惟一心。」君臣溝通渠道大通，上下關係和睦，所以君臣志意大得和通。然則，泰卦之義大率有兩層：大且通。王應麟《困學紀聞》云：「《泰誓》，古文作《大誓》。」〔註41〕是泰有大義，《泰·九二》云：「包荒。用馮河，不遐遺。」其《注》云：「體健具中，而用乎泰，能包含荒穢，受納馮河者也。用心弘大，无所遐棄。」此爻辭指明泰卦「无私无偏，存乎光大」的卦德，是泰卦「大」義的體現。《經典釋文》云：「泰，如字，大通也。」〔註42〕鄭玄云：「泰，通也。」〔註43〕是泰有通義。《泰·九三》云：「无平不陂，无往不復。」其《注》云：「乾本上也，坤本下也。而得泰者，降與升也。」是升降、上下無有障礙，道路暢通，方為得泰。陳懋侯云：「泰，宜平不宜陂。」〔註44〕道路平坦，利於往復之通行。爻辭作者的弦外之意在於藉此以明人事。《尚書·洪範·皇極》云：「無偏無陂，遵王之義。無有作好，遵王之道。無有作惡，遵王之路。無偏無黨，王道蕩蕩；王黨無偏，王道平

　　由此知作『泰』、『夳』同為今文，作『大』、『夳』同為古文。」（陳居淵《周易今古文考證》，商務印書館，2015 年版，第 112 頁）此可作參考。

〔註41〕〔漢〕孔安國傳，〔唐〕孔穎達疏《尚書正義》卷十一《尚書注疏校勘記》，《十三經注疏1》藝文印書館，2013 年版，第 164 頁。

〔註42〕〔唐〕陸德明《經典釋文》，上海古籍出版社，2013 年版，卷二《周易音義》，第 82 頁。

〔註43〕〔宋〕王應麟輯《周易鄭康成注》，鄭振峰點校，中華書局，2012 年版，第 21 頁。

〔註44〕〔清〕陳懋侯《知非齋易釋》卷上，《續修四庫全書》經部第 38 冊，上海古籍出版社，2002 年版，第 296 頁下。

平。」〔註45〕是王道平坦，君臣上下方和合，否則將如《泰·上六》所言「城復于隍，勿用師」，即城之基土崩壞，城必倒坍，藉以指君臣交往之道閉塞，上下不交，臣不承事於上，以致君道傾危。所以泰道「通」的意義由上所述可得而明。

又《泰·六五》云：「帝乙歸妹，以祉元吉。」此爻總泰卦「大且通」之義，《注》云：「泰者，陰陽交通之時也。……帝乙歸妹，誠合斯義。……盡夫陰陽交配之宜，故元吉也。」元吉即大吉，陰陽兩性交往匹配的適宜狀態，即爲合乎陰陽之通道，所以能獲得大吉。此六五爲泰卦之主，蘊含著泰卦卦畫所要傳達的意義：泰卦內爲乾陽，外爲坤陰，內健而外順，上陰以柔順之質降身而各自應於將上行之陽剛之體，以此陰陽各配其宜，其道大爲亨通，所以由卦畫上下體所處的「大通、大吉」之時，將此卦定名爲「泰」。

6. ䷋坤下乾上，否。此卦之名，清華簡《別卦》作圖〔註46〕，秦簡《歸藏》作否〔註47〕，傳世《歸藏》、漢石經、唐石經皆作否〔註48〕，馬王堆帛書《周易》作婦〔註49〕。「否」字，毛公鼎有之，其形制爲𠬝〔註50〕。否，當爲周代王官整理卦名體系之時的用字。

《象》云：「天地不交，否。」觀《否》之象，天之氣息當下沉卻上升，地之氣息當上騰卻下降〔註51〕，此爲上下隔塞〔註52〕，否閉不通之象〔註53〕，

〔註45〕〔漢〕孔安國傳，〔唐〕孔穎達疏《尚書正義》卷十二，《十三經注疏1》藝文印書館，2013年版，第173頁下。

〔註46〕李學勤主編《清華大學藏戰國竹簡（肆）》，中西書局，2013年版，第130頁。

〔註47〕《王家臺秦墓竹簡概述》，第30頁。

〔註48〕〔清〕馬國翰《玉函山房輯佚書·歸藏》，廣陵書社，2004年版；《漢石經集存》，第25頁；〔清〕王朝璩《唐石經考正》，賈貴榮輯《歷代石經研究資料輯刊》第7冊，北京圖書館出版社，2005年版，第10頁。

〔註49〕《馬王堆帛書周易經傳校讀》，圖版第3頁二上。

〔註50〕中國社會科學院考古研究所編《殷周金文集成釋文》第2冊，香港中文大學出版社，2001年版，第432頁，董作賓摹本。

〔註51〕宋衷曰：「天地不交，猶君臣不接，天氣上升而不下降，地氣沉下又不上升，二氣特隔，故云『否』也。」（〔唐〕李鼎祚《周易集解》卷四，《景印文淵閣四庫全書》經部第7冊，臺灣商務印書館，1986年版，第660頁下）。

〔註52〕《子夏易傳》：「上下隔塞，其志不通，其道不行也。」（〔周〕卜子夏舊題《子夏易傳》，《景印文淵閣四庫全書》經部第7冊，臺灣商務印書館，1986年版，第22頁上）

〔註53〕〔唐〕史徵云：「『天地不交，否』者，天氣上，地氣下，二氣不相交通，故

所以取「否」之名。

7. ䷍乾下離上，大有。此卦之名，秦簡《歸藏》作右〔註54〕，傳本《歸藏》、阜陽漢簡《周易》、馬王堆帛書《周易》皆同今本〔註55〕。「大有」當是周代王官在製撰今本《周易》卦名體系之時沿用了殷代《歸藏》的卦名。

《象》云：「火在天上，大有。」䷍之卦體，內卦為☰，為君，為父，為玉，為金，是君、父有資財之象；外卦為☲，為火，為日，是光明正大之象；《離》其於人也，為大腹，是為心寬體胖而肥家之象。是䷍有「內有資財，外有孚信光明」之象，觀此諸象，對應人事，即為家之肥、國之肥，所以命卦者以「大有」概其狀態，可謂恰如其分。

8. ䷒兌下坤上，臨。此卦之名，清華簡《別卦》作𧙀〔註56〕；秦簡《歸藏》作臨〔註57〕，同今本；傳本《歸藏》作林禍〔註58〕；阜陽漢簡《周易》、馬王堆帛書《周易》皆作林〔註59〕。準上，今本《周易》卦名體系對殷代《歸藏》的卦名有所更易，將其卦名簡化是其中的一種主要方式，從兩字「林禍」到一字的「臨」的命名，是此之例證。《周易》將䷒命名為「臨」，此種名卦的方法影響了一些流傳於世的《易》占的卦名，如秦簡《歸藏》卦名臨就是其中一個例證。

《象》云：「澤上有地，臨。」《序卦傳》云：「臨者，大也。」觀䷒之卦體，內卦為☱，為說；外卦為☷，為順，為眾。綜覽此諸象，是䷒有「樂於得眾」之象，得眾之多助，能光大其業，所以命卦者以「臨」述之而明其事態。

9. ䷙乾下艮上，大畜。此卦之名，楚竹簡《周易》作大𥴊〔註60〕，清華

日否閉之象也。」（〔唐〕史徵《周易口訣義》，《景印文淵閣四庫全書》經部第 8 冊，臺灣商務印書館，1986 年版，第 23 頁下）

〔註54〕《王家臺秦墓竹簡概述》，第 30 頁。

〔註55〕〔清〕馬國翰《玉函山房輯佚書‧歸藏》，廣陵書社，2004 年版；《阜陽漢簡〈周易〉釋文》，第 24 頁；《馬王堆帛書周易經傳校讀》，圖版第 11 頁七五上。

〔註56〕李學勤主編《清華大學藏戰國竹簡（肆）》，中西書局，2013 年版，第 130 頁。

〔註57〕《王家臺秦墓竹簡概述》，第 31 頁。

〔註58〕〔宋〕李過《西溪易說‧原序》，《景印文淵閣四庫全書》經部第 17 冊，臺灣商務印書館，1986 年版，第 625 頁下。

〔註59〕《阜陽漢簡〈周易〉釋文》，第 26 頁；《馬王堆帛書周易經傳校讀》，圖版第 9 頁四九上。

〔註60〕濮茅左主編《上海博物館藏楚竹書〈周易〉》，中西書局，2014 年版，第 52 頁。

簡《別卦》作䷈（大䈞）〔註61〕，傳本《歸藏》作大毒畜〔註62〕，馬王堆帛書《周易》作泰畜〔註63〕。此表明泰、大混用於卦名由來已久。可以推測，周代王官簡化了殷《歸藏》的卦名，將三字的「大毒畜」省稱爲「大畜」〔註64〕，例同「小毒畜」。周代王官的命名影響了《歸藏》體系的《易》占之書的卦名用字，清華簡《別卦》「大䈞」是其例證。

　　孔穎達《疏》云：「謂之《大畜》者，《乾》剛上進，《艮》止在上，止而畜之，能畜止剛健，故曰《大畜》。」又王弼注《小畜・卦辭》云：「不能畜大止健。」其《正義》云：「若《大畜》，《乾》在於下，《艮》在於上，《艮》是陽卦，又能止物，能止此《乾》之剛健，所畜者大，故稱《大畜》。」此是就卦體上下卦卦德而論《大畜》取名之義。虞翻從《大畜》與其他卦的關係推導《大畜》取名之由，其云：

　　　　《大壯》初之上，其德剛上也，與《萃》旁通。二五失位，故
　　「利貞」。此《萃》五之《復》二，成《臨》。臨者，大也。至上有
　　頤養之象，故名「大畜」也〔註65〕。

此說明了《大畜》卦體的一個來源，即自《大壯》初爻上升至《大壯》上六之位，成爲外卦之主，《大壯》卦體由此變成《大畜》卦體。《大壯》卦體與《萃》卦體成反卦關係，但其卦名之義卻相通：《象》《序卦》《雜卦》皆以「聚」解《萃》之義，而《大畜》卦名「畜」有「聚」義。兩卦所異者乃《大畜》是「大聚」，《大畜》三陽爻在內卦，大聚剛健之體而能維繫、控制之，不使渙散。能聚陽剛之體於一身而調用之，是「聚」之大者。然則「大畜」一詞簡潔地總括了事物積微小而成極致的狀態。《臨》雖有聚陽剛而漸大的過程，但終未能止於至健之《乾》，而反趨向至順之境地。

　　10. ䷛巽下兌上，大過。此卦之名，清華簡《別卦》作䢓＝（大䢓）〔註66〕，

〔註61〕李學勤主編《清華大學藏戰國竹簡（肆）》，中西書局，2013 年版，第 130 頁。
〔註62〕〔宋〕李過《西溪易說・原序》，《景印文淵閣四庫全書》經部第 17 冊，臺灣商務印書館，1986 年版，第 625 頁下。
〔註63〕《馬王堆帛書周易經傳校讀》，圖版第 3 頁一一上。
〔註64〕陳居淵稱：「『大』，作『大』爲古文。……『畜』，作『畜』爲古文。（陳居淵《周易今古文考證》，商務印書館，2015 年版，第 199 頁）
〔註65〕〔唐〕李鼎祚《周易集解》卷六，《景印文淵閣四庫全書》經部第 7 冊，臺灣商務印書館，1986 年版，第 697 頁下。
〔註66〕李學勤主編《清華大學藏戰國竹簡（肆）》，中西書局，2013 年版，第 130 頁。

秦簡《歸藏》、傳本《歸藏》、阜陽漢簡《周易》皆同今本〔註67〕，馬王堆帛書《周易》作泰過〔註68〕。大過，當是王官釐定今本《周易》卦名體系之時，沿用了殷代《歸藏》的結果。

《象》云：「澤滅木，大過。」《說卦》云：「《巽》爲木。」又云：「《兌》爲澤，爲毀折。」是木材沉浸於澤而腐朽之意。觀▨之象，木被澤所蓋沒，是過越太甚。來知德云：「澤本潤木之物，今乃滅沒其木，是大過矣。」〔註69〕即以「大過」爲「太過」。其實，澤地並未是樹木適宜的生長環境。《說卦》云：「《兌》其於地也，爲剛鹵。」土壤剛鹵，則木果苦澀，抑或不結果實，此是土壤過於剛鹵所致。

細觀▨之卦體，九二至九五有《乾》▨之象，健而又健，剛上加剛，是爲過健過剛。然而內卦▨與外卦▨皆爲陰卦，▨爲長女，▨爲少女，所以，整體而言，▨卦展現的是陰柔之性。《象》曰：「大過，大者過也。棟橈，本末弱也。」此以棟橈解大過卦之象。《周易・繫辭下》云：「古之葬者，厚衣之以薪，葬之中野，不封不樹，喪期無數。後世聖人，易之以棺槨，蓋取諸《大過》。」棺槨之用，以封樹屍骸。即棺槨之造，是法《大過》而成。是《大過》有蓋沒之象。《大過・上六》云：「過涉滅頂，凶。无咎。」《小過》▨與《大過》▨皆有《坎》▨，有險難之象，《大過》有互《乾》之體，《乾》爲首，水深漫沒頭頂，爲兇險之狀，然能安然涉水而過，所以稱此爲「大過」。大過之義並非僅僅爲「太過」，其「大者過也」也含有渡過大難、逃過滅頂之災之意。孔穎達《正義》云：「其《大過》之卦有二義也：一者，物之自然大相過越常分，即此『澤滅木』是也；二者大人大過越常分，以拯患難。」拯救大患之難，矯揉棟橈而使其堅固，有所作爲，所以卦辭言「亨」，亨即通也，所以即使房屋有棟橈之患，終能加固之而無害，猶如枯木逢春而生稊生華，即渡過嚴多大難而重獲新生，此爲非凡氣象，所以名卦者以「大過」稱▨卦。

11.▨乾下震上，大壯。此卦之名，清華簡《別卦》作▨（大臧）〔註70〕，

〔註67〕《王家臺秦墓竹簡概述》，第31頁；〔清〕馬國翰《玉函山房輯佚書・歸藏》，廣陵書社，2004年版；《阜陽漢簡〈周易〉釋文》，第31頁。

〔註68〕《馬王堆帛書周易經傳校讀》，圖版第11頁六八上。

〔註69〕〔明〕來知德《周易集注》卷六，胡真校點，上海古籍出版社，2013年版，第133頁。

〔註70〕李學勤主編《清華大學藏戰國竹簡（肆）》，中西書局，2013年版，第130頁。

秦簡《歸藏》同今本〔註71〕，馬王堆帛書《周易》作泰壯〔註72〕，帛書《繫辭》作大莊〔註73〕，帛書《易之義》作大牀〔註74〕。「大壯」之卦名沿用了殷《歸藏》，爲王官規範之用字，其他皆爲音、形同而爲假借字。

《象》云：「雷在天上，大壯。」孫穎達《正義》：「壯者，強盛之名。以陽稱大；陽長既多，是大者盛壯，故曰『大壯』。」卦有「大壯」，卻無「小壯」，因已有類似意義的卦，如《漸》《升》等卦。先儒解「壯」之意，主要有兩義：一是強壯，二是傷損。前者以孔穎達爲代表，後者以虞翻爲代表〔註75〕。《老子·五十五章》云：「物壯則老，謂之不道，不道早已。」〔註76〕事物壯之盛，則趨向衰老。又《左傳·昭公三十二年》載史墨之言，其謂：「社稷無常奉，君臣無常位。……在易卦，雷乘《乾》曰《大壯》䷡，天之道也。」〔註77〕此指壯之大者爲上，上下卦位無常，也即物壯而爭位，爭位必有所傷。《大壯》卦象，上卦爲☳，《說卦》云：「《震》爲玄黃。」孔穎達於《坤·六五·正義》云：「陰陽相傷，故『其血玄黃』。」王弼於《需·六四·注》云：「凡稱血者，陰陽相傷者也。陰陽相近，而不相得。陽欲進而陰塞之，則相害也。」於《大壯》而言，九四不當於位，要上進於五，五爲尊位，九四與六五相近而不相得，所以相傷。故䷡有「陽剛壯而向上運動」之象，其九三至六五互體成☱卦，《說卦》云：「《兌》爲羊。……《兌》爲毀折。」所以《大壯·六五》云：「喪羊于易。」《說卦》又云：「《震》爲龍。」《大壯》中，☳爲悔卦，有「龍戰于野」之象。總之，☳之象以「毀折」、以「戰」的姿態展現其氣勢的強盛，所以命卦者將之定名爲「大壯」。

12.䷢坤下離上，晉。此卦之名，清華簡《別卦》作遼〔註78〕，秦簡《歸

〔註71〕《王家臺秦墓竹簡概述》，第32頁。

〔註72〕《馬王堆帛書周易經傳校讀》，圖版第7頁三三上。

〔註73〕張政烺《論易叢稿》，中華書局，2012年版，第181頁。

〔註74〕張政烺《論易叢稿》，中華書局，2012年版，第211頁。

〔註75〕虞翻云：「陽息《泰》也。壯，傷也。大謂四。失位爲陰所乘，兌爲毀折，傷。」（〔唐〕李鼎祚《周易集解》卷七，《景印文淵閣四庫全書》經部第7冊，臺灣商務印書館，1986年版，第719頁上。）

〔註76〕〔魏〕王弼注《老子道德經注校釋》，樓宇烈校釋，中華書局，2008年版，第146頁。

〔註77〕〔晉〕杜預注，〔唐〕孔穎達等正義《春秋左傳正義》卷五十三，《十三經注疏6》，藝文印書館，2013年版，第933頁下～934上。

〔註78〕李學勤主編《清華大學藏戰國竹簡（肆）》，中西書局，2013年版，第130頁。

藏》作替〔註79〕，傳本《歸藏》同今本〔註80〕，馬王堆帛書《周易》作㬜〔註81〕。
《說文·日部》云：「晉，進也，日出萬物進。從日從臸。《易》曰：明出地
上，晉。」〔註82〕周代王官在釐定《周易》卦名體系之時，卦形所承載的意
義與文字形象、意義的相關聯，是一個重要的原則。晉可表卦形的意義，所以
此字當是王官原本《周易》之卦名用字。

　　《象》云：「明出地上，晉。」䷢之卦體，下卦是《坤》，爲地；上卦是
《離》，爲日。所以此卦是「太陽從地平線上升起」之象，晝日是象之義。
又觀䷢之互體卦，六二至九四爲《艮》，六三至六五爲《坎》，艮下坎上是
《蹇》䷦，所以䷢有「晉而有難」之意。故此，初六言「晉如摧如」，六二言
「晉如愁如」，九四言「晉如鼫鼠」，上九言「晉其角」，均言上行之困難。
又《序卦》曰：「物不可以終壯，故受之以《晉》。晉者，進也。」事物難
以一如既往地健壯發展，其必定有曲折迂迴，所以命之以「晉」以顯出這種
趨勢。

　　13.䷦艮下坎上，蹇。此卦之名，楚竹書《周易》作訐〔註83〕，馬王堆帛
書帛書《周易》作蹇〔註84〕，漢石經作寋〔註85〕。蹇，當是周代王官釐定《周
易》卦名體系時的規範用字，其或沿用了殷代《歸藏》的卦名，其他卦名或
聲近或形、義有所相似而而作爲《周易》卦名體系的異本流傳。

　　《彖》曰：「蹇，難也。險在前也，見險而能止。」《象》曰：「山上有
水，蹇。」孔穎達《正義》云：「山者是岩險，水者是阻難。水積山上，彌益
危難，故曰：『山上有水，蹇。』」觀䷦之象，下卦☶有停止不前之義，上卦☵
是《坎》水之象，是阻止貞卦前進的險難。䷦有互體之《坎》，即一卦有兩個
《坎》，成《習坎》之險難之象；六二至六四互體成☵，九三至九五互體成☲
卦，《坎》下《離》上有《未濟》之義。所以䷦有難以前往之義，又其卦體未
有《震》卦之象，而《震》爲動爲足，未有《震》之象，即不利涉足前往。

〔註79〕　《王家臺秦墓竹簡概述》，第 32 頁。

〔註80〕　〔清〕馬國翰《玉函山房輯佚書·歸藏》，廣陵書社，2004 年版。

〔註81〕　《馬王堆帛書周易經傳校讀》，圖版第 11 頁七五上。

〔註82〕　〔漢〕許慎撰，〔宋〕徐鉉校定《說文解字》卷七上，中華書局，2013 年版，
　　　　　第 134 頁下。

〔註83〕　濮茅左主編《上海博物館藏楚竹書〈周易〉》，中西書局，2014 年版，第 78
　　　　　頁。

〔註84〕　《馬王堆帛書周易經傳校讀》，圖版第 5 頁二四上，《釋文》，第 49 頁。

〔註85〕　《漢石經集存》，第 26 頁。

因☲☲卦有上述不利前行的含義，所以命卦者以「蹇」描繪此種境況並以之爲其卦名。

14. ☵坎下震上，解。此卦之名，清華簡《別卦》作纏〔註86〕，傳本《歸藏》作荔〔註87〕，馬王堆帛書《周易》同今本〔註88〕。若「荔」確爲殷代《歸藏》☳卦名，那麼可推知周代王官在釐定卦名體系之時，對殷代《歸藏》的一些卦名進行了更替。

《彖》云：「解，險以動，動而免乎險，解。」《象》曰：「雷雨作，解。」此皆認爲「解」是解除或緩解險難或某種災害之意。雷雨之發生，有利於緩解農業生產中的乾旱之災。觀☳象，貞卦爲《坎》，爲水，爲溝瀆，爲通；下卦爲《震》，爲雷，爲大塗。由此觀之，☳卦的本義當是緩解乾旱。可以看到，互體卦中，下體有☲，上體爲☵，《離》下《坎》上，爲《既濟》，即☲有渡過難關之意。所以，命卦者以「解」來命名☳，甚爲恰當。

15. ☱兌下艮上，損。此卦之名，清華簡《別卦》作敚〔註89〕，傳世《歸藏》作員〔註90〕，阜陽漢簡《周易》、馬王堆帛書《周易》、漢石經皆同今本〔註91〕。

《彖》曰：「損，損下益上，其道上行。」《象》曰：「山下有澤，損。」《彖》之意，「損」爲「減損」；《象》之義，澤自貶損而突出山的崇高，是卦有襯托尊高之意。觀☶之象，下卦爲《兌》，《說卦》云：「《兌》爲毀折。」互體卦有《震》，即意爲動而有損。內損而外止之，未爲全損，其損中有益。☶之卦體，互體卦中下卦爲☳，上卦爲☷，兩者結合成《復》☷，有失而復得之象，能止其損即可漸復其正；而《益》之象漸著，所以命卦者以《損》《益》爲先後表稱事物這一狀態。

16. ☳震下巽上，益。此卦之名，清華簡《別卦》作荓〔註92〕，傳世《歸藏》作諴〔註93〕，馬王堆帛書《周易》、漢石經皆同今本〔註94〕。

〔註86〕李學勤主編《清華大學藏戰國竹簡（肆）》，中西書局，2013年版，第130頁。
〔註87〕〔清〕馬國翰《玉函山房輯佚書·歸藏》，廣陵書社，2004年版。
〔註88〕《馬王堆帛書周易經傳校讀》，圖版第7頁三九上。
〔註89〕李學勤主編《清華大學藏戰國竹簡（肆）》，中西書局，2013年版，第130頁。
〔註90〕〔清〕馬國翰《玉函山房輯佚書·歸藏》，廣陵書社，2004年版。
〔註91〕《阜陽漢簡〈周易〉釋文》，第36頁；《馬王堆帛書周易經傳校讀》，圖版第3頁一三上，《釋文》，第47頁：《漢石經集存》，第26頁。
〔註92〕李學勤主編《清華大學藏戰國竹簡（肆）》，中西書局，2013年版，第130頁。
〔註93〕〔清〕馬國翰《玉函山房輯佚書·歸藏》，廣陵書社，2004年版。

《象》曰：「益，損上益下，民說无疆。」《象》曰：「風雷，益。」程頤云：「雷風二物，相益者也。風烈則雷迅，雷激則風怒，兩相助益，所以爲益。」〔註95〕《說卦》云：「雷風相薄。」觀☶☳之象，外卦☴爲風，「風以散之」，風來助力於內卦之雷，增加其威力，此致上卦☴受損。細觀☶☳之體，六二至六四互體爲☷，六三至九五爲☶，《坤》下《艮》上有《剝》☶☷之象，剝上而益下，此爲頤養下民之象。又《益》☴☳自《否》☰☷而來，即《否》九四之初六而成《益》卦，此爲損《否》而得《益》之象，意味著否將去，而泰將來，所以以「益」來表示這種發展趨勢。

17. ☵☱坎下兌上，困。此卦之名，楚竹書《周易》、清華簡《別卦》、馬王堆帛書《周易》及漢石經皆同今本〔註96〕，秦簡《歸藏》作困〔註97〕。

《象》云：「澤无水，困。」王弼《注》云：「澤无水，則水在澤下。水在澤下，困之象也。」〔註98〕《子夏易傳》云：「澤无水，涸而无潤也。」〔註99〕其實，困乃是以人事而取名〔註100〕。細觀☵☱之象，貞卦☵，爲水，水是萬物生命之源；悔卦☱，與☵表示「入」之象相反，其有「出」之義，水從人體脫離而出，則人將喪失生命力，此象表疲乏之義〔註101〕，所以以「困」概括此中狀態。《困》又有《未濟》☲☵之象，而其悔卦☲有損害之意，未濟其事而又遭其殃，此不順之大者。因卦象有此等意義，所以命卦者思慮及此，而概之「困」，以通其情，表其意，以勸誡人慎入危困之地。

18. ☲☱離下兌上，革。此卦之名，楚竹簡《周易》、傳本《歸藏》、漢石

〔註94〕《馬王堆帛書周易經傳校讀》，圖版第 13 頁九二上，《釋文》，第 67 頁。

〔註95〕〔宋〕程頤《伊川易傳》，《景印文淵閣四庫全書》第 7 冊，臺灣商務印書館，1986 年版，第 316 頁。

〔註96〕濮茅左主編《上海博物館藏楚竹書〈周易〉》，中西書局，2014 年版，第 94 頁；李學勤主編《清華大學藏戰國竹簡（肆）》，中西書局，2013 年版，第 130 頁；《馬王堆帛書周易經傳校讀》，圖版第 9 頁六二上，《釋文》，第 59 頁；《漢石經集存》，第 26 頁。

〔註97〕《王家臺秦墓竹簡概述》，第 30 頁。

〔註98〕歷代學者多宗王氏此說。

〔註99〕〔周〕卜子夏舊題《子夏易傳》卷五，《景印文淵閣四庫全書》經部第 7 冊，臺灣商務印書館，1986 年版，第 68 頁下。

〔註100〕清儒陳法云：「澤无水，天時之旱，人事之窮。」（〔清〕陳法《易箋》卷三，《景印文淵閣四庫全書》經部第 49 冊，臺灣商務印書館，1986 年版，第 139 頁下）此言得之，可資料我們理解《困》得名之由。

〔註101〕〔清〕馬國翰《玉函山房輯佚書·歸藏》，廣陵書社，2004 年版。

經皆作革〔註102〕，清華簡《別卦》作惑〔註103〕，馬王堆帛書《周易》作勒〔註104〕。

《彖》云：「革，水火相息，二女同居，其志不相得，曰革。」《象》曰：「澤中有火。」是《彖》以䷰之上卦《兌》為水，以下卦《離》為火，水在上而向下流動，火在下而向上竄動，所以有相互消除之象。《象》則以兌為澤，澤中有火，火容易熄滅，所以為保持熊熊燃燒的態勢，火必須脫離澤的包圍。細觀䷰之象，下體為《離》，離有脫離原依附之物而附麗新事物之意；上卦為《兌》卦，兌卦有「毀折」之義。也即內附麗於他物，而外毀折同類，其為改變現狀之象，所以名卦者以「革」而概之。

又《洪範‧五行》云：「金曰從革。」孔安國《傳》云：「金可以改更。」孔穎達《正義》曰：「改更者，可銷鑄以為器也。」〔註105〕《尚書‧堯典》云：「仲夏，……鳥獸希革。」孔安國《傳》云：「革，改也。」〔註106〕可見，「革」字有「將某種材料，經過一定工序，加以改造而成為器用」之意，有「事物應其時而改易自身某種特徵」之義。而器用之生成，總是附麗依賴於某種材料，此與䷰之下體離卦「附麗」之義契合。又《說卦》云：「《離》為乾卦。」「《兌》為毀折」，由此觀之，䷰有「將金銷鑄成器」之象。《洪範‧五行》又云：「從革作辛。」孔安國《傳》云：「金之氣。」〔註107〕孔穎達《正義》云：「金之在火，別有腥氣，非苦非酸，其味近辛，故辛為金之氣味。《月令‧秋》云：『其味辛，其臭腥是也。』」〔註108〕金氣味辛，而「《兌》為羊」，羊之膻氣與辛味相類。所以從䷰所代表的事物的氣味而言之，名之曰「革」，亦

〔註102〕濮茅左主編《上海博物館藏楚竹書〈周易〉》，中西書局，2014 年版，第 102 頁；〔清〕馬國翰《玉函山房輯佚書‧歸藏》，廣陵書社，2004 年版；《漢石經集存》，第 26 頁。

〔註103〕李學勤主編《清華大學藏戰國竹簡（肆）》，中西書局，2013 年版，第 130 頁。

〔註104〕《馬王堆帛書周易經傳校讀》，圖版第 9 頁六四上，《釋文》，第 59 頁。

〔註105〕〔漢〕孔安國傳，〔唐〕孔穎達疏《尚書正義》卷十二，《十三經注疏1》，藝文印書館，2013 年版，第 169 頁下。

〔註106〕〔漢〕孔安國傳，〔唐〕孔穎達疏《尚書正義》卷二，《十三經注疏1》，藝文印書館，2013 年版，第 21 頁下。

〔註107〕〔漢〕孔安國傳，〔唐〕孔穎達疏《尚書正義》卷十二，《十三經注疏1》，藝文印書館，2013 年版，第 169 頁下。

〔註108〕〔漢〕孔安國傳，〔唐〕孔穎達疏《尚書正義》卷十二，《十三經注疏1》，藝文印書館，2013 年版，第 170 頁上。

是其題中之義。

19. ䷴艮下巽上，漸。此卦之名，楚竹簡《周易》作漸〔註 109〕，清華簡《別卦》作蔪〔註 110〕，秦簡《歸藏》、傳本《歸藏》、馬王堆帛書《周易》及漢石經皆同今本〔註 111〕。

《象》云：「山上有木，漸。」《說卦》云：「《巽》爲木，爲高，爲進退。」又云：「《艮》爲山，爲果蓏。」即山上之木的生長從低矮到高巍，從開花結果到木葉飄落，皆處於一個漸進的過程。細觀䷴之象，六二、九三、六四有《坎》象，九三、六四、九五有《離》象，上下疊加成《未濟》之象，是事物尚未定型，尚處於一個向上的趨勢。

20. ䷶離下震上，豐。此卦之名，楚竹簡《周易》、馬王堆帛書《周易》皆同今本〔註 112〕，清華簡《別卦》、馬王堆帛書《易之義》作鄷〔註 113〕。

《象》云：「雷電皆至，豐。」孔穎達《正義》謂：「雷者，天之威動；電者，天之光耀。雷電俱至，則威、明備，足以爲豐也。」雷電交作，有聲勢浩大之狀。《序卦》曰：「豐者，大也。」來知德云：「豐，盛大也。」〔註 114〕是先儒皆認爲豐有「大」義，然而「大」並未足盡豐卦之義。豐是事物處於盈實之時的一種狀態，於折獄而言之，即君子在掌握了充足的證據的情況下，予以斷決。觀豐卦䷶之象，九三、九四及六五互體成《兌》，《說卦》云：「兌爲口舌，爲毀折，爲附決。」以言語決訟，以刑具懲罰罪犯，以公正扶持無辜者，此是君子內明外威之氣象。與《噬嗑》䷔之「利用獄」相比，《豐》䷶無有「☵」象〔註 115〕，說明君子所決斷已無狐疑之態，所以君子之斷獄既明

〔註 109〕濮茅左主編《上海博物館藏楚竹書〈周易〉》，中西書局，2014 年版，第 108 頁。

〔註 110〕李學勤主編《清華大學藏戰國竹簡（肆）》，中西書局，2013 年版，第 130 頁。

〔註 111〕《王家臺秦墓竹簡概述》，第 32 頁；〔清〕馬國翰《玉函山房輯佚書・歸藏》，廣陵書社，2004 年版；《馬王堆帛書周易經傳校讀》，圖版第 13 頁八六上，《釋文》，第 65 頁；《漢石經集存》，第 26 頁。

〔註 112〕濮茅左主編《上海博物館藏楚竹書〈周易〉》，中西書局，2014 年版，第 110 頁；《馬王堆帛書周易經傳校讀》，圖版第 7 頁四一上，《釋文》，第 55 頁。

〔註 113〕李學勤主編《清華大學藏戰國竹簡（肆）》，中西書局，2013 年版，第 130 頁；張政烺《論易叢稿》，中華書局，2012 年版，第 214 頁。

〔註 114〕〔明〕來知德《周易集注》，胡眞校點，上海古籍出版社，2013 年版，第 253 頁。

〔註 115〕《說卦》云：「坎其於人也，爲加憂，爲心病。」於決獄而言，即是君子勞於

且威，☳即有「明如麗日，嚴如雷霆」的意象，顯然，此種意象以「大」難盡其義趣。所以，豐既有「大」之含義，亦當有「充盈、嚴明、威嚴」之意蘊。再細觀☲之象，六二至九四互體體成☱，九三至六五互體成☴，《巽》下《兌》上為《大過》，故《豐》有「大」義。《詩經・鄭風・丰》云：「子之豐兮，俟我乎巷兮。」《毛傳》：「豐，豐滿也。」〔註116〕可見，豐有人身體壯美、精神飽滿之意。總之，以「豐」命名☲，使卦象的意蘊比「大」豐富且富有意境。

21. ☶艮下離上，旅。此卦之名，楚竹書《周易》、清華簡《別卦》皆作遰〔註117〕，傳本《歸藏》、馬王堆帛書《周易》及漢石經皆同今本〔註118〕。

《象》曰：「山上有火，旅。」此取☲之卦象的照明之義。《說卦》云：「離為火，為日。」☲卦有日上於山之象，所以此卦當有「日光普照大地」之意，其體現出日光無所偏私、含弘正大之性。又《說卦》云：「離為目。」所以☲有俯瞰山下之象，有看清全局之義。☲之互體卦，六二至九四為巽卦，巽為入，所以其卦有「日光自山外照進山內」之象，有「人以目光俯覽整座山」之象，此象與「人旅遊於外」的意義相類似，此是其得名「旅」的一個重要原因。

22. ☶艮下震上，小過。此卦之名，清華簡《別卦》作遳（大迡）〔註119〕，傳本《歸藏》同今本〔註120〕，馬王堆帛書《周易》作少過〔註121〕。

《象》云：「山上有雷，小過。」雷在於山之上面，即是山的外部，未對要穿過大山的人們構成觸於雷電的風險，然而飛鳥為雷聲所震驚，其驚鳴之聲猶迴蕩於山谷，所以人們宜下山，不宜再上山，如此方可獲得吉利。☳卦

獄事，因憂慮攻心而成心病。

〔註116〕〔漢〕毛亨傳，〔漢〕鄭玄傳，〔唐〕孔穎達疏《毛詩正義》卷四至四，《十三經注疏2》，藝文印書館，2013年版，第177頁上。

〔註117〕濮茅左主編《上海博物館藏楚竹書〈周易〉》，中西書局，2014年版，第114頁；李學勤主編《清華大學藏戰國竹簡（肆）》，中西書局，2013年版，第130頁。

〔註118〕〔清〕馬國翰《玉函山房輯佚書・歸藏》，廣陵書社，2004年版；《馬王堆帛書周易經傳校讀》，圖版第11頁七三上，《釋文》，第63頁；《漢石經集存》，第27頁。

〔註119〕李學勤主編《清華大學藏戰國竹簡（肆）》，中西書局，2013年版，第130頁。

〔註120〕〔清〕馬國翰《玉函山房輯佚書・歸藏》，廣陵書社，2004年版。

〔註121〕《馬王堆帛書周易經傳校讀》，圖版第7頁三五上，《釋文》，第53頁。

以平常的事理告誡人們如何規避風險。細觀☲☷卦象，「二」似由兩條橫木構成的小橋，而四陰即有水之象，意即架在河水之間的木橋，可輔助人們過河，以此方式過河爲日常小事，所以取卦名爲小過。若軍隊渡河決不能以木橋爲輔，所以卦辭言「可小事，不可大事。」何謂小事？何謂大事？《左傳‧成公十三年》載劉康公之言，謂：「國之大事，在祀與戎。祀有執膰，戎有受脤，神之大節也。」《左傳‧閔公二年》載梁餘子養之言，其謂：「帥師者受命於廟，受脤於社。」可見，祭祀養神之禮儀是國家大事。又《豫》卦☳☷之卦辭云：「利建侯，行師。」☷爲眾，☳爲動，眾人出動，是爲行師之象；☳又爲釜，以煮熟所受之脤，食用之而後出師。《小過》皆無這些卦象之意義，所以其所爲之事爲小事。

23. ☲☵離下坎上，既濟。此卦之名，楚竹簡《周易》的《未濟》卦作未淒〔註122〕，清華簡《別卦》的「濟」作澬〔註123〕，秦簡《歸藏》作齏〔註124〕，傳世《歸藏》作岑霝〔註125〕，馬王堆帛書《周易》同今本〔註126〕，馬王堆帛書《易之義》作既齎〔註127〕。

《象》云：「水在火上，既濟。」正義曰：「水在火上，炊爨之象。飲食以之而成，性命以之而濟，故曰『水在火上，既濟』也。」《既濟》本義是渡過江河之意。《左傳‧僖公二十二年》載宋國與楚國交戰於泓地的情況，其謂：「楚人未既濟。司馬曰：『彼眾我寡，及其未既濟也，請擊之。』公曰：『不可。』既濟而未成列，又以告。」〔註128〕此處「未既濟」即爲未渡過河之意。細觀☲☵之象，內卦☲爲火，爲日；外卦☵爲水，爲月，日落於水，月陞於上，此是白日既盡之象。總之，☲☵表示某個事物已處於完成的狀態。

24. ☵☲坎下離上，未濟。此卦之名，楚竹書《周易》作未淒〔註129〕，傳本

〔註122〕濮茅左主編《上海博物館藏楚竹書〈周易〉》，中西書局，2014年版，第124頁。

〔註123〕李學勤主編《清華大學藏戰國竹簡（肆）》，中西書局，2013年版，第130頁。

〔註124〕《王家臺秦墓竹簡概述》，第32頁。

〔註125〕〔清〕馬國翰《玉函山房輯佚書‧歸藏》，廣陵書社，2004年版。

〔註126〕《馬王堆帛書周易經傳校讀》，圖版第5頁二六上，《釋文》，第51頁。

〔註127〕張政烺《論易叢稿》，中華書局，2012年版，第212頁。

〔註128〕〔晉〕杜預注，〔唐〕孔穎達等正義《春秋左傳正義》卷十五，《十三經注疏6》，藝文印書館，2013年版，第248頁上。

〔註129〕濮茅左主編《上海博物館藏楚竹書〈周易〉》，中西書局，2014年版，第124頁。

《歸藏》同今本〔註130〕，馬王堆帛書《周易》、《二三子問》同今本〔註131〕。

《象》云：「火在水上，未濟。」《未濟》，下卦爲☵，爲水，水勢潤下；上卦爲☲，爲火，火勢炎上。此成水火不相遇之態勢。若以上下卦所代表的方位言之，《離》爲南方，《坎》爲北方，所以《象》言「君子以愼辨物居方。」細觀《既濟》䷾與《未濟》䷿，䷾互體中有《未濟》之象，䷿互體中有《既濟》之象，此表明了同一事物在不同條件下所呈現出的不同的狀態。

綜上所述，有24個卦以事物所處之狀態而命名，其表明了事物變化、發展、消亡的各種或平順貞正之態，或曲折迂迴之姿，又或順中包含不順之象，有又曲折中有舒展之勢，包羅百態，曲盡事物變之總和，可謂運思精當。

第二節　以人的行爲、品質名卦

以人的行爲、品質名卦，是名卦的第二種方式，是以人們行事的方式、心理活動以及秉性等命名卦的方法。

1. ䷅坎下乾上，訟。此卦之名，楚竹書《歸藏》、傳本《歸藏》、馬王堆帛書《周易》及漢石經皆同今本〔註132〕，馬王堆帛書《易之義》作容〔註133〕。

《象》曰：「天與水違行，訟。」訟卦下體是坎卦爲水，上體是乾卦爲天，天、水運行的道路與方向各異。孔穎達《正義》謂：「天道西轉，水流東注，是天與水相違而行。相違而行，象人彼此兩相乖戾，故致訟也。」是古人認爲天、水的運行之道異轍。元儒保巴謂：「天道上進，水性就下，天水相違，所以成訟。」〔註134〕天在水上，水流於下，運行的方向相背，此構成兩個事物運行不一致的局面。名卦者以人類的行爲之一「訟」名䷅，體現了「因卦象而明以人事」的名卦的又一個原則。《易經》不論是以之爲占筮之用，還是

〔註130〕〔清〕馬國翰《玉函山房輯佚書·歸藏》，廣陵書社，2004年版。

〔註131〕《馬王堆帛書周易經傳校讀》，圖版第11頁七七上，《釋文》，第63頁；張政烺《論易叢稿》，中華書局，2012年版，第212頁。

〔註132〕濮茅左主編《上海博物館藏楚竹書〈周易〉》，中西書局，2014年版，第18頁；〔清〕馬國翰《玉函山房輯佚書·歸藏》，廣陵書社，2004年版；《馬王堆帛書周易經傳校讀》，圖版第3頁五上，《釋文》，第45頁；《漢石經集存》，第25頁。

〔註133〕張政烺《論易叢稿》，中華書局，2012年版，第210頁。

〔註134〕〔元〕保巴《周易原旨》，陳少彤點校，中華書局，2009年版，第19頁。

據之爲解說事理之典，其供人們決疑解惑、明理喻義的文本性質貫穿於王官們的稽疑活動之中。因而循卦體之象而通之以人事而名卦是一種重要的名卦方式。訟是人類的一種常見的行爲，是由具有至少兩方的人或人群因某事處理方式或看法不一致所導致的爭執，而最終需經第三方加以調停或以行政權力審理的行爲。《詩經》記載了有關人們爭訟的事情，《大雅‧文王之什‧緜》載：「虞、芮質厥成，文王蹶厥生。」此即虞、芮二君因爭田成訟而朝周之事。《召南‧甘棠》云：「蔽芾甘棠，勿翦勿伐，召伯所茇。」鄭玄《箋》云：「召伯聽男女之訟，不重煩勞百姓，止舍小棠之下而聽斷焉。」是召伯曾聽訟於甘棠之下。《召南‧行露》云：「誰謂女無家，何以速我訟？雖速我訟，亦不女從」是貞女不從強橫之男而致訟。可見，爭訟是兩方或多方不相親、不相讓的行爲，《雜卦》云：「訟，不親也。」不親與親相對，《雜卦》又云：「同人，親也。」所以《訟》卦與《同人》卦的命名方式屬於同一類型。

　　2. ䷇坤下坎上，比。此卦之名，楚竹書《周易》、秦簡《歸藏》、傳本《歸藏》、阜陽漢簡《周易》、馬王堆帛書《周易》、帛書《易之義》皆同今本〔註135〕。

　　《彖》云：「比，吉也；比，輔也，下順從也。」《象》云：「地上有水，先王以建萬國，親諸侯。」地上之水，流潤地表，所以《乾文言》云：「子曰：『同聲相應，同氣相求，水流濕，火就燥，……本乎天者親上，本乎地者親下，則各從其類也。』」觀䷇卦象，☵是坎卦爲水，水性潤下流濕，是爲親近大地，是輔助大地容載萬物。《子夏易傳》云：「地載水而澤也，水得地而安也。」〔註136〕是大地容納水而潤養地上之人或物，水依附大地而得以流動，所以，大地與水是相互輔助的關係。

　　又䷇卦與䷆卦旁通，成卦之主皆在五。䷇卦九五是比卦之主，眾人來歸依，有稱王建侯之象。《左傳‧閔公元年》載畢萬筮往仕於晉國，遇屯䷂之比䷇，辛廖以爲筮得「公侯之卦」。眾人來歸依，不順應者則有凶如上六，所以

〔註135〕濮茅左主編《上海博物館藏楚竹書〈周易〉》，中西書局，2014 年版，第 26 頁；《王家臺秦墓竹簡概述》，第 30 頁；〔清〕馬國翰《玉函山房輯佚書‧歸藏》，廣陵書社，2004 年版；《阜陽漢簡〈周易〉釋文》，第 20 頁；《馬王堆帛書周易經傳校讀》，圖版第 5 頁五上，《釋文》，第 49 頁；張政烺《論易叢稿》，中華書局，2012 年版，第 211 頁。

〔註136〕舊題周卜子夏《子夏易傳》，《景印文淵閣四庫全書》第 7 冊，臺灣商務印書館，1986 年版，第 17 頁。

名卦者依據人們的親比的行爲來命名卦，以突出親比諸侯國在王朝統治上重要的政治意義。

3. ䷉兌下乾上，履。此卦之名，秦簡《歸藏》、傳本《歸藏》、馬王堆帛書《易之義》漢石經皆同今本〔註137〕，馬王堆帛書《周易》作禮〔註138〕。

《象》云：「上天下澤，履。」孔穎達《正義》：「天尊在上，澤卑處下，君子法此《履》卦之象，以分辯上下，尊卑以定，正民之志意，使尊卑有序也。」此說闡明了君臣之別，尊卑有序而政事能正，君臣各司其正，則其禮儀恒行，君王之光明將被澤四表，而能成其王業之正大者。此爲《履》之卦義，而爲什麼䷉被名爲「履」，而不是他名？此與禮天、尊天之儀式直接相關，可從《履》卦象求之。《履》下卦☱，爲口舌，爲巫，而巫長於言辭歌唱，爲帝王之通神、降神者；《履》上卦☰，爲天，天尊在上而臨下。是《履》下上卦象連綴成義，即爲「巫以言辭、歌唱等儀式通於上天」，此儀式是國家禮儀的主要組成部分，其代表著王者尊天而祭祀天神，注重聽取天帝的教諫之義，此能成禮儀之正大者，由卦象合禮儀之事，所以取「禮」之名，而履、禮可互通其義〔註139〕，履是禮義之行者，禮是所履之內容。《禮記·祭義》云：「祭不欲數，數則煩，煩則不敬；祭不欲疏，疏則怠，怠則忘。是故君子合諸天道，春禘秋嘗。霜露既降，君子履之，必有悽愴之心，非其寒之謂也；春雨露既濡，君子履之，必有怵惕之心，如將見之。」〔註140〕此「履」即是君行禘嘗之禮，而行此等儀式，專職溝通天人的王官如巫者擔當著不可或缺的重要角色，故☱之象專有「巫」之文以顯其用。《履》亦因有「巫」「天」之象，而成其施行禮儀之義。準此，於象於義，䷉取名爲「履」，實合

〔註137〕《王家臺秦墓竹簡概述》，第30頁；〔清〕馬國翰《玉函山房輯佚書·歸藏》，廣陵書社，2004年版；張政烺《論易叢稿》，中華書局，2012年版，第220頁；《漢石經集存》，第25頁。

〔註138〕《馬王堆帛書周易經傳校讀》，圖版第3頁四上，《釋文》，第45頁。

〔註139〕《禮記·祭義》云：「禮者，履此行〔孝道〕也。」（〔漢〕鄭玄注，〔唐〕孔穎達疏《禮記注疏》卷四十八，《十三經注疏5》，藝文印書館，2013年版，第821頁上）《爾雅·釋言》云：「履，禮也。」郭璞《注》：「禮，可以履行。」（〔晉〕郭璞注，〔宋〕邢昺疏《爾雅注疏》卷三，《十三經注疏8》，藝文印書館，2013年版，第39頁下）《說文》云：「禮，履也，所以事神致福也。」（〔漢〕許慎撰，〔宋〕徐鉉校定《說文解字》第一上，中華書局，2013年版，第1頁下），等等，皆可證之。

〔註140〕〔漢〕鄭玄注，〔唐〕孔穎達疏《禮記注疏》卷四十七，《十三經注疏5》，藝文印書館，2013年版，第807頁下。

其情理。

4.☲離下乾上，同人。此卦之名，清華簡《別卦》、秦簡《歸藏》、傳本《歸藏》、阜陽漢簡《周易》、馬王堆帛書《周易》皆同〔註141〕，漢石經殘字作□人〔註142〕。

《象》曰：「天與火，同人。」王弼《注》謂：「天體於上而火炎上，同人之義也。」《洪範‧五行》云：「火曰炎上。」孔安國《注》謂：「言其自然之常性。」即天體在人們頭頂運行，火勢向上而動，兩者的自然之性相通。名卦者據此而以人們的行爲方式而將☲定名爲「同人」，以示重視人事。人與人相親而志趣相投，眾人一心，多人或同類人就如同一個人一樣，所以謂之「同人」。又細審☲的卦體，下體是離卦，《說卦》云：「離爲乾卦。」也即，同人卦下體離卦與其上體乾卦性相通，性相通而相親和，所以將此卦命名爲「同人」。對比同人卦☲卦體與訟卦☲卦體，兩卦上下卦象的關係決定了卦的意義，加上名卦者對人事、事理等的體認，所以將兩者取相反之義，一個因「火曰炎上」，一個「水曰潤下」，而使其與天體在運行屬性等方面分出同異，最終反映到以人類行爲方式上來，令卦象有了人事上的重要意義。

5.☶艮下坤上，謙。此卦之名，清華簡《別卦》同今本〔註143〕，秦簡《歸藏》作陵〔註144〕，傳本《歸藏》作兼〔註145〕，馬王堆帛書《周易》、《易之義》皆作嗛〔註146〕。

《象》云：「地中有山，謙。」以物象而言人品性之謙遜，其象所體現之意義甚著。觀《謙》之卦畫，下卦☶，爲山；上卦☷，爲地，地山一體，地無山無以成其高，山無地無以安其基，《謙》以「地藏山」之象，說明地之內秀；又有「山守地」之意，體現山順於地之義〔註147〕。所以觀☶之象，會其

〔註141〕李學勤主編《清華大學藏戰國竹簡（肆）》，中西書局，2013 年版，第 130頁；〔清〕馬國翰《玉函山房輯佚書‧歸藏》，廣陵書社，2004 年版；《王家臺秦墓竹簡概述》，第 30 頁；《阜陽漢簡〈周易〉釋文》，第 23 頁；《馬王堆帛書周易經傳校讀》，圖版第 3 頁七上，《釋文》，第 45 頁。

〔註142〕《漢石經集存》，第 25 頁。

〔註143〕李學勤主編《清華大學藏戰國竹簡（肆）》，中西書局，2013 年版，第 130頁。

〔註144〕《王家臺秦墓竹簡概述》，第 32 頁。

〔註145〕〔清〕馬國翰《玉函山房輯佚書‧歸藏》，廣陵書社，2004 年版。

〔註146〕《馬王堆帛書周易經傳校讀》，圖版第 9 頁四八上，《釋文》，第 55 頁；張政烺《論易叢稿》，中華書局，2012 年版，第 220 頁。

〔註147〕以往儒者多從「山高地卑」的物之理解《謙》之義，如九家易義曰：「山至高，

意，特以人品性之「謙」名之，以顯謙順者。

6. ䷏坤下震上，豫。此卦之名，楚竹書《周易》作夝〔註148〕，清華簡《別卦》、秦簡《歸藏》皆作介〔註149〕，傳本《歸藏》作分〔註150〕，馬王堆帛書《周易》作餘〔註151〕，阜陽漢簡《周易》及漢石經皆同今本〔註152〕。

《象》曰：「雷出地奮，豫。」儒者宗此而釋《豫》之義。今重審《豫》之卦象：其貞卦䷁，爲地；其悔卦䷲，爲震動，是《豫》之卦象有「地震動」之意，地震動之極，則爲地震之災害，故爲最高限度地降低地震之危害，預備措施應恆行其常，以應不時之需，是《豫》有兩義：一是卦象之本義，即地之震動，其極爲地震；二是預備之義。此表明了卦名之義的多重性。又，地之至奮，則成地震；人之至娛，則釀樂禍，故取「豫」之名而勸誡之，以使人自警於逸豫。《周易·繫辭下》載：「重門擊柝，以待暴客，蓋取諸《豫》。」〔註153〕是因卦畫之象而得其義之證。準此，《豫》之名，既體現了卦名的思想意義，又兼顧了卦畫之意義，可謂精審。

地至卑，以高下卑，故云『謙』也。」（〔唐〕史徵《周易口訣義》卷二，《景印文淵閣四庫全書》經部第 8 冊，臺灣商務印書館，1986 年版，第 28 頁上）宋儒胡瑗云：「山體本高，地體本卑。今山居地之中，是抑高舉下之義，而得謙之象也。」（〔宋〕胡瑗撰，〔宋〕倪天隱述《周易口義》卷三，《景印文淵閣四庫全書》經部第 8 冊，臺灣商務印書館，1986 年版，第 255 頁上）宋儒張載云：「隱高於卑，謙之象也。」（〔宋〕張載《橫渠易說》卷一，《景印文淵閣四庫全書》經部第 8 冊，臺灣商務印書館，1986 年版，第 680 頁上）時賢姜廣輝亦云：「山本高出自在地上，今卻下之於地，好比君子謙以下人，以得人心，因名此卦爲『謙』。」（姜廣輝《〈周易〉卦名探原》，《哲學研究》2010年第 10 期，第 55 頁）而宋儒項安世之說則較爲深刻，其云：「『地中有山』，兼具兩義：自山言之，居高而能下，則以謙裁己者也。自地言之，高者下之，下者高之，則以謙裁物者也。」（〔宋〕項安世《周易玩辭》卷三，《景印文淵閣四庫全書》經部第 14 冊，臺灣商務印書館，1986 年版，第 274 頁下），我們收益於此。

〔註148〕濮茅左主編《上海博物館藏楚竹書〈周易〉》，中西書局，2014 年版，第 36 頁。

〔註149〕李學勤主編《清華大學藏戰國竹簡（肆）》，中西書局，2013 年版，第 130 頁；《王家臺秦墓竹簡概述》，第 32 頁。

〔註150〕〔清〕馬國翰《玉函山房輯佚書·歸藏》，廣陵書社，2004 年版。

〔註151〕《馬王堆帛書周易經傳校讀》，圖版第 7 頁三四上，《釋文》，第 53 頁。

〔註152〕《阜陽漢簡〈周易〉釋文》，第 24 頁；《漢石經集存》，第 25 頁。

〔註153〕〔魏〕王弼注，〔唐〕孔穎達疏《周易注疏》卷十二，日本足利學校遺跡圖書館後援會影印南宋初年刊本，1973 年版，第 710 頁第 9 葉後～711 頁第 10葉前。

7. ䷐震下兌上，隨。此卦之名，楚竹書《周易》作陵〔註154〕，清華簡《別卦》作愳〔註155〕，阜陽漢簡《周易》、馬王堆帛書《周易》皆作隋〔註156〕，傳本《歸藏》作馬徒〔註157〕。若「馬徒」是殷《歸藏》的卦名，那麼可知周代王官對䷐之名進行了簡化與重命名。

《象》云：「澤中有雷，隨。」此《象》之義：澤下藏雷，爲雷伏而未發。細觀䷐之象，其下卦☳，爲足，爲動；其上卦☱，可表「出」之意；卦之六二至九四互體卦☶，爲門闕。是䷐有「足動而出門闕」之象。又，䷐有《咸》☶之體，山澤通氣，互相感應，是䷐亦有「呼之而來，相互照應」之義。總此諸象之意，有「出其門闕而有應者隨之」之義趣，所以䷐得名爲「隨」。

8. ䷓坤下巽上，觀。此卦之名，秦簡《歸藏》作灌〔註158〕，清華簡《別卦》、傳本《歸藏》、阜陽漢簡《周易》、馬王堆《帛書》周易》及漢石經皆同今本〔註159〕。

《象》云：「風行地上，觀。」風行地上，草木應之，可觀風向，此爲《觀》之物象。於人事而言之，《觀》內卦是☷，爲眾；其外卦是☴，有法令之義，是卦有「法令行於大眾之間」之意。法令之施行，有大眾應之者，亦或抗之者，故收集民意，可知政之得失；睹將士之士氣，可知戰之勝敗；觀灌禮之場面，可知禮樂之興衰。所以有巡守之制，有「采詩」之官。觀政之於帝王施政、調正政策之重要意義，自不待言；於大眾而言，觀禮而習之，以守其法令，亦有修身之需要。所以因此象，而取「觀」之名〔註160〕。

〔註154〕濮茅左主編《上海博物館藏楚竹書〈周易〉》，中西書局，2014 年版，第 40頁。

〔註155〕李學勤主編《清華大學藏戰國竹簡（肆）》，中西書局，2013 年版，第 130頁。

〔註156〕《阜陽漢簡〈周易〉釋文》，第 25 頁；《馬王堆帛書周易經傳校讀》，圖版第 13 頁八五上，《釋文》，第 65 頁。

〔註157〕〔清〕馬國翰《玉函山房輯佚書‧歸藏》，廣陵書社，2004 年版。

〔註158〕《王家臺秦墓竹簡概述》，第 31 頁。

〔註159〕李學勤主編《清華大學藏戰國竹簡（肆）》，中西書局，2013 年版，第 130頁；〔清〕馬國翰《玉函山房輯佚書‧歸藏》，廣陵書社，2004 年版；《阜陽漢簡〈周易〉釋文》，第 26 頁；《馬王堆帛書周易經傳校讀》，圖版第 11 頁六六上，《釋文》，第 65 頁；《漢石經集存》，第 25 頁。

〔註160〕《觀》卦之義，朱子云：「自上示下曰『觀』，自下觀上曰「觀」，故卦名之『觀』去聲，而六爻之觀皆平聲。」（〔魏〕王弼注，〔唐〕孔穎達疏《周易注疏》第二冊卷四《考證》，武英殿本《十三經注疏》，清同治十年廣東書局重刊本，第 3 頁後葉。）姜廣輝從此說，其云：「『觀』字有平聲和去聲兩種讀

9. ䷖坤下艮上，剝。此卦之名，清華簡《別卦》、傳本《歸藏》、阜陽漢簡皆作僕〔註161〕，馬王堆帛書《周易》、漢石經皆同今本〔註162〕。

《象》云：「山附於地，剝。」先儒或多以山剝落於地解䷖之義趣，如陸績云：「艮為山，坤為地。山附于地，謂高附于卑，貴附于賤，君不能制臣也。」〔註163〕孔穎達《正義》亦然此說，其云：「『山附於地，剝』者，山本高峻，今附於地，即是剝落之象。故云『山附於地，剝』也。『上以厚下安宅』者，剝之為義，從下而起，故在上之人當須豐厚於下，安物之居，以防於剝也。」然山附麗於地，成地之點綴與風景，本身為物之常理，並未反常，故基於此，又有儒者起而立新論，如宋儒沈該云：「山附於地，地之文也。」〔註164〕肯定了地上之山為地之景觀。又如明儒林希元云：「山附於地，取剝之象，似牽強最難看。《本義》無說，《程傳》亦未明。依愚見：只是山附於地，地裂則山崩，山之剝由於地有剝之象矣，故其卦曰『剝』。夫山之附於地，猶上之附於下也，地裂則山崩，下搖則上危，故君上以之厚利其下民，以安固其居宅，生之而不傷，厚之而不困，節其力役而不敢盡，皆厚下之道也。山附於地，見剝之端；厚下安宅，防剝之道也。」〔註165〕此解《象》意甚明，其文理亦通。

細觀䷖之象，其下卦☷，為地，為眾；其上卦為☶，為果蓏，為止，連綴其象成文，即為「果蓏顯於地外；諸臣正於貞守」。若能如斯，則山之果蓏可順利收成，供人畜之需；又若諸臣守正如山，則君臣之道不危，此為收成與守成之道；否則，將入於咎道，王官以「剝」以警示向卦象者，以勸誡王

法，作為卦名，應讀為去聲。……門闕懸治象有以示人，而為人所仰觀，故名『觀』。《觀》卦二陽在上，四陰在下，有門闕之象，卦名當即取此卦形之象。」（姜廣輝《〈周易〉卦名探原》，《哲學研究》2010年第10期，第52頁），此可供參考。

〔註161〕李學勤主編《清華大學藏戰國竹簡（肆）》，中西書局，2013年版，第130頁；〔清〕馬國翰《玉函山房輯佚書‧歸藏》，廣陵書社，2004年版：《阜陽漢簡〈周易〉釋文》，第28頁。

〔註162〕《馬王堆帛書周易經傳校讀》，圖版第3頁一二上，《釋文》，第47頁：《漢石經集存》，第25頁。

〔註163〕〔吳〕陸績撰，〔明〕姚士粦輯《陸氏易解》，《景印文淵閣四庫全書》經部第7冊，臺灣商務印書館，1986年版，第189頁下。

〔註164〕〔宋〕沈該《易小傳》卷三上，《景印文淵閣四庫全書》經部第10冊，臺灣商務印書館，1986年版，第528頁上。

〔註165〕〔明〕林希元《易經存疑》卷四，《景印文淵閣四庫全書》經部第30冊，臺灣商務印書館，1986年版，第337頁上～下。

者，其名卦立教之深意可得而知。

10.䷗震下坤上，復。此卦之名，清華簡《別卦》、楚竹書《周易》皆作遆〔註166〕，秦簡《歸藏》、傳本《歸藏》、阜陽漢簡《周易》、馬王堆帛書《周易》及漢石經皆同今本〔註167〕。

《象》云：「雷在地中，復。」雷爲陽物，陽藏於陰，將奮發而出，恢復其生機。與卦象而言，䷗之內卦☳，爲動；其外卦☷，爲地，是地孕育著將噴薄而出的陽氣，此卦以「☳」當之，其象爲龍，龍爲陽剛之吉祥物，龍潛隱而將復出，將現於地之上，故以「復」來名卦。元儒吳澄云：「此重卦之名。復者，還反也。十月純坤，陽氣消盡，則无能爲雷者矣。爲雷之陽初生於地中，猶既去而來還也，故卦名爲復。」〔註168〕此從雷與季節的關係闡明陰陽氣之消息，從而詮釋卦得名之由。此解可通。又，《禮記·月令》云：「〔仲春之月〕，雷乃發聲，始電，蟄蟲咸動，啓戶始出。先雷三日，奮木鐸以令兆民曰：雷將發聲，有不戒其容止者，生子不備，必有凶災。」〔註169〕是仲春之月雷的發聲與禮制的宣揚相聯繫，此於卦象亦有對應：䷗下卦☳，爲震動，可表震動木鐸之意；其上卦☷，爲眾，是此卦有「王官震動木鐸以警示眾人，宣揚法令」之象，此爲復宣王之號令之時，其與禮制相聯繫，當不是偶然，卦命名的禮的成分當得以重視。

11.䷘震下乾上，无妄。此卦之名，楚竹書《周易》作亡忘〔註170〕，清華簡《別卦》作盇=（亡孟）〔註171〕，秦簡《歸藏》、傳本《歸藏》皆作毋亡〔註172〕，

〔註166〕李學勤主編《清華大學藏戰國竹簡（肆）》，中西書局，2013年版，第130頁；濮茅左主編《上海博物館藏楚竹書〈周易〉》，中西書局，2014年版，第46頁。

〔註167〕《王家臺秦墓竹簡概述》，第31頁；〔清〕馬國翰《玉函山房輯佚書·歸藏》，廣陵書社，2004年版；《阜陽漢簡〈周易〉釋文》，第29頁；《馬王堆帛書周易經傳校讀》，圖版第9頁五三上，《釋文》，第57頁；《漢石經集存》，第25頁。

〔註168〕〔元〕吳澄《易纂言》卷五，《景印文淵閣四庫全書》經部第22冊，臺灣商務印書館，1986年版，第524頁上。

〔註169〕〔漢〕鄭玄注，〔唐〕孔穎達疏《禮記注疏》卷十五，《十三經注疏5》，藝文印書館，2013年版，第300頁上。

〔註170〕濮茅左主編《上海博物館藏楚竹書〈周易〉》，中西書局，2014年版，第48頁。

〔註171〕李學勤主編《清華大學藏戰國竹簡（肆）》，中西書局，2013年版，第130頁。

〔註172〕《王家臺秦墓竹簡概述》，第31頁；〔清〕馬國翰《玉函山房輯佚書·歸藏》，

阜陽漢簡《周易》作无亡〔註173〕，馬王堆帛書《周易》作无孟〔註174〕。

　　无妄是人的一種行事方式，又凝結成人的一種精神品質，表示所行所思無敢詐巧虛僞。《象》曰：「天下雷行，物與无妄。」其《正義》曰：「雷是威恐之聲。今天下雷行，震動萬物，物皆驚肅，无敢虛妄。」雷聲能振聲發聵，雷電能閃亮黑夜，其勢能震動萬物，是實實在在的自然之力量的展示，萬物皆須畏威而順應自然生長之正道，不爲虛妄害己之事，有所行有所止。觀无妄卦畫：內卦爲震爲動爲雷，外卦爲乾爲健爲天，下震上乾，動而健，天下雷行。此卦象之義貌似難以直接推導出无妄卦的命名來源。這就涉及到了言語之於解釋卦象的意義，即卦名規定了卦象所要表達的內容，並超越了卦象的表面意義。「无妄」成爲一種被賦予人格的卦的命名，與《正義》所言「无敢詐僞虛妄，俱行實理」的人之行爲相聯繫，並被推及到萬物。究其實，此在於告誡人們處於「動而健」之時，應行實事，而不履有妄之道。

　　崔憬曰：「物復其本，則爲成實。」〔註175〕即此卦提倡萬物應各全其性，各歸其眞，循正理而行事。何妥曰：「乾上震下，天威下行，物皆絜齊，不敢虛妄也。」〔註176〕天威與天之教命下達，《彖》所謂「无妄，剛自外來而爲主於內」，即是天氣下行，剛自上來，地氣應之而動，之正得位，而變否爲无妄〔註177〕。正因天威與天之教命的不可侵犯，故即使是王者也不可行虛驕之事，所以《象》云：「先王以茂對時育萬物。」處於否閉開啓之初，不可潛隱，亦不可行不正之事，應依實理而有所行止。若以爻辭解卦名之義，從而倒推名卦之由，亦可得而尋。《无妄·初九》云：「无妄往吉。」否道始崩，威剛方行，正是履位得正、應有所爲之時，所以爲內卦之主，可前往應於九四，遂成其志。此爲應時而動，與「无妄」之義脗合。《无妄·六二》云：

　　　　廣陵書社，2004 年版。
〔註173〕《阜陽漢簡〈周易〉釋文》，第 29 頁。
〔註174〕《馬王堆帛書周易經傳校讀》，圖版第 3 頁八上，《釋文》，第 45 頁。
〔註175〕〔唐〕李鼎祚《周易集解》，《景印文淵閣四庫全書》第 7 冊，臺灣商務印書
　　　　館，1986 年版，第 695 頁。
〔註176〕〔唐〕李鼎祚《周易集解》，《景印文淵閣四庫全書》第 7 冊，臺灣商務印書
　　　　館，1986 年版，第 695 頁。
〔註177〕胡瑗云：「无妄由否卦而來，是乾之一陽自外而來，居於內卦之初。」（〔宋〕
　　　　胡瑗撰，倪天隱述《周易口義》，《景印文淵閣四庫全書》第 8 冊，臺灣商務
　　　　印書館，1986 年版，第 293 頁）

「不耕穫，不菑畬，則利有攸往。」此藉田農之事明爲臣之正道，《正義》云：「爲臣之道，不爲事始而代君有終也。……爲臣如此，則利有攸往。」六二處中得位，得配九五，所以往而有應，是爲无妄。《无妄‧九五》云：「无妄之疾，勿藥有喜。」九五是无妄之主，即使有疾病，亦不可妄自試以藥攻。此尤其彰顯了无妄的卦名之義，彰顯了作者取名的用心。所以，結合自否而來的无妄之卦的卦體的意義以及命卦者對人事的體認，震下乾上的卦體被定命爲「无妄」。

12. ䷝艮下兌上，咸。此卦之名，楚竹書《周易》、馬王堆帛書《周易》皆作欽〔註178〕，清華簡《別卦》作慼〔註179〕，秦簡《歸藏》同今本〔註180〕。

《象》云：「山上有澤，咸。」《說卦》云：「山澤通氣。」山，爲剛陽之體；澤，爲陰柔之質，剛柔相配，上下各爻皆有所應。觀䷞之卦體，內卦☶，爲少男；外卦☱，爲少女，是一爲君子，一爲窈窕淑女，君子求窈窕淑女，兩相感應，以成人倫之美，所以名卦者觀此象，而取此意，以「咸」定䷞之名，宣揚了男女婚姻以時的人倫之義。

13. ䷟巽下震上，恒。此卦之名，楚竹書《周易》作㫎〔註181〕，清華簡《別卦》作愻〔註182〕，秦簡《歸藏》作恒我〔註183〕，傳本《歸藏》、馬王堆帛書《周易》皆同今本〔註184〕。

《象》云：「雷風，恒。」《說卦》云：「雷風相薄。」雷風相近而又各行其道，此是物恒常之道。審䷟之卦象，其內卦☴，爲長女，是嫡妻順於內；外卦☳，爲長男，是承繼家業之長子施行外治，如此內順外治，陽事、陰事皆行其道，各守其宜，此爲家業恒興、德行恒正之象，所以「恒」可當䷟之義，故爲之名。

〔註178〕 濮茅左主編《上海博物館藏楚竹書〈周易〉》，中西書局，2014 年版，第 60頁；《馬王堆帛書周易經傳校讀》，圖版第 3 頁八上，《釋文》，第 45 頁。
〔註179〕 李學勤主編《清華大學藏戰國竹簡（肆）》，中西書局，2013 年版，第 130頁。
〔註180〕 《王家臺秦墓竹簡概述》，第 31 頁。
〔註181〕 濮茅左主編《上海博物館藏楚竹書〈周易〉》，中西書局，2014 年版，第 64頁。
〔註182〕 李學勤主編《清華大學藏戰國竹簡（肆）》，中西書局，2013 年版，第 130頁。
〔註183〕 《王家臺秦墓竹簡概述》，第 31 頁。
〔註184〕 〔清〕馬國翰《玉函山房輯佚書‧歸藏》，廣陵書社，2004 年版；《馬王堆帛書周易經傳校讀》，圖版第 7 頁四三上，《釋文》，第 55 頁。

14.☶艮下乾上，遯。此卦之名，楚竹書《周易》作豚〔註185〕，秦簡《歸藏》、傳本《歸藏》皆作遯〔註186〕，阜陽漢簡《周易》作椽〔註187〕，馬王堆帛書《周易》作掾〔註188〕。

《正義》云：「遯者，隱退、逃避之名。」隱退、逃避身邊某種事物或環境所施加的影響，是人類的一種行爲。遯卦的卦辭及爻辭均繫之以人事。雖然遯卦物象於卦體中表露顯著，如《象》言「天下有山，遯」〔註189〕，但並不取物象爲名。遯是乾宮二世卦，其本自乾卦而息初九、九二之陽，陰消之後的卦爻初六、六二仍留存著乾卦初九、九二的某些信息。《乾·初九》云：「潛龍勿用。」《乾·九二》云：「見龍在田，利見大人。」《遯·初六》云：「遯尾厲。勿用有攸往。」《遯·六二》云：「執之用黃牛之革，莫之勝說。」乾卦初九以潛伏之龍的物象，比擬處於小人道盛之時君子應潛藏隱志，勿可施事。遯卦初六告誡人們在當遯之初，若處於遯尾之位，則不可行遯隱之事。遯卦六二以誇張的言說方式，闡明非遯之人使將遯之人安於所居，而不能隱退、逃避。此利於六二反對人們行遯之事。與乾卦九二相反的是，乾卦九二之「利」是朝向乾卦，遯卦六二未直言之「利」則是反遯的性質。而正是遯卦初六、六二反遯的色彩，鮮明地反襯出〔註190〕行遯的必要性，即是此時不遯，或因處於遯之末位，往遯則危厲，難遂心志；或因已被拘繫，不得脫身。而一旦能遯的時機成熟，欲遯者即可行隱退、逃避之事。所以依據遯卦爻辭的義趣，可反推遯卦得名之由。

遯字有「隱退、逃避」的含義，但推尋遯卦遯字意義，名卦者賦予了其昇華的意義。清儒胡煦云：「遯，退避也。六月之卦，二陰生於下，小人漸盛，君子退而避之，故名遯。不曰退而曰遯，退止退後，遯則兼避禍之義也。山

〔註185〕濮茅左主編《上海博物館藏楚竹書〈周易〉》，中西書局，2014 年版，第 68 頁。

〔註186〕《王家臺秦墓竹簡概述》，第 32 頁。

〔註187〕《阜陽漢簡〈周易〉釋文》，第 33 頁。

〔註188〕《馬王堆帛書周易經傳校讀》，圖版第 3 頁三上，《釋文》，第 45 頁。

〔註189〕《正義》云：「山者，陰類，進在天下，即是山勢欲上逼於天。天性高遠，不受於逼。是遯避之象。」崔憬曰：「天喻君子，山比小人。小人浸長，若山之侵天；君子遯避，若天之遠山。故言『天下有山，遯』也。」（〔唐〕李鼎祚《周易集解》，《景印文淵閣四庫全書》第 7 冊，臺灣商務印書館，1986 年版，第 717 頁）顯然，天與山兩者相隔高且遠，遯卦不取物象「高遠」之類的卦名，主因在於名卦者意欲彰顯人的處世行爲，爲人們提供一種處世的智慧。

〔註190〕〔清〕胡煦《周易函書》，程林點校，中華書局，2008 年版，第 623 頁。

雖高，其性止。乾健往而上升，儼若避去者也。」即行遯之事並非消極厭世，而是避免小人之禍害。《繫辭下》云：「尺蠖之屈，以求信也；龍蛇之蟄，以存身也。」存身並待時而動，此是遯卦卦名的內蘊之一。遯卦卦辭云：「遯亨，小利貞。」《彖》云：「遯亨，遯而亨也。」遯亨，即遯道亨通。清平之世，高人隱士或可遁入山林，或可出潛離隱，遯道暢通；紛擾之世，人們即使能遯隱於林野，亦難免危厲，不得安身，是為遯道否閉。觀遯卦爻辭，初六至九三，時世不寧，遯道不通，只能受限於塵世俗務，並遭受群小的鉗制，欲遠之而不能。

其實，《象》言「天下有山」，天、山雖相距高遠，然而近天者亦莫若山，親近天而止，與《象》之「君子以遠小人」的意義相通。所以行遯並非是遠避小人而無所作為，而是借助外來的剛健之力量，歷煉沈穩的品性，而到達「肥遯」的境界，即是最近天道而離小人最遠。上九不應九三，其所處時世，其所懷志向，皆有所異，《遯·九三》「係遯」，拘繫於六二的強勢，陷於小人包圍的困境，有危厲之憂，然正道未為覆滅，雖未可行大事以抗擊群小，尚可離小人而畜養家臣女僕，積累壯大的力量，以扭轉「小人道長」的局勢。所以自九四至上九，群陽用事，逐漸反轉否閉之道，自外而至內，變小人道，長君子道，自外至內而陽息，並趨向泰卦的亨通之道。此是遯卦上下卦體所蘊含的一個深意。作為王官，其命卦必定懷著強烈的用世意圖，不會宣揚超然物外的出世之道。《尚書·微子》云：「父師若曰：『……我舊云刻子。王子弗出，我乃顛隮。自靖，人自獻于先王。我不顧行遯。」《正義》云：「不肯遯以求生，言將與紂俱死也。」此可見王臣父師的用世精神。成為卦名的「遯」所傳達的正是親天道、遠小人的意義，由此並昇華了遯卦的內涵，而此被《象》所揭示出來，此亦遯卦不取諸如「退」、「潛」之類的命名的重要原因。

15. ䷥兌下離上，睽。此卦之名，楚竹書《周易》作楑〔註191〕，秦簡《歸藏》作曜〔註192〕，傳本《歸藏》作瞿〔註193〕，馬王堆帛書《周易》作乖〔註194〕、帛書《繫辭》作誺〔註195〕，漢石經同今本〔註196〕。

〔註191〕濮茅左主編《上海博物館藏楚竹書〈周易〉》，中西書局，2014 年版，第 72 頁。
〔註192〕《王家臺秦墓竹簡概述》，第 32 頁。
〔註193〕〔清〕馬國翰《玉函山房輯佚書·歸藏》，廣陵書社，2004 年版。
〔註194〕《馬王堆帛書周易經傳校讀》，圖版第 11 頁七五上，《釋文》，第 63 頁。

《象》云：「上火下澤，睽。」此特以「上、下」兩字顯出《睽》體兩物之異。《睽》之卦象，下卦☱，爲澤，澤之氣上騰；上卦☲，爲火，火之性炎上，兩物所向同而其歸異：澤之氣將上於天，而火之勢將熄滅於下。是䷥有「兩事物其性相類，而其歸屬相異」之意。又，《睽》初九至六五有《節》䷻之體，是䷻有「澤之水氣上蒸」之象，澤氣陞於天而終將爲雨而重歸於澤。《睽》九二至上六有《離》䷝之體，☲爲日，日使澤氣上升，而若過於燥，則澤乾涸而無以潤養其體，是「苦節不可貞」之勸誡生，故䷻有警示事物切莫過其情之意。最後以人體之象言之，《睽》下卦☱爲口舌，上卦☲爲目，其處於人之頭部而功能各異，觀《睽》之體，口、目各當其位，各盡其用，以利於人，故此《睽》有物異而利於人之意〔註197〕。又，《周易‧繫辭下》載：「弦木爲弧，剡木爲矢。弧矢之利，以威天下，蓋取諸《睽》。」〔註198〕䷥之六三至六五互體成☵，爲弓；其上卦☲，有矢之象；其下卦☱，爲毀折，爲附決，是卦有「以弓矢之威力克敵制勝」之義。進而言之，弓、矢相異，合而用之，則其利可得，是䷥隱含著「合各物之力而用之」之意。

綜合上述諸象之義，探尋其物理之同者，即䷥有「物力相異而可合而用之」之誼，而「睽」字之形制，有「目」而與卦畫☲相應，其意又與卦畫所表一致，所以以此而名䷥。

16. ䷪乾下兌上，夬。此卦之名，楚竹書《周易》、馬王堆帛書《周易》、漢石經皆同今本〔註199〕，清華簡《別卦》作𠇷〔註200〕，秦簡《歸藏》作𡂡

〔註195〕張政烺《論易叢稿》，中華書局，2012 年版，第 181 頁。

〔註196〕《漢石經集存》，第 26 頁。

〔註197〕儒者多因襲「澤、火」之象解《睽》之義，如孔穎達《正義》：「『上火下澤，睽』者，動而相背，所以爲睽也。『君子以同而異』者，佐主治民，其意則同，各有司存職掌則異，故曰『君子以同而異』也。」宋儒胡瑗云：「火在上，澤在下，二者不相資，故有睽乖之象。」（〔宋〕胡瑗撰，〔宋〕倪天隱述《周易口義》卷七，《景印文淵閣四庫全書》經部第 8 冊，臺灣商務印書館，1986 年版，第 341 頁上）〔伊川易傳〕：「上火下澤，二物之性違異，所以爲睽。」（〔宋〕程頤《伊川易傳》卷三，《景印文淵閣四庫全書》經部第 9 冊，臺灣商務印書館，1986 年版，第 299 頁下）。其實，《睽》之含義不僅限於此。

〔註198〕〔魏〕王弼注，〔唐〕孔穎達疏《周易注疏》卷十二，日本足利學校遺跡圖書館後援會影印南宋初年刊本，1973 年版，第 711 頁第 10 葉前。

〔註199〕濮茅左主編《上海博物館藏楚竹書〈周易〉》，中西書局，2014 年版，第 84 頁；《馬王堆帛書周易經傳校讀》，圖版第 9 頁五七上，《釋文》，第 59 頁；《漢石經集存》，第 26 頁。

〔註200〕李學勤主編《清華大學藏戰國竹簡（肆）》，中西書局，2013 年版，第 130 頁。

〔註201〕，傳本《歸藏》作規〔註202〕。

《象》云：「澤上於天，夬。」澤之氣上騰於天，其終將形成雲雨而澤惠於天下〔註203〕。☱得名之由，歷代儒者考論已著，多以爲其卦有「決」之意，如陸績云：「水氣上天，決降成雨，故曰夬。」〔註204〕宋儒張根云：「澤上於天，其勢必決。」〔註205〕宋儒楊萬里亦云：「澤卑則鍾而聚，高則潰而決。澤上於天，高矣，安得而不決？」〔註206〕等等，皆取「水決而下」之意。《周易》說卦則引以人事而申之，其載：「上古結繩而治，後世聖人易之以書契，百官以治，萬民以察，蓋取諸《夬》。」〔註207〕此取人君決斷國是之義。然而亦有一些先達別出新解，如宋儒李心傳云：「澤上於天，亦爲水涸之象乎？」〔註208〕此指出了☱有「水澤乾涸」之象。正緣自旱災，所以需君王之明斷以出救災之策，此說亦可成理。明儒知來德推陳出新，其云：「此象諸家泥滯。程、朱『潰決』二字所以皆說不通。殊不知孔子此二句乃生於『澤』字，非生於『夬』字也。蓋《夬》乃三月之卦，正天子春來布德行惠之時，乃惠澤之澤，非水澤之澤也。天者，君也；祿者，澤之物也。德者，澤之善也；居者，施之反也。紂鹿臺之財，居德也；周有大賚，施祿也。下句乃足上句之意，言澤在於君，當施其澤，不可居其澤也，居澤乃人君之所深忌者。」〔註209〕是來氏以爲☱表人君之惠澤外施於臣民之誼。清儒又撰新解，其云：「夬之文義，有以手持玦之象。人臣有罪，待於境上，賜之環則還，賜

〔註201〕《王家臺秦墓竹簡概述》，第31頁。

〔註202〕〔清〕馬國翰《玉函山房輯佚書·歸藏》，廣陵書社，2004年版。

〔註203〕宋儒趙汝楳云：「兌爲澤，乾爲天。澤本在下，氣騰而上於天，勢必決而復下爲雨露之澤。」（〔宋〕趙汝楳《周易輯聞》卷五，《景印文淵閣四庫全書》經部第19冊，臺灣商務印書館，1986年版，第207頁下）

〔註204〕〔吳〕陸績撰，〔明〕姚士粦輯《陸氏易解》，《景印文淵閣四庫全書》經部第7冊，臺灣商務印書館，1986年版，第193頁上。

〔註205〕〔宋〕張根《吳園周易解》卷五，《景印文淵閣四庫全書》經部第9冊，臺灣商務印書館，1986年版，第512頁上。

〔註206〕〔宋〕楊萬里《誠齋易傳》卷十二，《景印文淵閣四庫全書》經部第14冊，臺灣商務印書館，1986年版，第641頁下。

〔註207〕〔魏〕王弼注，〔唐〕孔穎達疏《周易注疏》卷十二，日本足利學校遺跡圖書館後援會影印南宋初年刊本，1973年版，第714頁第11葉後。

〔註208〕〔宋〕李心傳《丙子學易編》，《景印文淵閣四庫全書》經部第17冊，臺灣商務印書館，1986年版，第785頁上。

〔註209〕〔明〕來知德《周易集注》卷九，胡眞校點，上海古籍出版社，2013年版，第201頁。

之玦則決。決，去也。圓者爲環，周圍無虧缺者；爲玦，有一面之不屬。《乾》爲金，爲玉，環之質也；《兌》爲毀折，爲附決。決之義也。」〔註210〕此說亦得之。

再觀䷪之卦象，外卦☱，可表「出」之意；下卦☰，爲君，爲父，是䷪有「君父之恩澤出而惠及臣民」之象。與《乾》䷀之象相較，䷪第六爻爲陰爻，因而能避免「有悔」之吝。又，䷪之外卦☱爲口舌，是卦又有「王之口舌出其國是」之象，爲聖斷之義。《周易・繫辭下》載：「上古結繩而治，後世聖人易之以書契，百官以治，萬民以察，蓋取諸《夬》。」䷪之內卦☰，爲金，以金製器可刻字於簡牘及龜甲；其外卦☱，爲附決，亦是卦有「以金器製成刀筆，用以刻寫文字，形成書契，使法令得以規範、宣揚」。所以觀卦畫之象，以及人事之意，取「夬」可當之。

17. ䷫巽下乾上，姤。此卦之名，楚竹書《周易》作敂〔註211〕，清華簡《別卦》作鮏〔註212〕，傳本《歸藏》作夜〔註213〕，馬王堆帛書《周易》作狗〔註214〕，帛書《易之義》作坸〔註215〕。

《象》云：「天下有風，姤。」天下有風，是平常之物理，風行草偃而知風向，是天借風而臨於下之象。玩習䷫之象，其內卦☴爲入，可表接納之意；外卦☰，爲金，爲玉，是資財，是䷫有「採入資財」之象。婚媾之初，女家受男方之幣，此爲男女交親之始〔註216〕。準此，䷫有「女家納男家之采」之象，此於婚媾而言。而於君臣而言，則爲臣入於朝，君臣相遇而議政。又因䷫之象，五陽戴陰，爲陰壯之卦，所以卦辭云「女壯」，此於內卦☴表長女卦象對應，此長女不僅壯於內事，而且健於外事，恐此女亂政，所以卦辭戒之以「勿用取女」。因遇此女，而察其性，知女壯之患，聯繫卦象，䷫所以得「姤」

〔註210〕〔清〕黃宗炎《周易象辭》卷十二，《景印文淵閣四庫全書》經部第40冊，臺灣商務印書館，1986年版，第480頁上。

〔註211〕濮茅左主編《上海博物館藏楚竹書〈周易〉》，中西書局，2014年版，第88頁。

〔註212〕李學勤主編《清華大學藏戰國竹簡（肆）》，中西書局，2013年版，第130頁。

〔註213〕〔清〕馬國翰《玉函山房輯佚書・歸藏》，廣陵書社，2004年版。

〔註214〕《馬王堆帛書周易經傳校讀》，圖版第3頁九上，《釋文》，第47頁。

〔註215〕張政烺《論易叢稿》，中華書局，2012年版，第211頁。

〔註216〕《禮記・曲禮上》云：「男女非有行媒，不相知名。非受幣，不交不親。」（〔漢〕鄭玄注，〔唐〕孔穎達疏《禮記注疏》卷二，《十三經注疏5》，藝文印書館，2013年版，第37頁上）

之名。

18. 兌下震上，歸妹。此卦之名，清華簡《別卦》作（䠖妹）〔註217〕，秦簡《歸藏》、傳本《歸藏》、馬王堆帛書《周易》皆同今本〔註218〕，漢石經作歸眛〔註219〕。

《象》云：「澤上有雷，歸妹。」雷在澤上，雷震動而澤應之。再觀之象，其下卦，爲少女；其上卦，爲長子，是少女爲長男之妹〔註220〕。以兄長而嫁其妹，此爲女嫁於人的一種特殊的情況。此卦之名的由來，正是借歷史中某一件特殊意義的兄長嫁妹之事（如帝乙歸妹）而得名，或以「歸妹」指代原來之卦名，並沿用至今。

綜上所述，以人的行爲、品質名卦，此體現出名卦者重視以人事名卦的原則。卦體之物象雖著，如《謙》《豫》者，其仍以人之品性、行爲爲卦之名，此彰顯了王官以卦名宣揚其命名之旨的用意，即以卦名爲卦之主題，以點睛之筆，以人事歸類命名卦。

第三節 以象之所用名卦

以卦體的象之所用名卦，即是以維繫卦體所表徵的事物變化運轉的根本屬性爲卦的名命方式。其最爲顯著的是《乾》《坤》兩卦。

〔註217〕李學勤主編《清華大學藏戰國竹簡（肆）》，中西書局，2013 年版，第 130 頁。

〔註218〕《王家臺秦墓竹簡概述》，第 32 頁；〔清〕馬國翰《玉函山房輯佚書·歸藏》，廣陵書社，2004 年版；《馬王堆帛書周易經傳校讀》，圖版第 7 頁三七上，《釋文》，第 53 頁。

〔註219〕《漢石經集存》，第 26 頁。

〔註220〕歷來儒者多將《歸妹》卦義解爲「嫁女而女弟從之」。如王弼《注》云：「少女而與長男交，少女所不樂也。而今說以動，所歸必妹也。雖與長男交，嫁而係娣，是以說也。」儒者多從此說。宋儒方實孫正之，其云：「此卦名曰歸妹，兌下震上，以少女而承長男之命，是兄嫁其妹者也。」（〔宋〕方實孫《淙山讀周易》卷十四，《景印文淵閣四庫全書》經部第 19 冊，臺灣商務印書館，1986 年版，第 752 頁下）宋儒俞琰亦云：「《震》爲長男，兄也；《兌》爲少女，妹也。澤上有雷，猶《兌》妹之上有《震》兄也。婦人在家從父兄，父死則兄嫁之。澤之從雷，猶《兌》妹之從《震》兄也。是故『澤上有雷』爲歸妹之象。卦名《歸妹》，則當從兄嫁妹之義推之。說者皆以爲娶婦，唯楊誠齋馮深居以爲兄嫁妹，今從之。」（〔宋〕俞琰《周易集說》卷十三，《景印文淵閣四庫全書》經部第 21 冊，臺灣商務印書館，1986 年版，第 130 頁上）

1. ䷀乾下乾上，乾。此卦之名，清華簡《筮法》作乾〔註221〕，秦簡《歸藏》作天或天目〔註222〕，傳本《歸藏》、漢石經同今本〔註223〕，馬王堆帛書《周易》、《易之義》皆作鍵〔註224〕。

孔穎達云：

> 此乾卦本以象天，天乃積諸陽氣而成天，故此卦六爻皆陽畫成卦也。此既象天，何不謂之天而謂之乾者：天者，定體之名；乾者，體用之稱。故《說卦》云：「乾，健也。」言天之體以健爲用。聖人作易，本以教人，欲使人法天之用，不法天之體，故名乾不名天也。天以健爲用者，運行不息，應化無窮，此天之自然之理，故聖人當法此自然之象，而施人事，亦當應物成務。云爲不已，終日乾乾，無時懈倦，所以因天象以教人事。於物象言之，則純陽也，天也；於人事言之，則君也，父也，以其居尊，故在諸卦之首，爲《易》理之初。

乾是天體運行不息的根本推動力，其以剛健爲基本屬性，若喪失此屬性，則天不能成其爲天。天是至剛至健之體，宋儒丁易東云：「以一物一太極言之，則物物皆有乾，以乾名天，特舉其得乾象之大者言耳。……天地特以乾坤之大者言，非正指乾坤爲天地也。」〔註225〕此即指出天象的所用爲乾之至大至健者。此可備一說。

2. ䷁坤下坤上，坤。此卦之名，清華簡《筮法》作與〔註226〕，秦簡《歸藏》作𡘹〔註227〕，傳本《歸藏》作𡘹〔註228〕，馬王堆帛書《周易》作川〔註229〕，

〔註221〕李學勤主編《清華大學藏戰國竹簡（肆）》，中西書局，2013 年版，第 130 頁。

〔註222〕《王家臺秦墓竹簡概述》，第 30 頁。

〔註223〕〔清〕馬國翰《玉函山房輯佚書·歸藏》，廣陵書社，2004 年版；《漢石經集存》，第 27 頁。

〔註224〕《馬王堆帛書周易經傳校讀》，圖版第 3 頁一上，《釋文》，第 45 頁：張政烺《論易叢稿》，中華書局，2012 年版，第 218 頁。

〔註225〕〔宋〕丁易東《周易象義》卷一，《景印文淵閣四庫全書》經部第 21 冊，臺灣商務印書館，1986 年版，第 490 頁上。

〔註226〕李學勤主編《清華大學藏戰國竹簡（肆）》，中西書局，2013 年版，第 114 頁。

〔註227〕《王家臺秦墓竹簡概述》，第 30 頁。

〔註228〕〔清〕馬國翰《玉函山房輯佚書·歸藏》，廣陵書社，2004 年版。

〔註229〕《馬王堆帛書周易經傳校讀》，圖版第 7 頁四四上，《釋文》，第 55 頁。

漢石經作𝖴𝖴〔註230〕。

《象》曰：「地勢坤。」王弼《注》云：「地形不順，其勢順。」地爲☷之體，坤爲☷之用。用是物體的自然屬性，大地承載萬物，即《說卦》所云「坤之藏之」。☷以坤命名，而坤是地之質，即坤是順之義。人法地而用其質，所以☷爲以象之用爲名卦的方法。

3. ☲離下艮上，賁。此卦之名，清華簡《別卦》作𧻚〔註231〕，阜陽漢簡《周易》同今本〔註232〕，馬王堆帛書《周易》作繁〔註233〕，漢石經同今本〔註234〕。

《象》云：「山下有火，賁。」孔穎達《正義》云：「『山下有火，賁』者，欲見火上照山，有光明文飾也。又取山含火之光明。」即是以火光點綴大山。觀☲之象，下卦是離卦爲火爲日，取火光、日光之義；下卦是艮卦，艮爲止爲靜，其有「太陽下山，火光自山下升起」之象，即是夜裏山下有火之境況。《繫辭上》云：「剛柔者，晝夜之象也。……通乎晝夜之道而知。」顯然，於白晝，山下有火彰顯不出文明之義；只有在黑夜裏，山下之火方爲大山明麗之點綴。再觀☲之體，下卦☲爲陰卦，其性柔順；上卦☶爲陽卦，其性剛健。又陰卦處於內，以柔得中，爲下卦之主；陽卦居於外，其陽爻來自下卦，所以《象》云：「分剛上而文柔。」柔下剛上爲夜之象。

4. ☵坎下坎上，習坎。此卦之名，清華簡《筮法》作𢍰〔註235〕，秦簡《歸藏》作勞〔註236〕，傳本《歸藏》作犖〔註237〕，馬王堆帛書《周易》作習贛〔註238〕，漢石經《說卦》作欿〔註239〕。

《彖》云：「習坎，重險也。」《象》曰：「水洊至，習坎。」虞翻曰：「兩

〔註230〕《漢石經集存》，第 27 頁。
〔註231〕李學勤主編《清華大學藏戰國竹簡（肆）》，中西書局，2013 年版，第 130 頁。
〔註232〕《阜陽漢簡〈周易〉釋文》，第 28 頁。
〔註233〕《馬王堆帛書周易經傳校讀》，圖版第 5 頁一七上，《釋文》，第 49 頁。
〔註234〕《漢石經集存》，第 25 頁。
〔註235〕李學勤主編《清華大學藏戰國竹簡（肆）》，中西書局，2013 年版，第 114 頁。
〔註236〕《王家臺秦墓竹簡概述》，第 32 頁。
〔註237〕〔清〕馬國翰《玉函山房輯佚書·歸藏》，廣陵書社，2004 年版。
〔註238〕《馬王堆帛書周易經傳校讀》，圖版第 5 頁二一上，《釋文》，第 49 頁。
〔註239〕《漢石經集存》，第 27 頁。

象也。天險，地險，故曰：『重險』也。」〔註240〕觀☵之象，水上有水，坎中有坎，是爲「水洊」，是爲「重險」。又因☵自乾☰二、五之坤☷而成卦，所以在下卦爲地險，在上卦爲天險。此是坎卦的一義。《說卦》云：「坎爲水。」水性潤下而養萬物，而坎中有水或可出水，所以坎卦有水象。又細觀☵之卦體，九二至六四互體成震卦，六三至九五成艮卦，震下艮上成頤卦☶，所以《坎》爲水，有潤養萬物的特性。命卦者以坎名☵，取坎有險又有水義，可謂深有意味。

5. ☲離下離上，離。此卦之名，秦簡《歸藏》作麗〔註241〕，傳本《歸藏》、阜陽漢簡《周易》、漢石經《說卦》同今本〔註242〕，清華簡《筮法》、馬王堆帛《周易》、帛書《繫辭》皆作羅〔註243〕。

《象》云：「明兩作，離。」意即☲是內外明麗之象，其表示火的連續性，旁通於坎☵。朱駿聲云：「離有兩義：火託於木，附麗也；煙飛灰降，別離也。」〔註244〕觀☲之象，六二至九四互體成巽卦，《說卦》云：「巽爲木。」又云：「離爲火。」巽上離下爲家人卦，家人者，可以相互依賴的家庭成員。火依託於木而火勢旺盛，然木因火之焚燒而成灰燼，此是木與火的相互分離之象，亦爲☲卦體所呈現而出。九三至六五互體成兌，《說卦》云：「兌爲毀折。」火燒毀木而與木分離開來。《說卦》又云：「兌爲附決。」孔穎達《正義》云：「兌西方之卦，又兌主秋也。取秋物成熟，槀稈之屬則毀折也，果蓏之屬則附決也。」焚燒槀稈是毀折的一種方法，收割果實意味著果實與草木分離。所以離卦有分離之義。又☲卦互體的兌、巽兩卦所成的卦爲大過卦☴，事物的狀態發生大的變動，與原來的面貌相異，亦是「離」的一種方式，此層意義亦被離卦所包含。

6. ☳震下震上，震。此卦之名，清華簡《筮法》作辰〔註245〕，傳本《歸

〔註240〕〔清〕李道平《周易集解纂疏》，潘雨廷點校，中華書局，1994年版，第297頁。

〔註241〕《王家臺秦墓竹簡概述》，第32頁。

〔註242〕〔清〕馬國翰《玉函山房輯佚書・歸藏》，廣陵書社，2004年版：《阜陽漢簡〈周易〉釋文》，第32頁；《漢石經集存》，第27頁。

〔註243〕李學勤主編《清華大學藏戰國竹簡（肆）》，中西書局，2013年版，第114頁；《馬王堆帛書周易經傳校讀》，圖版第11頁六九上，《釋文》，第61頁；張政烺《論易叢稿》，中華書局，2012年版，第180頁。

〔註244〕〔清〕朱駿聲《六十四卦經解》，中華書局，1953年版，第132頁。

〔註245〕李學勤主編《清華大學藏戰國竹簡（肆）》，中西書局，2013年版，第114頁。

藏》作鼕〔註246〕，馬王堆帛書《周易》作辰〔註247〕，漢石經同今本〔註248〕。

　　《象》曰：「洊雷，震。」〔註249〕觀䷲之象，內外卦皆為☳，為雷，是䷲有「雷一個接著一個打」之象，雷震動萬物；所以䷲因象而得名。

　　7.䷳艮下艮上，艮。此卦之名，傳本《歸藏》作狠〔註250〕，楚竹書《周易》、清華簡《筮法》、阜陽漢簡《周易》、漢石經皆同今本〔註251〕，馬王堆帛書《周易》作根〔註252〕。

　　《象》云：「兼山，艮。」《正義》曰：「『兼山，艮』者，兩山義重，謂之兼山也。直置一山已能鎮止，今兩山重疊，止義彌大，故曰『兼山，艮』也。」連綿之山難以搬移，故以其事物為卦名，即取歸然不動之意，也即《象》所言「艮，止也」。觀䷳之象，其下有互體卦☵，為山中雲氣，皇甫謐云：「艮為山，山上山下，是名《連山》，雲氣出內於山。」〔註253〕此言正是䷳中之☵。上有互體卦☳，為運動之態。山中雲氣流動不已，但山卻靜止不動。朱駿聲云：「艮從目從匕，目相比不相下也，故有止義。艮三畫，形如人文。人古作冂。人身之靜止者，莫如背。艮為多節，背脊之象。」〔註254〕是於人身而言，☶像人之背，相對四肢及其他器官的運動情況，脊背活動較少，所以有靜之象。又若以卦爻之體言之，經卦☷陰消☰至三，其卦已趨向☶，坤體尚靜，所以☶卦亦有了安靜之性。又若以人體之象解之，䷳又像人之手指，取手掌撐開之形狀及其有禁止之手勢的意義。可見，䷳取名為艮是因其物象有崇尚安靜之義。

〔註246〕〔清〕馬國翰《玉函山房輯佚書・歸藏》，廣陵書社，2004 年版。
〔註247〕《馬王堆帛書周易經傳校讀》，圖版第 5 頁三一上，《釋文》，第 51 頁。
〔註248〕《漢石經集存》，第 27 頁。
〔註249〕對此《象》之解，宋儒王宗傳所言甚名，其云：「上下皆震，故曰洊雷。『洊雷』與『水洊』至之『洊』同。蓋一坎既盈，復至一坎，謂之『水洊』；至一雷既震，一雷繼之，謂之『洊雷』也。」（〔宋〕王宗傳《童溪易傳》卷二十三，《景印文淵閣四庫全書》經部第 17 冊，臺灣商務印書館，1986 年版，第 261 頁下）
〔註250〕〔清〕馬國翰《玉函山房輯佚書・歸藏》，廣陵書社，2004 年版。
〔註251〕濮茅左主編《上海博物館藏楚竹書〈周易〉》，中西書局，2014 年版，第 106 頁；李學勤主編《清華大學藏戰國竹簡（肆）》，中西書局，2013 年版，第 114 頁；《阜陽漢簡〈周易〉釋文》，第 38 頁；《漢石經集存》，第 27 頁。
〔註252〕《馬王堆帛書周易經傳校讀》，圖版第 3 頁一〇上，《釋文》，第 47 頁。
〔註253〕〔清〕朱彝尊《經義考》卷二，林慶彰新校，上海古籍出版社，2010 年版，第 13 頁。
〔註254〕〔清〕朱駿聲《六十四卦經解》，中華書局，1953 年版，第 227 頁。

8. ☴巽下巽上，巽。此卦之名，清華簡《筮法》、傳本《歸藏》、漢石經皆同今本〔註255〕，馬王堆帛書《周易》作筭〔註256〕。

《象》曰：「隨風，巽。」孔穎達《正義》曰：「『隨風，巽』者，兩風相隨，故曰『隨風』。既相隨，無所不順，故曰『隨風，巽』。」風行草偃，跟隨、順應風的方向而動，此是巽卦的物象，其寓意是下順於上，弱就於強。《說卦》云：「巽，入也。」孔穎達《正義》云：「巽之爲義，以卑順爲體，以容入爲用，故受巽名。」可見，☴亦是以象之用名卦。

9. ☱兌下兌上，兌。此卦之名，清華簡《筮法》、秦簡《歸藏》、傳本《歸藏》皆同今本〔註257〕，馬王堆帛書《周易》作奪〔註258〕。

《象》云：「麗澤，兌。」王弼《注》云：「麗猶連也，施說之盛，莫盛於此。」《離・象》云：「離，麗也。」麗，附麗。「澤相互附麗」是☱之象。細觀☱之卦體，九二至九四爲☲，六三至九五爲☴，離下巽上是《家人》☲。家人者，是互相依賴的家庭成員的稱謂，所以☱當含有「存在親近關係的同類」之義。又《說卦》云：「《兌》爲羊。」羊以群而得以存活，亦有依賴同類之意義。《說卦》又云：「《兌》爲口舌。」☱上下均爲《兌》，象人以言語對話，所以《象》云：「君子以朋友講習。」《論語・學而》云：「學而時習之，不亦說乎？」〔註259〕所以，☱又蘊含著對話之意。而「兌」在字形字義上與☱有相通之處，所以命卦者將☱名爲「兌」。

10. ☱兌下坎上，節。此卦之名，秦簡《歸藏》、傳本《歸藏》、阜陽漢簡《周易》、馬王堆帛書《周易》、漢石經皆同今本。〔註260〕

《象》曰：「澤上有水，節。」孔穎達《正義》運：「『澤上有水，節』者，水在澤中，乃得其節，故曰：『澤上有水，節也。』」水性潤下，其流入澤，

〔註255〕李學勤主編《清華大學藏戰國竹簡（肆）》，中西書局，2013 年版，第 114
　　　　頁；〔清〕馬國翰《玉函山房輯佚書・歸藏》，廣陵書社，2004 年版；《漢石
　　　　經集存》，第 26 頁。
〔註256〕《馬王堆帛書周易經傳校讀》，圖版第 13 頁八二上，《釋文》，第 65 頁。
〔註257〕李學勤主編《清華大學藏戰國竹簡（肆）》，中西書局，2013 年版，第 114 頁；
　　　　《王家臺秦墓竹簡概述》，第 31 頁；〔清〕馬國翰《玉函山房輯佚書・歸藏》，
　　　　廣陵書社，2004 年版。
〔註258〕《馬王堆帛書周易經傳校讀》，圖版第 9 頁五六上，《釋文》，第 57 頁。
〔註259〕〔清〕劉寶楠《論語正義》，高流水點校，中華書局，1990 年版，第 2 頁。
〔註260〕《王家臺秦墓竹簡概述》，第 31 頁；〔清〕馬國翰《玉函山房輯佚書・歸藏》，
　　　　廣陵書社，2004 年版；《阜陽漢簡〈周易〉釋文》，第 39 頁；《馬王堆帛書周易
　　　　經傳校讀》，圖版第 5 頁二五上，《釋文》，第 51 頁；《漢石經集存》，第 27 頁。

由此水得其歸宿，澤得其滋潤，各得其宜。

11. ䷽兌下巽上，中孚。此卦之名，秦簡《歸藏》作中炁〔註261〕，馬王堆帛書《周易》作中復〔註262〕。

《象》曰：「澤上有風，中孚。」風行於澤，使水澤得以活動，而不至於發臭而成為死水。而若以人事言之，《說卦》云：「巽為不果。」〔註263〕又云：「兌為口舌，為毀折，為附決。」外來之力使君子對於毀折或附決之事不敢輕易決斷，以折獄之事言之，即是《象》所言「君子以議獄緩死」。又觀䷽卦，內卦是兌卦為羊，外卦是巽卦為雞。《禮記》第七卷《曲禮下》云：「凡祭，宗廟之禮，……羊曰柔毛，雞曰翰音。」〔註264〕羊、雞皆是祭廟之牲〔註265〕，以之為祭是有孚於鬼神的體現。《左傳・莊公十年》載曹劌與魯莊公之言，其謂：「公曰：『犧牲玉帛，弗敢加也，必以信。』對曰：『小信未孚，神弗福也。』公曰：『小大之獄，雖不能察，必以情。』對曰：『忠之屬也……』」〔註266〕可見祭獻鬼神之牲要中正適宜，不能加量，亦不能少量，此亦是中正有信的表現。值得留意的是，曹劌以為莊公察審大小決獄之事為「孚」之屬，而犧牲玉帛僅為「小信」。命卦者以「中孚」名此卦䷽，又彰顯謹慎斷獄之於民的意義，其以命名的方式昇華了卦象的意義，真令人歎為觀止。

總之，以卦體的象之所用名卦，其卦有 11 個，表明了名卦者尚用的思想原則。

第四節　以物象名卦

以物象名卦，是以上下卦體或整個卦體所展現的象之義而命名的方式，其體現了名卦者觀象而繫名的運思特點。以此方式命名的卦主要有如下 11 個：

〔註261〕《王家臺秦墓竹簡概述》，第 32 頁。
〔註262〕《馬王堆帛書周易經傳校讀》，圖版第 13 頁八八上，《釋文》，第 65 頁。
〔註263〕不果，孔穎達《正義》云：「不能果敢決斷。」
〔註264〕〔唐〕孔穎達《禮記正義》上冊，影印南宋越刊八行本，安平秋、楊忠主編《重要文獻——影印經學要籍善本叢刊》，北京大學出版社，2014 年版，第157 頁（即足利學校藏越刊八行本《禮記正義》宋修印本第七卷第二十葉）。
〔註265〕《禮記》第七卷《曲禮下》云：「凡祭……天子以犧牛，諸侯以肥牛，大夫以索牛，士以羊豕。」
〔註266〕〔晉〕杜預注，〔唐〕孔穎達疏《春秋左傳正義》卷八，阮元《十三經注疏》，臺灣藝文印書館，2013 年版，第 147 頁。

1. ☷坎下坤上，師。此卦之名，秦簡《歸藏》、傳本《歸藏》、馬王堆帛書《周易》及漢石經同今本〔註267〕，楚竹書《周易》、清華簡《別卦》、阜陽漢簡《周易》作帀〔註268〕。

《象》：「地中有水，師。君子以容民畜眾。」《說卦》云：「坎爲水，……爲隱伏，……爲弓輪，……其於輿也，爲多眚。」又云：「坤爲地，……爲大輿，……爲眾。」再觀☷之體，互體有☳卦，震卦爲雷爲車。可見，☷之卦象包含了出師「隱伏」的行爲、戰車、弓箭以及最重要的眾多將士等等構成軍中之「師」的元素。服虔《左氏解誼》說此卦云：「坎爲水，坤爲眾，互體爲震，震爲雷。雷，鼓類。又爲長子，長子帥眾鳴鼓，巡水而行，師之象也。」〔註269〕此亦從軍旅之「師」所要具備的元素出發而解說師卦之象及其命名，即眾多士兵、戰鼓、將帥等等。朱子云：「古者寓兵於農，伏至險於大順，藏不測於至靜之中。又卦唯九二一陽，居下卦之中，爲將之象。上下五陰順而從之，爲眾之象。九二以剛居下用事，六五以柔居上而任之，爲人君命將出師之象，故其卦之名曰師。」〔註270〕朱子此言治師之道以及師卦五陰一陽的卦象所表示的人事意義。凡此種種，☷卦因蘊含著軍旅之「師」的多種信息，所以被定名爲師。其實，再觀☷的卦象，有藏險於地下之意，兵者爲險，不可輕易示人以兵或出兵而發動戰爭。《國語・周語上》載：

穆王將征犬戎，祭公謀父諫曰：「不可。先王耀德不觀兵。夫兵戢而時動，動則威，觀則玩，玩則無震。」〔註271〕

杜預云：「不示兵者，有大罪惡然後致誅，不以小小示威武也。……時動，謂三時務農，一時講武，守則有財，征則有威。」〔註272〕征伐需消耗一定的人力及物力，戰爭的後果有時也甚爲嚴重。《老子》第30章云：「師之所處，荊

〔註267〕《王家臺秦墓竹簡概述》，第30頁；〔清〕馬國翰《玉函山房輯佚書・歸藏》，廣陵書社，2004年版；《馬王堆帛書周易經傳校讀》，圖版第9頁五○上，《釋文》，第57頁；《漢石經集存》，第25頁。

〔註268〕濮茅左主編《上海博物館藏楚竹書〈周易〉》，中西書局，2014年版，第22頁；李學勤主編《清華大學藏戰國竹簡（肆）》，中西書局，2013年版，第130頁；《阜陽漢簡〈周易〉釋文》，第20頁。

〔註269〕〔清〕李道平《周易集解纂疏》，潘雨廷點校，中華書局，1994年版，第128頁。

〔註270〕〔宋〕朱熹《周易本義》，廖名春點校，中華書局，2009年版，第62頁。

〔註271〕徐元誥《國語集解》，王樹民、沈長雲點校，中華書局，2002年版，第1～2頁。

〔註272〕徐元誥《國語集解》，王樹民、沈長雲點校，中華書局，2002年版，第2頁。

棘生焉。大軍之後，必有凶年。」〔註273〕第31章云：「夫佳兵者，不祥之器。」
〔註274〕此道出了出師要謹慎的要義。☷的卦象正有傳達此義趣的目的，其除
了上述包含了出師的意義外，其因有互體「☷」，有「☶」，有「☳」，而渲染
了出師的人數之眾多所造成的地動山搖的局面，以及駐紮師旅於地勢險要的
地方的重要性。總之，因為☷卦之卦象所包含的諸多軍事的信息，所以名卦
者以「師」名之，可謂至當。

　　2.☶巽下艮上，蠱。此卦之名，楚竹書《周易》、漢石經皆同今本〔註275〕，
清華簡《別卦》作䜢〔註276〕，秦簡《歸藏》作亦或夜〔註277〕，傳本《歸藏》
作蜀〔註278〕，馬王堆帛書《周易》作箇〔註279〕。

　　《象》云：「山下有風，蠱。」風自山上吹至山下，象徵著舊風的終結，
新風的開端。蠱卦下體☴又為木。《左傳・昭公元年》載醫和對「蠱」的體認，
其謂：「是謂近女，室疾如蠱，非鬼非食，惑以喪志。……淫溺惑亂之所生也。
於文，皿蟲為蠱，穀之飛亦為蠱。在《周易》，女惑男，風落山，謂之蠱，皆
同物也。」〔註280〕《爾雅》卷五《釋器》云：「康謂之蠱。」〔註281〕康，即
糠〔註282〕，此因物而解說「蠱」，表示物體中非精華的一部分，或表示器物受
蟲類的侵染〔註283〕。若於人言之，是蠱惑之疾。孔穎達《春秋左傳正義》云：
「蠱者，心志惑亂之疾……蠱非盡由淫也，以毒藥藥人，令人不自知者，今

〔註273〕〔魏〕王弼《老子道德經注校釋》，樓宇烈校釋，中華書局，2008 年版，第
　　　　 78 頁。
〔註274〕〔魏〕王弼《老子道德經注校釋》，樓宇烈校釋，中華書局，2008 年版，第
　　　　 80 頁。
〔註275〕濮茅左主編《上海博物館藏楚竹書〈周易〉》，中西書局，2014 年版，第 44
　　　　 頁；《漢石經集存》，第 25 頁。
〔註276〕李學勤主編《清華大學藏戰國竹簡（肆）》，中西書局，2013 年版，第 130
　　　　 頁。
〔註277〕《王家臺秦墓竹簡概述》，第 32 頁。
〔註278〕〔清〕馬國翰《玉函山房輯佚書・歸藏》，廣陵書社，2004 年版。
〔註279〕《馬王堆帛書周易經傳校讀》，圖版第 5 頁二〇上，《釋文》，第 49 頁。
〔註280〕杜預注、孔穎達疏《春秋左傳正義》，藝文印書館，2013 年版，第 709～710
　　　　 頁。
〔註281〕〔晉〕郭璞注、〔宋〕邢昺疏《爾雅注疏》，王世偉整理，上海古籍出版社，
　　　　 2010 年版，第 256 頁。
〔註282〕清儒洪亮吉云：「簸之揚之，康秕在前，故云谷之飛。」（〔清〕洪亮吉《春秋
　　　　 左傳詁》卷十五，李解民點校，中華書局，1987 年版，第 644 頁）
〔註283〕杜預《注》曰：「器受蟲，書者為蠱。」（杜預注、孔穎達疏《春秋左傳正義》，
　　　　 藝文印書館，2013 年版，第 709 頁）

律謂之蠱毒。」〔註284〕即是蠱是人沉迷於某一事物所造成的一種疾病或迷亂失志的精神狀態。觀蠱卦䷑，巽爲內卦，於人爲長女；艮爲外卦，於人爲少男。䷑中有互體卦䷜與䷹，表示長女動而少男悅，在古人看來，是一種非正常的狀態，其不利於男女陰陽的平衡。於物象而言，䷑爲「風落山」，風自山外而進入山內，而䷳爲山爲果蓏，䷸爲風爲不果，是風使山動搖，令果蓏未成熟而散落於山下。總之，蠱卦展示了此事物受外來之事物迷惑、侵染而有敗壞之象，所以命卦者以「蠱」名之。

3. ䷔震下離上，噬嗑。此卦之名，清華簡《別卦》作㙤〔註285〕，秦簡《歸藏》作筮〔註286〕，馬王堆帛書《周易》作筮□〔註287〕，阜陽漢簡《周易》作筮閞〔註288〕，馬王堆帛書《繫辭》作筮蓋〔註289〕，漢石經作噬□〔註290〕。若秦簡《歸藏》命名形式（單字命名）與殷代《歸藏》一致，那麼可推知周代王官以增益文字的方式，對其進行了重新命名。

《象》云：「雷電，噬嗑。」雷有震動萬物之威力，電是閃耀以示人勿近之信號，內包含著不可侵犯的威力，外有不可觸犯的警示，此是刑法尊嚴的體現。也即雷電警示人勿靠近其區域，此與刑法告誡人勿觸碰其底線相似，所以《象》云：「先王以明罰勅法。」又《繫辭下》云：「日中爲市，致天下之民，聚天下之貨，交易而退，各得其所，蓋取諸《噬嗑》。」即是有司預先劃定某一塊區域作爲四方之民交易的地方〔註291〕，並告知天下之民交易的規則，如此定其交易，民人各得其所需。此事理與人進食規律類似：人定時進食，市交易於中午；人進食，有所偏好；貨物交易，各取所需；人按時合理進食，方能保持身體之健康；貨物交易按約定規則進行，才能維持集市健康有序的發展。由上所述可知，䷔卦既有「不可觸犯某種事物或規則」之意，又有「制定並推行某種規則而使事物順利進展」之義。「噬嗑」一詞，不

〔註284〕杜預注、孔穎達疏《春秋左傳正義》，藝文印書館，2013 年版，第 709 頁。
〔註285〕李學勤主編《清華大學藏戰國竹簡（肆）》，中西書局，2013 年版，第 130 頁。
〔註286〕《王家臺秦墓竹簡概述》，第 32 頁。
〔註287〕《馬王堆帛書周易經傳校讀》，圖版第 11 頁七九上，《釋文》，第 63 頁。
〔註288〕《阜陽漢簡〈周易〉釋文》，第 27 頁。
〔註289〕張政烺《論易叢稿》，中華書局，2012 年版，第 180 頁。
〔註290〕《漢石經集存》，第 25 頁。
〔註291〕即集市或市場。韓伯《注》云：「市，人之所聚，異方之所合，設法以合物，噬嗑之義也。」

僅在用字的形制上與☶有一定的相似性，而且在意義上與☳亦有密切的聯繫。《左傳・哀公十二年》載子木之言，其謂：「國狗之瘈，無不噬也。」杜預《注》曰：「噬，齧也。」王弼《周易注》云：「噬，齧也；嗑，合也。凡物之不親，由有間也。物之不齊，由有過也。有間與過，齧而合之，所以通也。」可見，噬嗑是人們進食時口腔的活動。人口只有擇取適於人體的食物，才不會觸及危害身體的紅線；而若誤吃毒物，必致危難。名卦者從日常的事理中取卦之名，並將之昇華至「利用獄」的思想高度，可見其運思的精妙。

4.☳震下艮上，頤。此卦之名，清華簡《別卦》作頤〔註292〕，秦簡《歸藏》作亦〔註293〕，楚竹書《周易》、傳本《歸藏》、阜陽漢簡《周易》、馬王堆帛書《周易》、漢石經皆同今本〔註294〕。

鄭玄云：「頤者，口車輔之名也。震動於下，艮止於上。口車動而上，因輔嚼物以養人，故謂之頤。頤，養也。」〔註295〕朱子云：「頤，口旁也。口食物以自養，故爲養義。爲卦上下二陽，內含四陰，外實內虛，上止下動，爲頤之象。」〔註296〕元儒胡炳文云：「頤中虛，有口象。」〔註297〕觀頤卦卦體☶，初、上兩爻爲陽，堅實如人之上下牙床，中間四陰爻及其左右未爲封閉的空間，空虛如進食的口腔。所以☶有口車輔之形。☶，因物象而引申爲進食而養人之義，所以恰如其分地被命名爲頤。頤在字形、字義上與☶卦體之形象高度契合。頤卦命名與《上海博物館藏楚竹書周易》同〔註298〕，《帛

〔註292〕李學勤主編《清華大學藏戰國竹簡（肆）》，中西書局，2013 年版，第 130 頁。

〔註293〕《王家臺秦墓竹簡概述》，第 30 頁。

〔註294〕濮茅左主編《上海博物館藏楚竹書〈周易〉》，中西書局，2014 年版，第 56 頁；〔清〕馬國翰《玉函山房輯佚書・歸藏》，廣陵書社，2004 年版；《阜陽漢簡〈周易〉釋文》，第 20 頁；《阜陽漢簡〈周易〉釋文》，第 30 頁；《馬王堆帛書周易經傳校讀》，圖版第 5 頁一八上，《釋文》，第 49 頁；《漢石經集存》，第 28 頁。

〔註295〕〔宋〕王應麟輯《周易鄭康成注》，鄭振峰點校，中華書局，2012 年版，第 31～32 頁。

〔註296〕〔宋〕朱熹《原本周易本義》卷一，《景印文淵閣四庫全書》經部第 12 冊，臺灣商務印書館，1986 年版，第 740 頁下。

〔註297〕〔元〕胡炳文《周易本義通釋》卷一，《景印文淵閣四庫全書》經部第 24 冊，臺灣商務印書館，1986 年版，第 375 頁下。

〔註298〕濮茅左《上海博物館藏楚竹書周易》，中西書局，2014 年版，第 56 頁。

書周易》、漢石經亦爲頤〔註299〕；江陵王家臺秦簡《歸藏》作▩〔註300〕。《說文·▩部》云：「▩者，古文，頤也。」可見，▩與☷卦形的相似。此是頤卦取名的重要依據。噬嗑卦的《象》云：「頤中有物曰噬嗑。」即是口中咀嚼食物的狀態可稱爲噬嗑，是一個稱謂用口腔力量磨碎食物的過程性詞語。而頤是處於進食前的口腔，或是未充盈食物的口腔，所以卦辭云「自求口實」。因口腔的容量有限，爲保持進食的通暢與舒適，必須節制食物數量，所以《象》強調「節飲食」。若進食不止，不分時段，則凶隨之而至，所以頤卦初九至六三的爻辭均以「凶」繫之。總之，☷卦形中空而虛，觀其形象，名卦者將其定名爲▩，恰如其分地將卦形與字形相結合，並在卦爻辭的撰寫中，揭示▩的意義。

　　5.☷離下坤上，明夷。此卦之名，清華簡《別卦》作亯＿（亡尸）〔註301〕，秦簡《歸藏》同今本〔註302〕，傳本《歸藏》作明尸〔註303〕，阜陽漢簡《周易》作明□〔註304〕，馬王堆帛書《周易》作明夷〔註305〕。

　　《象》云：「明入地中，明夷。」明亮內藏於地之中，其意在表明地上無光。於天象而言，與賁☷有夜之象相類，☷表示日光已經沒入地平線以下，是「明亮隱退」之象。《尚書·堯典》載堯帝「分命羲仲，宅嵎夷，曰暘谷。」孔安國《傳》：「東表之地稱嵎夷。暘，明也。日出於谷而天下明，故稱暘谷。暘谷、嵎夷，一也。」同理，日入於地，則天下暗。《序卦》云：「夷者，傷也。」明夷，即日光的消退。

　　6.☲離下巽上，家人。此卦之名，清華簡《別卦》作嗹（整理者按：左邊漫漶不清，右邊爲連〔註306〕）〔註307〕，秦簡《歸藏》作散〔註308〕，傳本

〔註299〕于豪亮《馬王堆帛書〈周易〉釋文校注》，上海古籍出版社，2013 年版，第 3 頁。

〔註300〕荊州地區博物館《江陵王家臺 15 號秦墓》，《文物》1995 年第 1 期。

〔註301〕李學勤主編《清華大學藏戰國竹簡（肆）》，中西書局，2013 年版，第 130 頁。

〔註302〕《王家臺秦墓竹簡概述》，第 32 頁。

〔註303〕〔清〕馬國翰《玉函山房輯佚書·歸藏》，廣陵書社，2004 年版。

〔註304〕《阜陽漢簡〈周易〉釋文》，第 34 頁。

〔註305〕《馬王堆帛書周易經傳校讀》，圖版第 9 頁五一上，《釋文》，第 57 頁。

〔註306〕李學勤主編《清華大學藏戰國竹簡（肆）》，中西書局，2013 年版，第 134 頁。

〔註307〕李學勤主編《清華大學藏戰國竹簡（肆）》，中西書局，2013 年版，第 130 頁。

《歸藏》作散家人〔註309〕，馬王堆帛書《周易》同今本〔註310〕。若傳本《歸藏》散家人是殷代此卦之名，則周代王官在整理《周易》卦名之時，對殷《歸藏》卦名進行了簡化。

《象》云：「風自火出，家人。」馬融曰：「木生火，火以木爲家，故曰家人。火生於木，得風而盛，猶夫婦之道，相須而成。」〔註311〕家人卦，內卦是離卦爲火，外卦是巽卦爲風，風自外而來吹向火，是火勢益旺之象。然若按馬融之見，並未能推出「家人」之意義。其實，若就☲上下卦體而言，☴爲長，可表示嫡妻；☲爲大腹〔註312〕，可表女子有懷娠之象。所以☲有嫡妻妊子之象，此即家人之義，亦是其得名之由。此外，家之屋由木搭建而成，家中又必備木柴，藉木柴以炊爨；又若卦爻陰陽性論之，六二爲內卦之主，九五爲外卦之主，成《象》所言「女正位乎內，男正位乎外」之意象。總之，正因爲☲包含了諸多「家」與家中之人活動的諸多元素，所以命卦者將之定名爲家人。

7. ☱坤下兌上，萃。此卦之名，楚竹書《周易》作啐〔註313〕，清華簡《別卦》作卆〔註314〕，秦簡《歸藏》、馬王堆帛書《周易》皆作卒〔註315〕，傳本《歸藏》同今本〔註316〕。

《象》云：「澤上於地，萃。」《風俗通·山澤篇》云：「水草交厝，名之爲澤。澤者，言其潤澤萬物，及阜民用。」《周語》云：「澤，水之鍾也。」《玉篇》：「鍾，聚也。」是☱有「水澤聚於地上」之象，所以以「萃」名☱。

〔註308〕《王家臺秦墓竹簡概述》，第 31 頁。
〔註309〕〔清〕馬國翰《玉函山房輯佚書·歸藏》，廣陵書社，2004 年版。
〔註310〕《馬王堆帛書周易經傳校讀》，圖版第 13 頁九一上，《釋文》，第 67 頁。
〔註311〕〔清〕李道平《周易集解纂疏》，潘雨廷點校，中華書局，1994 年版，第 351頁。
〔註312〕《說卦》云：「離其於人也，爲大腹。」《周易集解》云：「象日常滿，如妊身婦，故『爲大腹』。」（〔清〕李道平《周易集解纂疏》，潘雨廷點校，中華書局，1994 年版，第 715 頁）
〔註313〕濮茅左《上海博物館藏楚竹書周易》，中西書局，2014 年版，第 92 頁。
〔註314〕李學勤主編《清華大學藏戰國竹簡（肆）》，中西書局，2013 年版，第 130頁。
〔註315〕《王家臺秦墓竹簡概述》，第 31 頁；《馬王堆帛書周易經傳校讀》，圖版第 9頁五九上，《釋文》，第 59 頁。
〔註316〕〔清〕馬國翰《玉函山房輯佚書·歸藏》，廣陵書社，2004 年版。

8. ䷭巽下坤上，升。此卦之名，清華簡《別卦》作摚〔註 317〕，傳本《歸藏》作稱〔註 318〕，阜陽漢簡《周易》馬王堆帛書《周易》皆作登〔註 319〕，漢石經作升〔註 320〕。

《象》云：「地中生木，升。」鄭玄曰：「坤，地；巽，木。木生地中，日長而上。」〔註 321〕此從樹木的種子自地下而向上萌發之象定䷭之名。樹種有破土而出之勢態，升者亦是向上增長、增高之義。又《說卦》云：「巽爲長，爲高。」《左傳・哀公十二年》載子木之言，其謂：「長木之斃，無不摽也。」李道平云：「五行惟木稱長。」〔註 322〕

9. ䷯巽下坎上，井。此卦之名，楚竹書《周易》作汬〔註 323〕，秦簡《歸藏》、傳本《歸藏》、阜陽漢簡《周易》、漢石經皆同今本〔註 324〕，馬王堆帛書《周易》作井。

《象》云：「木上有水。」䷯的卦象，下體是巽爲木，上體是坎爲水，是木欄圍住坎水之象。河姆渡遺址第一期發掘報告稱，在發掘區的第二文化層發現一個木構水井（見圖 1）。報告者稱：

> 井 1 所在的位置，原先可能是一個天然的或人工開挖的鍋底形水坑，在雨季坑內積滿了水，日常人們就在水坑邊取水。隨著旱季的到來，坑內水位逐漸降低，人們爲了取水，不斷在坑內墊石到坑中取水。在大旱季節，有時坑內水源接近枯竭，人們爲了解決用水，在原先的水坑中部挖一豎井。當時建造水井的方法，是在原有的水坑中部，先打入四排樁木，組成一個方形的樁木牆，然後將排樁內

〔註 317〕李學勤主編《清華大學藏戰國竹簡（肆）》，中西書局，2013 年版，第 130 頁。

〔註 318〕〔清〕馬國翰《玉函山房輯佚書・歸藏》，廣陵書社，2004 年版。

〔註 319〕《阜陽漢簡〈周易〉釋文》，第 37 頁；《馬王堆帛書周易經傳校讀》，圖版第 9 頁五五上，《釋文》，第 57 頁。

〔註 320〕《漢石經集存》，第 25 頁。

〔註 321〕〔宋〕王應麟輯《周易鄭康成注》，鄭振峰等點校，中華書局，2012 年版，第 44 頁。

〔註 322〕〔清〕李道平《周易集解纂疏》，潘雨廷點校，中華書局，1994 年版，第 710 頁。

〔註 323〕濮茅左《上海博物館藏楚竹書周易》，中西書局，2014 年版，第 96 頁。

〔註 324〕《王家臺秦墓竹簡概述》，第 31 頁；〔清〕馬國翰《玉函山房輯佚書・歸藏》，廣陵書社，2004 年版；《阜陽漢簡〈周易〉釋文》，第 38 頁；《馬王堆帛書周易經傳校讀》，圖版第 5 頁二九上，《釋文》，第 51 頁；《漢石經集存》，第 26 頁。

的泥土挖去，為了防止排椿向裏傾倒，再在排椿之內頂套一個方木框。排椿之上的十六根長圓木，很可能是構成井口井架或為了加固井口而設置的構件〔註 325〕。

圖 1：河姆渡遺址第二文化層
木構水井出土情形〔註 326〕

圖 2：
西周晚期鄭井叔鍾〔註 327〕

可見在河姆渡遺址第二文化層（公元前 3710±125 年）〔註 328〕所發現的水井是木欄結構，其用方木框圍住水坑的造井方法，與「井」字字形脗合。出於西周晚期的鄭井叔鍾銘文「井」字，即井字，其形制與《說文》的井字一致。《說文》云：「丼，八家一井，象構韓形。‧，礨之象也」〔註 329〕。丼字中間的「‧」是水珠的形象，象徵水。丼是井字的初形，本意當是木欄圍住的一小片水，此與☵卦象的意義相當，所以命卦者將之定名為井。

10. ䷱巽下離上，鼎。此卦之名，清華簡《別卦》作鼎〔註 330〕，秦簡《歸藏》作鼎〔註 331〕，傳本《歸藏》、阜陽漢簡《周易》、馬王堆帛書《周易》皆

〔註 325〕浙江省文物管理委員會、浙江省博物館《河姆渡遺址第一期發掘報告》，《考古學報》1978 年第 1 期，第 50 頁。

〔註 326〕浙江省文物管理委員會、浙江省博物館《河姆渡遺址第一期發掘報告》，《考古學報》1978 年第 1 期，圖版貳。

〔註 327〕中國社會科學院考古研究所編《殷周金文集成》，中華書局，1984 年版，第 15 頁。

〔註 328〕劉詩中《中國古代水井形制初探》，《農業考古》1991 年第 3 期，第 212 頁。

〔註 329〕〔漢〕許慎《說文解字》，〔宋〕徐鉉校定，中華書局，2013 年版，第 101 頁。

〔註 330〕李學勤主編《清華大學藏戰國竹簡（肆）》，中西書局，2013 年版，第 130 頁。

〔註 331〕《王家臺秦墓竹簡概述》，第 31 頁。

同今本〔註332〕。

　　《彖》曰：「鼎，象也。以木巽火，亨飪也。」《象》曰：「木上有火。」《彖》《象》解說☲上下卦體的形象及其物之用途。《彖》指出了「鼎」字形與卦形☲的相似性，如頤卦的命名體例，鼎卦之名亦物象之例。《彖》還指明了鼎的用途，即可供烹飪的容器。然用以烹飪之器多矣，爲何獨以「鼎」名之？其一，遵從卦形與卦名用字字形統一的原則。清儒朱駿聲云：「或曰：『於文，上體爲目，離爲目也；下體折木，巽木也。』」〔註333〕此解甚確。今本卦的卦名用字充分兼顧了卦形與卦名用字字形上的統一或相關性。如需卦，卦形爲☵，卦體上爲坎，坎爲水，雨是水；卦體下爲乾，乾爲天。需字字形從雨從而，而字金文與天字的金文形狀相似。由此觀之，☵卦象「水上天下」，與需字結構「雨上而下」在意義上關係密切。又如睽卦☲，上體爲離卦，離爲目，所以最後命卦的用字爲「睽」。朱駿聲云：「睽當作瞡，從耳從癸，耳不相聽也。」〔註334〕睽卦用字起初或爲瞡，但後來經王官對卦名用字的統一規範，最終將卦名定爲睽，以使卦形與卦名用字在形制上有一定的通約性。又如帶有「皿」字形制的命卦用字，有蠱、噬嗑、益，其中噬嗑、益中「皿」與☲相聯繫，噬嗑卦☲有☲，其用字「嗑」有「皿」；益卦☲有☲，其用字「益」有「皿」。噬嗑卦☲值得再作研究，「噬」字帶有「二」形，其與☲形體相似，所以規範化、齊整化的命卦用字「二」形有代表卦體有☲的情況，晉卦☲有☲，卦名「晉」有「二」形；豐卦☲有☲，卦名「豐」有「二」形。

　　以「鼎」名☲的第二原因在於鼎的用途及其意義。朱駿聲云：「上世傳國以鼎，猶後代之璽。庖犧神鼎一，黄帝寶鼎三，禹鼎九。定鼎之後，禮莫大於祀與賓也。」〔註335〕《彖》云：「鼎，……聖人亨以享上帝，而大亨以養聖賢。」此正是鼎在祀禮與宴賓（見圖：飲示鼎）中被賦予的意義。鼎成爲權柄的象徵物，《左傳・宣公三年》載周朝大夫王孫滿答楚莊王之語，其謂：「昔夏之方有德也，遠方圖物，貢金九枚，鑄鼎象物，百物而爲之備，使民知神姦。……桀有昏德，鼎遷于商，載祀六百。商紂暴虐，鼎遷于周。……成王

〔註332〕〔清〕馬國翰《玉函山房輯佚書・歸藏》，廣陵書社，2004年版；《阜陽漢簡〈周易〉釋文》，第38頁；《馬王堆帛書周易經傳校讀》，圖版第11頁八○上，《釋文》，第63頁。
〔註333〕〔清〕朱駿聲《六十四卦經解》，中華書局，1953年版，第217頁。
〔註334〕〔清〕朱駿聲《六十四卦經解》，中華書局，1953年版，第162頁。
〔註335〕〔清〕朱駿聲《六十四卦經解》，中華書局，1953年版，第217頁。

定鼎於郟鄏。」由此可見鼎之於王朝更替的意義。此被命卦者所寶重，所以在命卦之時將之選爲卦名。

圖 3：河南省安陽市殷墟苗圃
北地殷墓 M123:1 出土的商代晚期飲示鼎〔註336〕

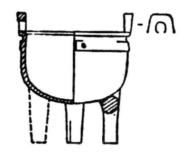

　　11. 坎下巽上，渙。此卦之名，楚竹書《周易》作𤩷〔註337〕，清華簡《別卦》作𢀴〔註338〕，秦簡《歸藏》、馬王堆帛書《周易》皆同今本〔註339〕，傳本《歸藏》作奐〔註340〕。

　　《象》云：「風行水上，渙。」風行於水上，可以推波助瀾。《說卦》云：「雷以動之，風以散之。」渙之體，外卦是巽卦爲風，九二至六四互體爲震卦爲雷，風雷相助於水上，激蕩水波，使此處之水向彼處流動，有水流更替之象。又觀渙之互體卦，九二至六四爲震卦，六三至九五爲艮卦，震下艮上爲頤卦，頤卦有「養」義，所以渙亦當包含著頤養的意義。也正因爲渙有「養」義，所以《象》云：「先王以享于帝立廟。」即先王養神之意。

　　又《周易・繫辭下》云：「刳木爲舟，剡木爲楫。舟楫之利，以濟不通，致遠以利天下，蓋取諸《渙》。」孔穎達《正義》云：「渙者，渙散也。渙卦之義，取乘理以散動也。舟楫亦乘水以載運，故取諸《渙》也。」觀渙之象，有「木浮於水」之象，漂浮於水之木或木舟，從此處至彼處，是水域的變換。

〔註336〕鍾柏生、陳昭容、黃銘崇、袁國華編《新收殷周青銅器銘文暨器影彙編》，藝文印書館，2006 年版，第 101 頁。

〔註337〕濮茅左《上海博物館藏楚竹書周易》，中西書局，2014 年版，第 116 頁。

〔註338〕李學勤主編《清華大學藏戰國竹簡（肆）》，中西書局，2013 年版，第 130 頁。

〔註339〕《王家臺秦墓竹簡概述》，第 31 頁；《馬王堆帛書周易經傳校讀》，圖版第 13 頁九○上，《釋文》，第 67 頁。

〔註340〕〔清〕馬國翰《玉函山房輯佚書・歸藏》，廣陵書社，2004 年版。

所以䷺卦有「變換」義。又䷺卦下體是坎卦,《說卦》云:「坎爲水。」「渙」字字形有「氵」,是「水」義。命卦者充分地考察卦象與卦名用字在形制上的一致或相似性,故最終以「渙」名䷺。

綜上所述,以物象名卦的卦凡計有 11 個,其體現了卦象與卦義的相互結合。

小　結

《周易》六十四卦對《連山》《歸藏》的卦名體系有所揚棄,其命名方法主要有四種:

一是以事物所處之狀態名卦,有 24 個卦以此方式命名,其反映了事物變化、發展、消亡的各個階段及其態勢。

二是以人的行爲、品質名卦,有 18 個卦以此方式命名,體現了名卦者重視以人事名卦的運思特點,其以卦名爲卦之主題,以點睛之筆,以人事歸類命名卦。

三是以卦體的象之所用名卦,有 11 個卦以此方式命名反映了名卦者尚用的思想原則。

四是以物象名卦的卦凡計有 11 個,其直接以卦畫所展示的物象之義而命名卦。

第三章 《周易》卦辭的製撰

　　《周易》卦辭體系承繼了《連山》《歸藏》的特點。從《左傳》《國語》所載卦辭來看，其與《周易》卦辭相異者，大率爲《連山》或《歸藏》。因爲作爲官學的權威筮典，以之爲稽疑的解說範本，無疑能增強稽疑的說服力，顯示言說的分量與權威性，所以用王官之學《三易》中的一種進行稽疑，既是體現文化身份的必要，也是衡量稽疑水準的重要標誌。準此，《左傳》《國語》所載卦辭之例，可資對《周易》卦辭的全面研究。

　　通過與王家臺秦簡《歸藏》卦辭的比較研究，可發現《周易》卦辭的內容與秦簡《歸藏》有較大的差異，即雖然《周易》卦辭的撰寫體例對《歸藏》有所承繼，但周代王官又在長期的以筮稽疑活動中，積累了豐富的繇辭文檔，在歸類、整理與採編過程中，庶幾隱去了稽疑的本事，而僅留存其應驗概率大者。我們按照《周易》卦辭主題或中心詞的異同，粗略地將之分爲九類。在此基礎上，提煉出卦辭的撰寫體例，其主要有三種：一是依卦象製辭，二是參稽之卦之象撰辭；三是依據稽疑經驗，直宣判語。

第一節　《左傳》《國語》所見《周易》卦辭

　　《左傳》《國語》所載卦辭與今本《周易》卦辭相校，有相同或相似者，有相異者，其是探尋周代《周易》卦辭體系生成的最爲重要的先秦傳世文獻。對這些卦辭的研究，可以獲知《周易》與《歸藏》或《連山》易卦辭體系的異同。

（一）與今本《周易》卦辭相同或相似者

《左傳・襄公九年》載魯穆姜筮往東宮之事，其云：

> 穆姜薨於東宮，始往而筮之，遇《艮》之八☷☶。史曰：「是謂『《艮》之《隨》☶☱，隨其出也』，君必速出。」姜曰：「亡。是於《周易》曰：『隨：元亨利貞，无咎。』」〔註1〕

細觀「遇《艮》之八☷☶」的書寫占筮結果的形式，其與《左傳》中所特予以表出的「遇此卦（卦名＋卦畫）之彼卦（卦名＋卦畫）」有差異，其「《艮》」之後不接以「☷☶」，而將「☷☶」寫在「八」之後；並且未列出之卦。由此產生了以下疑難問題：

其一，「之八」之意，是否即魯國之史所言「之《隨》☶☱」之義，爲何卦畫☷☶不書於「《艮》」之後、「之八」之前呢？

其二，「《艮》之八☷☶」是憑藉何依據而可轉寫爲「《艮》之《隨》☶☱」？

此兩個難題的核心在於：「八」爲何意？凡「八」之見，《左傳》有一例，即此筮例；《國語》有兩例，皆見《晉語》，略舉如下：

其一，秦穆公召公子重耳於楚，楚國厚禮送之至秦，重耳以筮稽疑：

> 公子親筮之，曰：「尚有晉國？」得貞《屯》悔《豫》，皆八也。
>
> 筮、史占之，皆曰：「不吉，閉而不通，爻無爲也。」〔註2〕

其二：秦伯納重耳，及河，重耳問吉凶：

> 董因逆公於河，公問焉，曰：「吾其濟乎？」對曰：「歲在大梁，將集天行。元年始授，實沈之星也。實沈之虛，晉人是居，所以興也。今君當之，無不濟矣。君之行也，歲在大火。大火，閼伯之星也，是謂大辰，辰以成善，后稷是相，唐叔以封。瞽史記曰：嗣續其祖，如穀之滋，必有晉國。臣筮之，得《泰》之八，曰：是謂『天地配，亨。小往大來』。今及之矣，何不濟之有？且以辰出而以參入，皆晉祥也。」〔註3〕

細讀第一則筮例，「得貞《屯》悔《豫》，皆八」，其意即重耳舉行了兩次占筮，

〔註 1〕〔晉〕杜預注，〔唐〕孔穎達疏《春秋左傳正義》卷三十，阮元《十三經注疏》，臺灣大化書局，1989 年版，第 4212 頁。

〔註 2〕徐元誥《國語集解》卷十，王樹民、沈長雲點校，中華書局，2002 年版，第 340 頁。

〔註 3〕徐元誥《國語集解》卷十，王樹民、沈長雲點校，中華書局，2002 年版，第 343～345 頁。

第一次是「得《屯》之八」，第二次是「得《豫》之八」，所以筮例以「皆」字稱之〔註4〕。而「之八」究竟爲何意？先達時賢多有所論〔註5〕，在此我們亦提出自己的一孔之見：「某卦之八」，意即主卦、之卦皆同。「某卦之八」，其所筮得的兩卦的爻皆不動，即尚秉和所謂「靜爻」〔註6〕。其時，《左傳》作者給後人留下了一條破解「某卦之八」的「標注」：其云「遇《艮》之八☶」，而不言「遇《艮》☶之八」或「遇《艮》之八」，意即明指「八」即是「☶」〔註7〕。

〔註4〕 明儒黃道周云：「是兩筮也。先筮爲貞，後筮爲悔。」（〔明〕黃道周《易象正·凡例》，《景印文淵閣四庫全書》經部第 35 冊，臺灣商務印書卦 1986 年版，第 112 頁）清儒徐養元亦云：「『貞《屯》悔《豫》』，此再筮也。初筮得《屯》，再《筮》得《豫》。」（〔清〕董增齡《國語正義》，巴蜀書社，1985 年版，第 784 頁）此說得之，我們意同此。

〔註5〕 韋昭《注》：「內曰貞，外曰悔。……得此兩卦，《震》在《屯》爲貞，在《豫》爲悔。『八』謂《震》兩陰爻在貞、在悔，皆不動，故曰『皆八』，謂『爻無爲也』。」（〔清〕董增齡《國語正義》，第 784 頁），又謂：「遇《泰》，無動爻。筮爲侯，三至五，《震》，爲侯。陰爻不動，其數皆八，故得《泰》之八，與『貞《屯》悔《豫》皆八』義同。」（〔清〕董增齡《國語正義》，第 798 頁）是韋氏認爲「《泰》之八」即《泰》之陰爻不變，而陽爻變未變，杜氏未有明言。「貞《屯》悔《豫》，皆八」，韋氏亦語焉不詳。明儒黃道周承杜氏之說，其云：「陽爻皆動，陰爻皆不動。不動者，多陽變而從八。八即坤也，古人名坤曰『八』，猶今之言『坤，八』也。」（〔明〕黃道周《易象正·凡例》，《景印文淵閣四庫全書》經部第 35 冊，臺灣商務印書卦 1986 年版，第 112 頁）是黃氏推進了杜氏之說，認爲「之八」即「之《坤》」之意，但此說卻無法解釋「《艮》之八」之義。清儒錢大昕云：「春秋之世，《三易》尚存。其以《周易》占者：……數爻變，則以象辭占，如『《艮》之八』，『貞《屯》悔《豫》，皆八』，是也；六爻皆不變，亦以象辭占，『《泰》之八』，是也。以爻辭占，稱九六；以象辭占，稱八。」（《潛研堂文集》卷四，《嘉定錢大昕全集》第 9 冊，江蘇古籍出版社，1997 年版，第 55 頁）是「某卦之八」至少有兩解。近人尚秉和先生對杜預、韋昭之說提出質疑，其云：「杜預、韋昭《注》皆不能自圓其說。杜注『《艮》之八』云：『《連山》《歸藏》以七八占，故曰『《艮》之八』，然何無言七者？……韋注『《泰》之八』……夫《泰》既不動，則內卦三陽爻皆七也。數爻當自初起，史何不曰《泰》之七，而必曰《泰》之八』乎？」（劉光本《周易古筮考通釋》卷九，尚秉和原著，山西古籍出版社，1994 年版，第 293～294 頁）劉大鈞先生認爲「某卦之八」是卦有變爻之意，其云：「由《左傳》《國語》的筮例看，在春秋時代，凡稱『八』者，都是數爻變之卦。」（劉大鈞《周易概論》，齊魯書社，1986 年版，第 125 頁）。總之，對「某卦之八」的解讀，學者們見仁見智，迄今亦難以定讞。

〔註6〕 劉光本《周易古筮考通釋》卷九，尚秉和原著，山西古籍出版社，1994 年版，第 22 頁。

〔註7〕 學者或對此不甚留意，如吳前衡先生引用「《艮》之八☶」時，將其誤引爲「《艮》☶之八」。（吳前衡《春秋〈易〉文本》，《周易研究》1997 年第 1 期，

然而，魯史所言「是謂『《艮》之《隨》☶☱，隨其出也』」，此似是對「《艮》之八☶☷」〔註8〕的卦畫的轉譯，其實不然，魯史本來是以《連山》或《歸藏》之法筮得卦畫，得☶☷而六爻不變，爲不吉之卦〔註9〕。魯史此時卻違心地將卦畫偷換成《周易》筮法的成卦形式〔註10〕，其不像董因把「得《泰》之八」告知晉文公那樣，亦如實地將所筮之卦呈現給魯穆姜，而是以《周易》筮法將卦畫表示爲「《艮》之《隨》☶☱」〔註11〕。值得注意的是，其繇辭「隨其出也」亦不見於今本《周易》，可見魯史雖用《周易》的筮法置換了卦畫，但其解說之辭未用《周易》之卦辭。顯然，魯史將解筮的運思引向了《隨》卦，所以魯穆姜順著魯史的話意而以《隨》卦卦辭解卦。穆姜能以《周易》解說卦畫，此折射出《周易》文本及其易說在社會各階層的通行漸廣，而其他《易》說卻趨向黯淡。

（二）與今本《周易》卦辭相異者

《左傳・僖公十五年》載卜徒父筮斷秦伐晉之事，其云：

> 卜徒父筮之：「吉。涉河，侯車敗。」詰之。對曰：「乃大吉也。三敗必獲晉君，其卦遇《蠱》☶☴，曰：『千乘三去，三去之餘，獲其雄狐。』〔註12〕夫狐蠱，必其君也。」〔註13〕

第 21 頁）

〔註 8〕 在此有必要再提及數字卦，數字卦是筮法與卦畫學史上一個不可忽視的難題。從戰國出土的數字卦材料看，其卦體有數字八的情況，如包山簡第 210 號竹簡載有▨（湖北省荊沙鐵路考古隊《包山楚簡》，文物出版社，1991 年版，圖版九三），即▨，可釋讀爲▨。此筮例的卦體由「六、七、八」三個數字組成。同樣的構造卦體的數字形式亦出現在包山簡第 229、239 和 245 號簡。此四則筮例，數字八在卦畫的位置看「初、三、上」。新蔡葛陵楚簡編號爲乙四 79 的簡有卦畫▨（河南省文物考古研究所《新蔡葛陵楚墓》，大象出版社，2003 年版，圖版一四七），數字八在卦畫的位置有「四、五」。所以「《艮》之八☶☷」中的卦畫甚有可能包含著數字八的情況（如其爲「七六六七八六」，而主卦可能原爲「七六六七六六」）。後來卦畫統一轉寫爲陰陽爻的形式，所以數字卦的本來面貌已難以體現。

〔註 9〕 《艮》爲止，是不利於行之卦。

〔註 10〕 孔穎達《正義》申杜氏之意，云：「史疑占《易》遇八者爲不利，故更以《周易》占變，變其爻乃得《隨》卦而論之，所以說姜意也。」

〔註 11〕 杜預《注》云：「史疑占《易》遇八爲不利，故更以《周易》占變爻得《隨》卦而論之。」我們取信此說。

〔註 12〕 對此繇辭性質的論定，有持有韻筮辭者，即爲筮人即興所創，以毛奇齡《春

《蠱》卦卦辭爲：「《蠱》：元亨，利涉大川，先甲三日，後甲三日。」與筮例相較，兩者雖意有相通之處〔註14〕，但內容迥異。尋王家臺秦簡《歸藏》，卦名「蠱」作「亦」或「夜」，其卦爻曰：「《亦》曰：昔者，北□⼄……」或曰：「《夜》曰：昔者，北□夫＝卜逆女⼄……」〔註15〕此卦辭以選取歷史上的某一次占筮爲文，其稽迎娶之日子或其事之吉凶。若秦簡《歸藏》是原本《歸藏》或是殷《歸藏》的異本，那麼卜徒父所用筮法並非來自《歸藏》，而可能源自《連山》或其他筮書〔註16〕。

此則筮例的意義在於如下：

一，其表明春秋時期，筮法的不一，以《周易》筮占只是其中一種。本例僅以筮得的「單卦（即一個卦畫，如《蠱》☶）」稽疑，此種占法與秦簡《歸藏》所記「以筮例爲卦辭」的形式相類。

二，不同系統的筮書，儘管卦辭內容各異，但其意蘊有可通約之處。此

秋占筮書》爲代表：有持卦辭者，見晏斯盛《學易初津》。我們意同晏氏，因王朝有《三易》筮典，諸侯國亦有占筮之書，卜徒父不會舍近求遠，自撰筮辭；由因筮法在此時已成熟，並且亦已有專門的筮書，所以相較於自創筮辭，筮書更顯權威與可信。而且，筮者援引筮書中之卦辭，意在假之以闡發己意，此乃最重要者。

〔註13〕〔晉〕杜預注，〔唐〕孔穎達正義《春秋左傳正義》卷十四，阮元《十三經注疏》，臺灣藝文印書館，2013年版，第230頁上。

〔註14〕《周易・蠱》卦辭言「利涉大川，先甲三日，後甲三日」，孔穎達《正義》云：「有爲之時，利在拯難。故『利涉大川』也。……既在有爲之時，不可因仍舊令。今用創制之令以治於人，人若犯者，未可即加刑罰。以民未習，故先此宣令之前三日殷勤而語之，又於此宣令之後三日更丁寧而語之。其人不從，乃加刑罰也。」即以「甲」意爲新法令。筮例中「千乘三去，三去之餘，獲其雄狐」即是執行軍令，並擒獲敵之統帥。比較兩則卦辭，皆有「三」，是否是巧合呢？

〔註15〕王明欽《王家臺秦墓竹簡概述》，艾蘭、刑文編《新出簡帛研究》，文物出版社，2004年版，第32頁。

〔註16〕明儒傅遜云：「筮法用雜占，不皆取易詞。……『三』言，蓋卜筮書雜詞。」（〔明〕傅遜《春秋左傳屬事》卷十一，《景印文淵閣四庫全書》第169冊，臺灣商務印書館，1986年版，第733頁）是以爲筮例錄辭爲筮書雜詞，而不來自《三易》系統。清儒惠棟以爲此係「夏商之《易》也。或據《周易》以解之，皆不得其義。蓋夏商占七八，《周易》占九六，其辭義各有異同，不可強解也」（〔清〕惠棟《惠氏春秋左傳補注》卷三，《景印文淵閣四庫全書》第181冊，臺灣商務印書館，1986年版，第168頁）。既爲《連山》《歸藏》易，據《周禮・大卜》可知，《三易》同爲筮典，筮例之錄辭便不能稱之爲「筮書雜詞」。

爲我們研究《周易》卦辭的生成提供了一條可靠的線索，即晚出之《周易》其必定有借鑒並改造了官學《連山》《歸藏》的卦辭體系的情況。從秦簡《歸藏》的卦辭體系看，其多數爲歷史上的某次稽疑活動的記錄，尚未能如《周易》卦那樣給予人們以「玩辭」的空間，以獲得「思想的樂趣」以及「智慧的啓迪」。以此觀之，周代的王官在《連山》《歸藏》體系裏吸收了養分，用以孕育《周易》的爻辭體系。

　　三，筮例所記卦辭或早於今本《周易》的卦辭。從卜徒父之言來看，其推定卦辭所言「雄狐」必是晉惠公，是對卦辭的解讀，所以卦辭必不是卜徒父所自製撰。涉及「狐」的記載，《周易》有兩條：一是《解・九二》之「田獲三狐」，二是《未濟・卦辭》之「小狐汔濟」〔註17〕。此兩例看不出「狐蠱」之意。《左傳・僖公五年》載士蔿所賦之詩，其云：「狐裘尨茸，一國三公，吾誰適從。」杜預《注》：「公與二公子爲三。」即是以「狐裘」暗喻晉獻公與二公子〔註18〕。筮例中之「雄狐」當是指人，「千乘三去，三去之餘」所描寫的當是筮斷某一次戰爭的吉凶的繇辭，後因其應驗而成爲卦辭。根據傳世文獻記載，三代之前，人們取名號有以動物之名稱之的情況〔註19〕，此條卦

〔註17〕「狐」與卦象的對應關係，虞翻解「田獲三狐」時云：「二稱田，田，獵也。變之正，《艮》爲狐，《坎》爲弓。」是以《艮》爲狐。（《周易集解》）。宋儒張浚運：「坎，隱伏爲三狐。」（〔宋〕張浚《紫岩易傳》卷四，《景印文淵閣四庫全書》經部第10冊，臺灣商務印書館，1986年版，第126頁）是以《坎》爲狐。是先儒多以《坎》卦與「狐」對應。

〔註18〕林堯叟云：「以狐腰爲裘，貴者之裘也。尨茸，亂貌，言貴者之多。」（〔晉〕杜預注，〔宋〕林堯叟注，〔明〕王道焜、趙如源《左傳杜林合注》卷九，《景印文淵閣四庫全書》經部第171冊，臺灣商務印書卦1986年版，第418頁）即服狐裘者爲國君或國君之子。《毛詩・邶風・旄丘》云：「狐裘蒙戎。」《毛傳》云：「大夫狐裘蒼。」《鄭箋》云：「刺衛諸臣形貌蒙戎然，但爲昏亂之行。」（〔漢〕毛亨傳、〔漢〕鄭玄箋、〔唐〕孔穎達疏、〔唐〕陸德明音釋《毛詩注疏》，朱傑人、李慧鈴整理，上海古籍出版社，2013年版，第212頁）是毛、鄭以「狐裘」爲大夫之服。其實，「狐裘」在《旄丘》當喻指黎侯。

〔註19〕《史記・五帝本紀・黃帝》載：「軒轅……教熊羆貔貅貙虎。」唐儒張守節《正義》：「案：言教士卒習戰，以猛獸之名名之，用威敵也。」（〔漢〕司馬遷撰、〔宋〕裴駰集解、〔唐〕司馬貞索隱、〔唐〕張守節正義《史記》卷一，中華書局，2013年版，第4～6頁）張氏之說得之。以動物之名爲名號者，還有舜之弟稱「象」，《尚書・舜典》載有「朱虎、熊羆……夔、龍」。（〔漢〕孔安國傳、〔唐〕孔穎達正義《尚書正義》，黃懷信整理，上海古籍出版社，2007年版，第104～106頁）由此觀之，「雄狐」甚有可能就是先於夏商之時某個部落統帥之名號。而因年代久遠，到卜徒父之時，對「雄狐」之意已不甚明曉，

辭所產生的年代可能較爲古遠。

　　從此筮例可以略見《周易》之外的《易》占的風格，其多是歷史上某一次應驗的筮占的記錄，並被選入筮書而成爲卦辭。因被擇入筮書，其具有了權威地位，所以解筮者直接尋索筮書而據以解說。顯然，筮書中的權威地位：一是來自王朝官學如《三易》的引導，二是來自卜筮史階層的占筮儀式的認同感。隨意脫口而出的繇辭並不符合春秋時諸國筮者稽疑的實情。而至於《左傳》所載的一些筮例的應驗性，是一個複雜的文化現象，並不能簡單地以「《左傳》作者事後增益」之見待之。而反觀之，則可解讀爲筮占對諸如戰況的預測與引導，其可將將士的戰略目標側重向某一點，如《左傳·成公十六年》載晉厲公征伐鄭國，楚國援救鄭國，兩國相遇於鄢陵，晉厲公以筮斷戰之吉凶，其云：「史曰：『吉。卦遇《復》☷☳，曰：南國蹙，射其元王，中厥目〔註20〕。國蹙王傷，不敗何待？」晉史所稱引的卦辭並不源自《周易》，

故只能推而定之，牽合「狐」與「蠱」之義。考之《詩經》，《衛風·有狐》有「有狐綏綏，在彼淇梁。心之憂矣，之子無裳」，《齊風·南山》有「南山崔崔，雄狐綏綏」，尋其詩意，狐皆以惹人憐愛的形象出現。又考之《周易》，《未濟》卦辭所言「小狐汔濟」之「狐」亦未有「狐蠱」之形象。

〔註20〕對此解卦辭的理解，主要有三種看法。其一，杜預《注》：「此卜者辭也。《復》陽長之卦，陽氣起子，南行推陰，故曰『南國蹙』也。南國勢蹙，《離》受其咎，《離》爲諸侯，又爲目。陽氣激南，飛矢之象，故曰『射其元王，中厥目』。」（《春秋左傳正義》卷二十八，臺灣藝文印書館，2013 年版，第 475 頁）此以陰陽氣之消息解卦。宋儒呂祖謙因仍此説，云：「此是卜辭，未占時已有此辭。占者應得此辭。楚是南服。乃十一月卦，陽自東北生，而侵迫至南，故以此推之，此是消息之理。」〔宋〕呂祖謙《左氏傳續説》卷九，《景印文淵閣四庫全書》經部第 152 冊，臺灣商務印書館，1986 年版，第 241 頁上）其二，有以卦之初爻與上爻性質解卦者，明儒董守諭云：「考之《升》，卦變不成《離》，何以曰『南征』也？《坤》之中爻爲《離》，南方之卦也。《明夷·九三》以坤在上爲『南狩』。《春秋》：晉與楚戰，筮之，其卦遇《復》曰：南國蹙，射其元王，中厥目。亦以坤在上爲南征也，此變例也。」〔明〕董守諭《卦變考略》卷下，《景印文淵閣四庫全書》經部第 49 冊，臺灣商務印書館，1986 年版，第 670 頁）清儒黃宗羲因仍之，云：「六爻不變者，以初爲貞，上爲悔。」（〔清〕黃宗羲《易學象數論》卷二，《景印文淵閣四庫全書》第 40 冊，臺灣商務印書館，1986 年版，第 56 頁）其三，增加變卦解說上下卦體意義者，如清儒毛奇齡，其云：「其卦本六陰，而一陽來復，故謂之《復》。則當未復時，固重《坤》卦也。《坤》爲國，兩國寬然，及陽復而在南一國，實有一剛挫其地，不成爲坤，則南國蹙矣。南國者，楚也。且夫《復》之加一陽而爲《震》也，震爲長、爲諸侯，即元王也。顧卦位《坎》《離》爻純即見，今《坤》本純陰而《坎》之弓輪、《離》之戈甲，兩師俱見，獨南《離》爲目（皆《説卦》），橫集一矢，有似於《坎》弓之射之而中者，則夫《震》剛

其或爲《連山》或爲《歸藏》，要之肇自當時晉國常用之筮書〔註21〕。相較《周易·復》卦辭「《復》亨。出入无疾，朋來无咎。反復其道，七日來復，利有攸往」的晦澀難懂，晉史擇取了《周易》之外的筮書中直切主題的卦辭，以收得更好的效果，即令晉厲公及將士皆能明瞭筮之卦辭，此無形中將作戰的側重點轉向射擊楚王上來，此種暗如神助的力量是晉史解《筮》的神妙。筮的靈驗，實則是筮對軍事戰略（如作戰方案、將士作戰注意力、軍心等方面）的指引而取得的勝利。又因筮之應驗，所以被《左傳》作者採入《左傳》〔註22〕。

綜上所述，《左傳》《春秋》所載占筮之卦辭，其有與今本《周易》相同者，亦有不同者。其眞實地反映了春秋時期《三易》或其他占筮書並行於世的狀態。《連山》《歸藏》等筮占方法以卦辭稽疑，體現了筮法的簡易及其追求結果的快捷性的特徵。值得留意的是，從卜、史及命筮者（如魯穆姜，如晉厲公）對卦畫的解說與體認中，略可見春秋時期「玩辭」「玩象」對《三易》發展格局的巨大影響。在春秋時期，「玩辭」之風的漸興，使以文辭見長的《周易》脫穎而出。

第二節　《周易》卦辭的分類

《周易》卦辭的內容與王家臺秦簡《歸藏》有較大的差異，其直接來源是周代王官的占筮活動中所撰的繇辭。爲便於後文的對卦辭製撰體例的論述，茲將卦辭按其主題或中心詞進行分類：

之受射者非其王，而離眭之半掩者非其目乎？」（〔清〕毛奇齡《春秋占筮書》卷二，《四庫提要著錄叢書》第44冊，北京出版社，2011年版，第250頁）此實以「《復》☷☳之《震》☳☳」解說卦意，亦屬臆斷。總之，儒者皆欲以象數解析「遇《復》」及其卦辭之義，但因晉史未就卦象而展開解說，其取象之法已難以尋問。

〔註21〕清儒顧炎武云：「此皆（筆者按：與卜徒父之例一樣）不用《周易》，而別有引據之辭，即所謂《三易》之法也。」（〔清〕顧炎武撰，〔清〕黃汝成集釋《日知錄集釋》卷一，上海古籍出版社，1985年版，第85頁）是顧氏以此筮辭來自《連山》或《歸藏》。孔穎達《正義》云：「此既不用《周易》，而別爲之辭，蓋卜筮之書，更有此類，筮者據而言耳。」（《春秋左傳正義》卷二十八，臺灣藝文印書館，2013年版，第475頁）是孔氏以爲此筮辭來自卜筮之書。

〔註22〕清儒晏斯盛云：「『南國蹙』者無以《易》，此至『射王、中目』，則事後增益之辭，不足爲筮之重輕也。」（〔清〕晏斯盛《學易初津》卷下，《景印文淵閣四庫全書》經部第49冊，臺灣商務印書館，1986年版，第283頁）

第一類：以「元亨利貞」為主題

1.《乾》：乾，元亨利貞。

《周易》卦辭的來源，學者亦多有研究〔註23〕。《周易》的卦辭生成於《連山》《歸藏》卦辭體系之後，與《詩經》《樂經》《禮經》《書》的形成有時間上的重合。其沉浸在周代的王官文化與思想當中，其文辭的體式雖與殷代甲骨卜辭相同，皆甚爲短小，但卦辭與卜辭顯然不來自同一個系統，並且兩個系統難以判別誰先誰後。如前文所述，周民族是一個寶重龜卜的民族，其《易》占體系起初是以較爲原始樸素的八卦占爲主，本身亦有或以口耳相傳的卦辭，或以文字記錄的簡易的卦辭形式。後經周文王的改進，周族之八卦占成爲重卦體系，並經周代王官的完善，其卦爻辭體系得以成形。作爲周禮的重要組成部分，《周易》貫穿著周代禮制的精神，閃現著周代卜筮史階層的智慧之光。顯然，《周易》的文本融進了周代王官思考天地人關係的體認與經驗，其成爲「智慧之書」與「聖賢之書」，並非是歷史的偶然。稽疑之書多矣，《三兆》之書，《三夢》之書，《三易》之書等等，唯獨《周易》成爲後世的經典，並在《漢書・藝文志》中被列爲群經之首，其文本性質並不能以簡單的「卜筮之書」概之。換而言之，即使無附加《易傳》，亦不能掩蓋《易經》所閃現的周代專門之官集體所完成的智慧之光及其生命體認的重要價值。《易傳》只是《易經》智慧花園裏的一顆奪目的果實，通過品味之，後人能更好地感知《易經》的人文深度及其道德情懷。

《乾》卦辭云：「《乾》，元亨利貞。」歷來對之的句讀及解說不一，甚至《文言》本身就有對之的兩種解讀：

〔註23〕孔穎達《正義》云：「一說所以卦辭、爻辭並是文王所作。……鄭學之徒立依此說也。二以爲驗爻辭多是文王後事。……驗此諸說，以爲卦辭文王，爻辭周公。馬融、陸績等立同此說，今依而用之。」是孔氏取信周文王作《周易》卦辭之說，即卦辭作於殷商交替之際。此說有合理而可靠的成分，即周文王與《周易》存在一定的關係，但作爲一個具有完備體系的卦辭，周文王不可能獨自完成，其不具備創作的可觀條件與創作的主觀自覺性。宋儒胡瑗然孔氏之說，其云：「文王既重伏義所畫之卦，又爲此卦下之彖辭。」（〔宋〕胡瑗撰、〔宋〕倪天隱述《周易口義・周易口義發題》，《景印文淵閣四庫全書》第8冊，臺灣商務印書館，1986年版，第173頁）。隨著考古材料甲骨文的出土，學者又以甲骨卜辭考察卦爻辭的來源，余永梁通過比勘《周易》卦爻辭與卜辭，推定「《易》之仿自卜辭」（余永梁《易卦爻辭的時代及其作者》，《國立中央研究院歷史語言研究所集刊》第1本，商務印書館，1928年版，第34～37頁）。

其一，《文言》曰：「元者，善之長也；亨者，嘉之會也；利者，義之和也；貞者，事之幹也。……君子行此四德者，故曰：《乾》，元亨利貞。」是以「元、亨、利、貞」爲《乾》卦之四德。

其二，《文言》又曰：「《乾》元者，始而亨者也；利、貞者，性情也。《乾》始能以美利利天下，不言所利，大矣哉。大哉乾乎！……」是以「《乾》元」爲斷句，句讀爲「《乾》元，亨」。此以「元」爲「始」，創始爲大，所以說「大哉乾乎」。「利、貞」是君主的一種施政方式，體現著王者之風，所以其爲君主的性情純正的衡量標準。

但不論是何種解讀，其思想並無矛盾之處，其所展現的並非居於一隅的諸侯國占《易》的狹隘，而是王朝《易》占文辭的大氣。《周易》卦辭的製撰是爲服務於王者的稽疑活動，所以其來源只能是王朝專門從事稽疑的卜筮之官所創的文辭，其融進了王官們的思想及對王者的道德期待。「元亨利貞」的就飽蘸著王官們智慧的運思，其高度地概括了王官們希望永亨、政通人和的太平盛世的心態。將此四字排列組合到一起，其蘊含的文化意義及卜筮之官的生命體認值得再三斟酌。

《尚書·益稷》載：「帝庸作歌曰：……乃歌曰：『股肱喜哉，元首起哉，百工熙哉！』……乃賡載歌曰：『元首明哉』」孔穎達《正義》云：「元與首，各爲頭之別名。」是「元」有首領之義。又《春秋·隱公元年》云：「元年，春，王正月。」其言「元」而不言「一」〔註24〕，說明了此是文辭的習慣用法。西周早期的曆方鼎銘文載有：「曆肇對元德，孝友唯型。」〔註25〕「元德」與「孝友」可作對等解讀，表示西周早期對作爲「孝友」的「元德」的重視。又《尚書·舜典》載：「月正元日，舜格于文祖，詢于四嶽，闢四門，明四目，

〔註24〕杜預《注》：「隱公之始年，周王之正月也。凡人君即位，欲其體元以居正，故不言一年一月也。」（〔晉〕杜預注、〔唐〕孔穎達《春秋左傳正義》卷一）此「元」即人體頭部；何休《注》：「變一爲元，元者，氣也，無形以起有形，以分造起天地，天地之始也。」（〔漢〕何休注、〔唐〕徐彥疏《春秋公羊傳注疏》卷一）此以「天地之氣」解說「元」。《春秋緯》云：「黃帝受圖立五始：元者，氣之始；春者，四時之始；王者，受命之始；正月者，政教之始；公即位者，一國之始。」即「始而又正」稱爲「元」。又如嫡妻稱「元妃（見《左傳·隱公元年》）總之，「元」是「始而大」之意。《周易》卦辭「元亨利貞」之「元」亦是此意。

〔註25〕中國社會科學院考古研究所編《殷周金文集成》第5冊第2614號器物，中華書局，1984年版，第47頁。中國社會科學院考古研究所編《殷周金文集成釋文》第2冊，香港中文大學出版社，2001年版，第288頁。

達四聰。咨十有二牧曰：『食哉惟時，柔遠能邇，惇德允元⋯⋯』」是「惇德」
與「允元」並稱，德、元於此皆爲名詞〔註26〕。由此觀之，作爲《乾》之卦
德之之一的「元」被釋讀爲「德」並非《文言》的穿鑿附會。

　　春秋晚期的能原鎛有銘文：「□□之於大□者，連□小□於□，曰：『利
小者，作心□。依余者、越□者，利大□□⋯⋯」〔註27〕此文提及「利小」「利
大」，大率是前者懷有私心，所以爲「利」之「小」，而後者超越私利，謀求
公利，所以其「利」被稱爲「大」。戰國早期的之利鍾銘文亦有「利」字，其
云：「⋯⋯利萬世之後⋯⋯余同女之利，以孫其永寶。」〔註28〕此「利」亦當
爲長遠之「利」。由此看來，「利」與「義」結合在一起，方爲正當之利。此
可與《國語‧周語上》相互印證，其云：

　　　　属王説榮夷公。芮良夫曰：「王室其將卑乎！夫榮公好專利，而
　　不知大難。夫利，百物之所生也，天地之所載也；而或專之，其害
　　多矣。天地百物皆將取焉，胡可專也？⋯⋯夫王人者，將導利而布
　　之上下者也，使神人、百物無不得其極，猶日怵惕，懼怨之來
　　也。⋯⋯匹夫專利，猶謂之盜；王而行之，其歸鮮矣。」

芮良夫在此提出了「導利於民」的主張，並指出了「利」的公利之本質，而
君臣一旦專利，即與盜賊無異，將有喪身敗國之禍。由此看來，《文言》所
解「利」之義亦有其他文籍的可藉依託，所以其義未爲不安。它本身包含著
一種道德的判斷，什麼樣的「利」是「有義」之「利」，專占無義之利，不筮
其吉凶可知，如榮夷公、周属王者。只有秉持「正德、利用、厚生，惟和」
〔註29〕的施政方向，將天地所承載的利益廣敷於民，方爲君臣正事。

〔註26〕李鏡池稱：「『元亨利貞』四字是應該分兩讀念的，應該是『元亨、利貞』，而
　　　　不是『元、亨、利、貞』。⋯⋯『利貞』並不是什麼『德』。『利』字不能獨立；
　　　　『貞』字亦要與他詞聯結而成文；就是『元』字也不過是個副詞，只能説『元
　　　　亨』。」（李鏡池《周易探源》，中華書局，1978年版，第29～30頁）我們不
　　　　同此説。
〔註27〕中國社會科學院考古研究所編《殷周金文集成》第1冊第155號器物，中華
　　　　書局，1984年版，第157頁。中國社會科學院考古研究所編《殷周金文集成
　　　　釋文》第1冊，香港中文大學出版社，2001年版，第123頁。
〔註28〕中國社會科學院考古研究所編《殷周金文集成》第1冊，中華書局，1984年
　　　　版，第172頁。中國社會科學院考古研究所編《殷周金文集成釋文》第1冊，
　　　　香港中文大學出版社，2001年版，第131頁。
〔註29〕參《尚書‧大禹謨》卷四，孔安國《傳》云：「正德以率下，利用以阜財，厚
　　　　生以養民。三者和，所謂善政。」

　　「貞」為殷甲骨卜辭常用之語，如其謂：

　　　　08936：（1）貞共牛於奠。

　　　　09172 正：（1）乙卯卜，🄌，貞王……勿往……

　　　　09465（1）乙卯卜，互，貞勿易牛。（2）貞易牛。……（4）貞翌丙
辰不雨。（5）貞翌丙辰其雨。

　　　　09658 正：（1）辛巳卜，互，貞祀嶽夲來歲受年。09693：（1）貞
□受黍年。（2）貞我受年，（3）貞乎帚好往若。〔註30〕

　　　　5512 正：（1）貞王勿入；（2）貞勿言。5554 正：……（2）貞隹祖
乙取婦……6113 正：貞王勿狩；貞王入……6142：……貞言……
〔註31〕

「貞」在這些卜例中，不能直接解讀為「正」，然而亦不能簡單地以「卜問」視
之。甲骨文「貞」作「🄌」〔註32〕，「🄌」之形制與「貝」之金文「🄌」〔註33〕
相似，其義蘊當有通約之處。「貝」為殷代之貨幣，卜筮繫幣以稽疑，所以
「貞」之義與占筮完畢後「繫幣比其命」〔註34〕密切相關，即「貞」表示占
筮儀式最後的程序：一是記錄稽疑的事項，二是繫幣。而這些活動是為了徵
得稽疑是否應驗，所以稽疑事項前標注一個「貞」字寄託著命辭者希望其事
應驗的願望。由此觀之，「貞」是卜筮的最後環節，也是最重要的一個程序，
所以有「貞，事之幹也」之解說，用以表示卜斷的終結。此亦可徵之於《尚
書·洛誥》，周成王曰：「……公既定宅伻來，來視予卜『休，恒吉』，我二人
共貞……」顯然，此處之「貞」不能作「卜問」解，「共貞」〔註35〕當有「共
同見證」之意，即見證卜兆之吉祥，見證營洛之事的開端，此是周公「視（示）」

〔註30〕胡宣厚主編《甲骨文合集釋文》，中國社會科學出版社，1999 年版。

〔註31〕彭邦炯、謝濟、馬季凡《甲骨文合集補編》第 5 冊，語文出版社，1999 年版。

〔註32〕胡宣厚、郭沫若等編《甲骨文合集》第 1 冊，中華書局，2001 年版，第 19
頁。

〔註33〕採自中國社會科學院考古研究所編《殷周金文集成》第 2 冊第 2405 德鼎銘
文，中華書局，1984 年版，第 222 頁。

〔註34〕參《周禮·春官·大卜》。

〔註35〕「共貞」之義，儒者所解，主要有三種。其一，「貞」釋為「正」，如孔安國
《傳》所言「我與公共正其美」。其二，「貞」釋為「當」，如馬融者（〔唐〕
陸德明《經典釋文》卷四《尚書音義下》，黃焯斷句，中華書局，1983 年版，
第 48 頁）。其三，「斷」，如宋儒史浩所云「二人皆知其永吉，斷以示天下，
所謂『共貞』也」（〔宋〕史浩《尚書講義》卷十五，《景印文淵閣四庫全書》
經部第 56 冊，臺灣商務印書館，1986 年版，第 334 頁）。

周成王卜的用意。

「貞」取「正」義，在《周易》學史中具有重大的意義。作爲卜筮術語的「貞」的義趣發生嬗變，體現了《周易》編纂者的道德判斷。

總之，從《周易》卦辭對「元亨利貞」的擇取與融進王官的道德價值的體認與判斷，可以略見《周易》之書區別於其他稽疑之書的優勢：其某些卦辭有著周文王、周公旦等人的生命體認的痕跡〔註36〕，後經專門之官如大卜、筮人及史官等集體有意識的編纂與潤色，將繁多的繇辭去蕪存菁，剪枝裁葉，編撰而成今本所見卦辭體系。孔子曰：「《詩》三百，一言以蔽之，曰：『思無邪。』」若以一言簡括《周易》的思想，「元亨利貞」亦可當之。

　　2.《坤》：坤。元亨，利牝馬之貞。君子有攸往，先迷後得利。西南得　　　朋，東北喪朋，安貞吉。
　　　此則卦辭將「元亨利貞」分解開來，「利」活用爲動詞，「利牝馬之　　　貞」〔註37〕意即「有利於牝馬到達純貞的良好狀態」。
　　3.《屯》：屯。元亨利貞。勿用，有攸往，利建侯。
　17.《隨》：隨。元亨，利貞，无咎。
　19.《臨》：臨。元亨，利貞，至于八月，有凶。

第二類：以「利、不利涉大川」為主題

　　5.《需》：需。有孚。光亨，貞吉。利涉大川。
　　6.《訟》：訟。有孚，窒惕，中吉終凶，利見大人，不利涉大川。
　13.《同人》：同人于野，亨。利涉大川，利君子貞。
　18.《蠱》：蠱。元亨，利涉大川。先甲三日，後甲三日。
　26.《大畜》：大畜。利貞。不家食，吉。利涉大川。
　42.《益》：益。利有攸往，利涉大川。
　59.《渙》：渙。亨。王假有廟，利涉大川，利貞。
　61.《中孚》：中孚。豚魚吉，利涉大川，利貞。

〔註36〕《繫辭下》云：「《易》之興也，其於中古乎？作《易》者，其有憂患乎？」（足利本《周易注疏》，第738頁）又云：「《易》之興也，其當殷之末世，周之盛德邪？當文王與紂之事邪？」（足利本《周易注疏》，第754頁）「興」即「起頭」、「萌芽」之意，「《易》之興」即是《周易》萌發之時。
〔註37〕王弼《注》云：「坤貞之所利，利於牝馬也。」（《周易注疏》，第61頁）

第三類：以人事吉凶為主題

7.《師》：師。貞丈人，吉，无咎。

15.《謙》：謙。亨。君子有終。

16.《豫》：豫。利建侯，行師。

20.《觀》：觀。盥而不薦，有孚顒若。

21.《噬嗑》：噬嗑。亨，利用獄。

27.《頤》：頤。貞吉。觀頤，自求口實。

30.《離》：離。利貞，亨。畜牝牛，吉。

31.《咸》：咸。亨。利貞，取女，吉。

24.《復》：復。亨。出入无疾，朋來无咎。反復其道，七日來復，利有攸往。

35.《晉》：晉。康侯用錫馬蕃庶，晝日三接。

38.《睽》：睽。小事吉。

39.《蹇》：蹇。利西南，不利東北，利見大人，貞吉。

40.《解》：解。利西南。无所往，其來復，吉；有攸往，夙吉。

41.《損》：損。有孚，元吉，无咎可貞，利有攸往。曷之用？二簋可用享。

43.《夬》：夬。揚于王庭。孚號有厲。告自邑，不利即戎。利有攸往。

44.《姤》：姤。女壯，勿用取女。

45.《萃》：萃。亨。王假有廟。利見大人，亨，利貞。用大牲，吉。利有攸往。

46.《升》：升。元亨。用見大人，勿恤。南征，吉。

47.《困》：困。亨。貞大人吉，无咎，有言不信。

48.《井》：井。改邑不改井，无喪无得，往來井井。汔至亦未繘井，羸其瓶，凶。

51.《震》：震。亨。震來虩虩，笑言啞啞。震驚百里，不喪匕、鬯。

53.《漸》：漸。女歸吉，利貞。

54.《歸妹》：歸妹。征凶，无攸利。

55.《豐》：豐，亨，王假之。勿憂，宜日中。

第四類：以卦畫上下體之陰陽來往情況編撰卦辭

11.《泰》：泰。小往大來，吉亨。

12.《否》：否之匪人，不利君子貞，大往小來。

52.《艮》：艮其背，不獲其身；行其庭，不見其人，无咎。

第五類：以占筮原則為中心寫就卦辭

4.《蒙》：蒙。亨。匪我求童蒙，童蒙求我。初筮告。再三瀆。瀆，則不告。利貞。

8.《比》：比。吉。原筮，元永貞，无咎。不寧方來，後夫凶。

第六類：以動物之象寫作卦辭

10.《履》：履虎尾，不咥人，亨。

62.《小過》：小過。亨，利貞。可小事，不可大事。飛鳥遺之音，不宜上，宜下。大吉。

64.《未濟》：未濟。亨。小狐汔濟，濡其尾，无攸利。

第七類：以「利不利有攸往」為提示辭

22.《賁》：賁。亨。小利有攸往。

23.《剝》：剝，不利有攸往。

25.《无妄》：无妄。元亨利貞。其匪正，有眚。不利有攸往。

28.《大過》：大過。棟橈。利有攸往，亨。

29.《習坎》：習坎。有孚，維心亨，行有尚。

32.《恒》：恒。亨，无咎，利貞。利有攸往。

57.《巽》：巽。小亨，利有攸往，利見大人。

第八類：以「利貞」為判詞

33.《遯》：遯。亨，小利貞。

34.《大壯》：大壯。利貞。

36.《明夷》：明夷。利艱貞。

37.《家人》：家人。利女貞。

49.《革》：革。已日乃孚，元亨利貞，悔亡。

58.《兌》：兌。亨，利貞。

63.《既濟》：既濟。亨，小利貞。初吉終亂。

第九類：以「亨」為中心詞

9.《小畜》：小畜。亨。密雲不雨，自我西郊。

14.《大有》：大有。元亨。

50.《鼎》：鼎。元吉，亨。

56.《旅》：旅。小亨，旅貞吉。

60.《節》：節。亨。苦節不可貞。

以上依照卦辭所體現出的主題而將之分爲九類，並對《乾》卦卦辭「元亨利貞」展開了論述，餘者可仿此以類推，在此不再贅述。

第三節　《周易》卦辭的製撰義例

在此章第二節粗略分類的基礎上，可以探尋《周易》卦辭的製撰體例，其主要有以下三種，即：依卦象製詞；參稽變爻之卦象撰辭；依據稽疑經驗，直宣判語。

一、依卦象製詞

依卦象製詞，是《周易》卦辭生成的一個最爲主要的特點，其使大部卦辭有其著落。

《需·卦辭》：「需，有孚，光亨，貞吉，利涉大川。」《周易述·注》云：「《大壯》四之五，與《比》旁通。需，須也。乾陽在下，坎險在前，乾知險，故須。四之五，《坎》爲孚，《離》爲光，故有孚光〔註38〕。《坎》爲雲，雲須時欲降，《乾》須時當升，三陽既上，二位天位，故亨貞吉。《坎》爲大川。」〔註39〕《需》☷，九三至九五互體成《離》☲，兩陽爻夾一陰爻，有上下體皆剛硬而中間柔軟之象，此於動物而言，鳥卵外殼硬而殼內軟，而鳥類孵化其卵必有其期，所以《離》有「孚」之義〔註40〕；於人類而言，《說卦》言「《離》爲大腹」，妊身之女有大腹之外表，人亦如期產子，故可以「有孚」言之。《離》又爲日，日有光明。因有信用，所以事業之路光明而亨通，所以以「光亨」發揮《離》象。又《需》內《乾》外《坎》，貞《乾》悔《坎》，《乾》卦辭爲「元亨利貞」，《需》卦各爻位正可得吉，即九二之六四，爲《革》☲，《革》

〔註38〕《周易述》將「有孚光亨貞吉」句讀爲「有孚光，亨貞吉」。

〔註39〕〔清〕惠棟《周易述》，鄭萬耕點校，中華書局，2007年版，第19頁。

〔註40〕宋儒林栗在解說《中孚》時說：「《中孚》有鳥卵之象。」（〔宋〕林栗《周易經傳集解》卷三十一，《景印文淵閣四庫全書》經部第12冊，臺灣商務印書館，1986年版，第415頁）《中孚》整體觀之，有《離》卦之象，所以林氏如是說。

卦卦辭有「元亨利貞，悔亡」，貞正而又無悔，所以言「貞吉」。

如前文所述，按「利不利涉大川」的分類內容，其所包含的卦有八個，除了《需》外，餘者有七：《訟》䷅、《同人》䷌、《蠱》䷑、《大畜》䷙、《益》䷩、《渙》䷺、《中孚》䷼。卦辭明言「不利涉大川」者有一，即《訟》，餘者七卦皆「利涉大川」。值得闡明的是，「利涉大川」之義。「川」，西周金文作「𝌆」〔註41〕，而加一橫於𝌆之中間，即爲水災或洪災，董作賓先生說：「𝌆之字，亦作𝌆𝌆，本象洪水泛濫之狀，上古因水患之烈而造爲𝌆害之字。」〔註42〕大水被堵塞不通，即爲水災或洪災，所以「𝌆」之義爲大水或大江大河。「利涉大川」即是「利於渡過大江大河」之意，可引申爲「利於渡過艱難險阻」。爲何僅有此八卦卦辭有「利或不利涉大川」而其他卦辭卻無有呢？這是一個需要解決的問題，可作以下解釋：

其一，此與卜筮之官在長期的稽疑經驗有關。卜筮官發現此八個卦的出現，與「利不利涉大川」應驗性甚爲明顯，所以卜筮之官將「利涉大川」或「不利涉大川」繫於其卦名之下。

其二，此與八個卦之卦象密切相關〔註43〕。第一，其卦體或有木舟浮於水之象，如《渙》䷺，內卦爲☵，爲水；外卦爲☴，爲木，舟楫爲木所製，所以䷺有「木舟浮於水上面」之象。又如《中孚》䷼，下卦爲☱，亦爲水；上卦爲☴，爲木，所以䷼亦同䷺，有「利涉於大川」之意。第二，其卦體或有木舟行於水道之象，如《益》䷩，貞卦爲☳，爲大塗〔註44〕；悔卦爲☴，

〔註41〕採自西周中期五祀衛鼎（75QDJ：2、總七五140）銘文拓片（曹瑋主編《周原出土青銅器》第2冊，巴蜀書社，2005年版，第339頁）

〔註42〕董作賓《新獲卜辭寫本後記》，《安陽發掘報告第一至四期》，臺北南天書局有限公司，1978年版，第190頁。

〔註43〕儒者亦有從卦象出發解說此卦辭由來者，如元儒保巴，其云：「《易》言『利涉大川』者……『大川』者，非取坎水象，則取《兌》澤象。又『利涉川』者，非取舟虛象，則取乘木象。取舟虛象者，《離》中虛象舟；《中孚》似《離》，稱『舟虛』，是其證矣。又取乘木之象者，舟楫刳木剡木爲之也。《益》稱『木道乃行』，《渙》稱『乘木有功』，《中孚》稱『乘木舟虛』，是其證矣……」（〔元〕保巴《周易原旨》卷一，《景印文淵閣四庫全書》經部第22冊，臺灣商務印書館，1986年版，第718頁）元儒黃超然則稱：「《乾》爲涉川……《巽》爲涉川……凡言『利涉大川』者，皆言《乾》《震》《巽》《坎》也。卦無《乾》《震》《巽》《坎》，則互體必有也。」（〔元〕黃超然《周易發例》卷上，《續修四庫全書》經部第2冊，上海古籍出版社，2002年版，第568～572頁）

〔註44〕虞翻云：「艮爲山中徑路。震陽在初，則爲大塗。」（《周易集解纂疏》卷十，第716頁），即「大塗」爲「大路」，於乘舟而言，即爲水道。

爲木，是▦有「木舟行於水道」之義〔註45〕。又如《蠱》▦，內卦爲▦，爲木，爲風，爲順〔註46〕，有「木舟順風而行」之義；外卦爲▦，爲山，爲拘，爲止〔註47〕，有「將木舟拘繫而使之安穩停泊」之意，所以▦有「木舟順風而到達目的地」之象。第三，構成卦體的上卦或下卦與《乾》卦關係密切。如《需》▦，下卦是▦，爲天，爲健而不至於亢；上卦是▦，爲水，爲通而不至於壅塞爲災，是▦有「內部運力剛健，而外部水力可控」之義，所以「利涉大川」〔註48〕。如《訟》▦，內卦爲▦，爲水，爲陷，《坎》爲陷於內；外卦爲▦，爲天，爲健，《乾》爲健以致於亢〔註49〕，是▦有「內陷於險，外至於亢悔」之象，所以卦辭有「不利涉大川」〔註50〕之言。如《同人》▦，內卦爲▦，爲乾卦；外卦爲▦，卦性與▦相同，所以▦有「同心共志、同舟共濟」〔註51〕之義，所以卦辭有「利涉大川」之語。有如《大畜》▦，內卦爲▦，爲剛健而行；▦爲行有果而止，所以▦有「內剛健而行，行而有果」，所以有「利涉大川」之言。與「利涉大川」所之「利」同義，「利見大人」之「利」亦是趨向之詞，即本身包含著「有利於往（涉川、見大人）」，其爻辭首見於《乾》之九二、九五，卦辭者則爲《訟》。

《訟》▦卦辭云：「窒惕。」此是對《訟》下卦▦之意義的直接解說，《坎》爲陷，人或活物一旦陷入險坎，就有窒息之危險，並由此產生恐懼之心理，

〔註45〕《益·彖》云：「『利涉大川』，木道乃行。」此「木」即「木舟」，「木道乃行」即是「木舟之道通暢」。《彖》言可謂精審。

〔註46〕《說卦》云：「橈萬物者，莫疾乎風。」木可造舟楫。《方言》卷九云：「楫謂之橈。」（〔漢〕揚雄《方言》，〔晉〕郭璞注，《四部叢刊初編》第 64 冊，上海商務印書館，1929 年版）《釋名》卷七《釋船》云：「楫，捷也，撥水使舟捷疾也。」（〔漢〕劉熙《釋名》，《四部叢刊初編》第 65 冊，上海商務印書館，1929 年版）是▦有「以木楫劃水使舟前行」之義。

〔註47〕《說卦》云：「成言乎《艮》……終萬物、始萬物者，莫盛於《艮》。」《艮》爲行程從此岸到必岸的終結。

〔註48〕其實，細觀《需》之卦體，九三至九五爲▦，六四至上六爲▦，此二卦疊加即爲《既濟》，而《需》卦初九、九二兩陽爻有向上向外運行之態勢，乃是濟河之助力。如此解「利涉大川」亦可爲通。

〔註49〕《乾·上九》云：「亢龍有悔」。《訟·上九》云：「或錫之鞶帶，終朝三褫之。」皆是至於「亢」之後果。

〔註50〕細觀《訟》之卦畫，下卦爲▦，九三至九四互體爲▦，此二卦疊而爲《未濟》，而《訟》卦九五、上九兩陽爻亢於外，有下壓之趨勢，乃爲濟渡之阻力。由此觀之，《訟》卦有「不可濟渡」之象。

〔註51〕《同人》卦體，下卦爲▦，六二至九四互體爲▦，兩卦疊加有《家人》之象，所以《同人》有「家人相依共濟」之意。

此爲「窒惕」〔註52〕之本意。而「利見大人」，於《周易》卦辭凡四見，除了《訟》外，尚有《蹇》《萃》《巽》三卦。其卦辭的製撰既與卦名的意義聯繫，又與卦爻在本卦中位置以及有應、無應相關。一卦之中，有主爻，《訟》《巽》的主爻在九二、九五；《蹇》《萃》的主爻在九五，其皆爲剛健之陽爻爲之，是有作爲之爻：其九五皆居於尊位，而按照卦之命名之意義，其需要九五所代表的大人有所作爲。如《訟》，誠如胡瑗所言「訟之事，必須利見大才大德之人，以辨其是非」〔註53〕又如《巽》，《虞翻》稱「大人謂五，離爲目，爲見，二失位，利在往應五」，即九二爲臣而剛正，當不宜風頭過盛而蓋九五之主，利於往見九五之尊，從其王事，申其號令，所以有「利見大人」之詞，以彰顯君臣之道。此爲製卦辭者所重視，如《坤·六三》云：「含章可貞，或從王事，无成有終」〔註54〕。又如《蹇》，信如孔穎達《正義》所云「能濟衆難，惟有大德之人」，其卦提出了對人君的道德期待，使此類卦辭有了政治倫理的深刻意味，其已經超脫了占卜、占卦的判詞的吉凶意義，具有了耐人尋味的治世價值。此並非是對「利見大人」意蘊的拔高。王官編成《周易》一書，已經不僅僅是應於王朝的稽疑之需，因王朝筮典，前已有《連山》《歸藏》，有卜書，有占夢之書，等等，周代王官編纂《周易》已不同於夏、殷之世，其融入了王官稽疑經驗中的智慧以及禮樂意識，所以其卦辭的撰寫、選編、潤飾以及裒次、排纂等等，皆爲精心之運作。「利見大人」之卦辭的撰寫與編排是其典型一例，其既符合卦畫中象所包含的意義，又彰顯了周代禮制下的君臣尊卑有序的政治倫理建設。而勾勒符合卦畫意義的動物形象，則生動地顯露了王官們運思的精巧。

　　《小過》☷卦辭云：「飛鳥遺之音，不宜上，宜下。」明儒來知德云：「若以卦體論，二陽象鳥身，上下四陰象鳥翼，中爻兌爲口舌，遺音之象也。」

〔註52〕宋儒魏了翁云：「『窒』……馬作『咥』，讀爲躓，猶止也。鄭云：『咥，覺悔貌。』」（〔宋〕魏了翁《周易要義》卷一下，《四部叢刊續編》第 5 冊，上海商務印書館，1934 年版）王弼曰：「窒謂窒塞。」王氏得之，馬氏、鄭氏引申過甚。宋儒郭雍伸王說，其稱：「窒者，塞其源而不流也。」（〔宋〕郭雍《郭氏傳家易說》卷一，《武英殿聚珍版叢書》第 2 冊，紫禁城出版社，2012 年版，第 39 頁），此即是解《坎》之象。所言甚是。

〔註53〕〔宋〕胡瑗《周易口義》卷一，〔宋〕倪天隱述，《景印文淵閣四庫全書》第 8 冊，臺灣商務印書館，1986 年版，第 176 頁。

〔註54〕王弼《注》云：「有事則從，不敢爲首，故曰『或從王事』也。不爲事主，順命而終，故曰：『無成有終』也。」此解符合爻辭之意，故稱述於此。

〔註55〕此是來氏就䷛的卦體形象而言。䷛，內卦爲《艮》，爲山，爲止；外卦爲《震》，爲雷，爲善鳴〔註56〕，所以䷛有「飛鳥振翅於飛，鳴唱喈喈，而又歸於山林」之象；又有「飛鳥其鳴已止，然其聲仍迴蕩於山林」之意，所以飛鳥此時宜下飛就巢，以規避其險。

又《履》䷉卦辭云：「履虎尾，不咥人，亨。」先儒解說此卦辭，或有不免於支離之弊〔註57〕。其實，《易》理寓於象並不曲折，直接亦或可通之。䷉，爲君。《說文》云：「虎，山獸之君。」即虎素有「山中王」之稱，虎的形象剛猛而威風，有王者剛健之氣勢，此可從出土文物略見其一斑（如圖），所

戰國銅帶鉤〔註58〕　　　　實物〔註59〕　　　戰國中期曾夫郐信銅虎〔註60〕

〔註55〕〔明〕來知德《周易集注》，胡眞校點，上海古籍出版社，2013 年版，第 283 頁。

〔註56〕《說卦》云：「震，其餘馬也，爲善鳴。」此亦適用於鳥鳴叫的事理。

〔註57〕虞翻曰：「謂變《訟》初爲《兌》也，與《謙》旁通。以《坤》履《乾》，以柔履剛。《謙》：《坤》爲『虎』，《艮》爲『尾』。《乾》爲『人』，《乾》《兌》乘《謙》，《震》足蹈《艮》，故『履虎尾』，《兌》悅而應，虎口與上絶，故『不咥人』。」（〔清〕李道平《周易集解纂疏》卷二，潘雨廷點校，中華書局，1994 年版，第 155 頁）此解曲折枝蔓，流於支離；且以《坤》爲虎，於文獻無法尋考。荀爽曰：「《坤》三之《乾》，與《嗛》旁通。以《坤》履《乾》，故曰《履》。……《坤》之《乾》成《兌》，《兌》爲虎，初爲尾，以《乾》履《兌》，故『履虎尾』。」（〔清〕惠棟《周易述》，阮元主編《皇清經解》卷三百三十一，清咸豐十一年補刊學海堂刻本，第 7 頁）此說以「《兌》爲虎」，此與《說卦》文「《兌》爲羊」牴牾，故亦爲牽合之說。清儒惠棟承荀氏之說，又以爻例闡之，其云：「爻例：近取諸身，則初爲趾，上爲首；遠取諸物，則初爲尾，上爲角。今言虎尾，故知尾謂初。」（〔清〕惠棟《周易述》，阮元主編《皇清經解》卷三百三十一，第 7 頁）此亦難成通解。郭璞又以「兌艮爲虎」（〔宋〕朱震《漢上易傳》卷三，《景印文淵閣四庫全書》經部第 11 冊，臺灣商務印書館，1986 年版，第 102 頁）。宋儒朱振彌縫諸說，稱「三者異位而同」（詳參《漢上易傳》卷三，第 102 頁）。總之，諸說虎象實令後學難以擇從。

〔註58〕山西省文物管理委員會、山西省考古研究所《山西長治分水嶺戰國第二次發掘》，《考古》1964 年第 3 期，第 134 頁。

〔註59〕吳鎭烽編著《商周青銅器銘文暨圖象集成》第 35 冊，上海古籍出版社，2012 年版，第 74 頁。

〔註60〕吳鎭烽編著《商周青銅器銘文暨圖象集成》第 35 冊，上海古籍出版社，2012

以☰指代虎，此可通。又《方言》云：「陳、魏、宋、楚之間，或謂之李父；江淮、南楚之間，謂之李耳，或謂之於䖘；自關東西，或謂之伯都。」「父」、「伯」雖不能確定其義，要之「與父、與大」有涉，而《乾》爲父，或可意指虎。又《後漢紀》載：「楊賜曰：『虎者，金行，參伐之精，狠戾之獸。」〔註61〕而「參伐」，鄭玄謂「參伐爲武府攻戰之象」，《史記・天官書》又云「參爲白虎，三星直者，是爲衡石。下有三星，兌，曰罰，爲斬艾事。」〔註62〕剔除諸說五行陰陽之說的成分，皆指出了虎善戰的形象，其深入人心，所以命名星宿之時亦以虎之形象相比擬而定其名。又《說卦》云：「戰乎乾。」此與虎之形象相符合〔註63〕。準上，則☰爲虎之象。「履虎尾」，意指「人禮跪虎之尾」，䷉之六三至九五互體成☴，爲風，而「風從虎」〔註64〕虎在上，風隨之在下，有「虎上山，風隨其尾」之象。☴又爲股，所以以人事言之，「履虎尾」，即「虎上行，而人屈膝而向其尾行禮」之意〔註65〕。此類卦辭的撰寫或選編，是王官有意識地彰顯《周易》「禮義」〔註66〕內容的體現。準上，「不咥人」則不難理解，☱爲口舌，爲說，上山之虎離人而去，人心愉悅，所以云「不咥人，亨」。

相較於虎的威猛有力，小狐弱小謹慎，其亦被卦辭作者擇入《周易》文本。《未濟》䷿卦辭云：「小狐汔濟，濡其尾，无攸利。」卦辭作者選擇小狐

年版，第129頁。

〔註61〕〔晉〕袁宏《後漢紀》卷二十四，《景印文淵閣四庫全書》第303冊，臺灣商務印書館，1986年版，第757頁。

〔註62〕《史記》卷二十七，中華書局，2013年版，第1553頁。

〔註63〕應劭云：「虎者，陽物，百獸之長也，能執搏挫銳。」（〔漢〕應劭《風俗通義》卷八，《四部叢刊初編》子部第45冊，上海商務印書館，1936年版）而《兑》卦爲陰性之卦，其與虎之性相牴牾。

〔註64〕此《周易・乾・文言》文。

〔註65〕互體的《巽》卦與《乾》卦，成《姤》象，《姤》爲相遇之象。虎上山，人遇之而以禮待之，此爲「履虎尾」之眞義。虞翻、荀爽諸儒將「履虎尾」之「履」釋爲「蹈」，恐並不合經文之意思。《序卦》云：「物畜然後有禮，故受之以《履》。」《爾雅・釋言》云：「履，禮也。」（〔晉〕郭璞注，〔宋〕邢昺疏《爾雅注疏》卷三，王世偉整理，上海古籍出版社，2010年版，第112頁）是履有「禮」義，活用爲動詞，即爲「行禮」之義。

〔註66〕《禮記・郊特牲》云：「天子大蠟八……迎虎，爲其食田豕也，迎而祭之也。」（〔唐〕孔穎達撰《影印南宋越刊八行本禮記正義》卷三十五，潘氏舊藏宋元遞修本，北京大學出版社，2014年版，第804頁第19～21葉）是周代有祭虎之禮，以禮待虎，向其尾而跪，此當是禮儀之一，所以卦辭對之有所反映。

作爲渡水的對象，有其特別的用意。對「小狐」與卦象的對應，先儒亦多有多論〔註67〕。其實，「小狐」在《未濟》對應之卦，不爲《艮》，不是某爻，亦並非《坎》。其主要是以整個卦畫所體現的意義，與人們生活經驗中動物習性的相關聯，而確定擇取物象。也即卦辭所取之象未必具有《說卦》所言之動物之象的固定意義，而是以事物的某個顯著特徵而意指某物之象，如《未濟》因狐聽冰而將其擇入卦辭撰寫之中。

　　細觀《未濟》之卦象，下卦爲☵，爲水；上卦爲☲，「爲乾卦」〔註68〕，狐爲善聽冰之動物〔註69〕，《未濟》乾在上，水在下，小狐涉之，卻失之謹慎而沾濡其尾。將渡濟者見狐濡其尾而知冰下有水，無有所利，而選擇不濟江

〔註67〕虞翻云：「《否》二之五也。……《否》：《艮》爲小狐……《艮》爲尾。狐，獸之長尾者也。尾謂二在坎水中，故『濡其尾』。」（〔漢〕虞翻《周易虞氏義》，〔清〕張惠言輯，阮元《皇清經解》卷一千二百二十三，清咸豐十一年補刊學海堂刻本，第34～35頁）《否》六二至九四互體成《艮》，而六二之九五，成《未濟》，二居於《艮》之初，爲狐之尾，六二之尾往九五，即狐之尾在《未濟》之六五中。然而，《未濟》六三至六五互體成《坎》，爲水，即成狐之尾浸濕之象。虞氏從《未濟》卦來源而解卦辭之義，其意尚屬明切。宋儒林栗則稱：「《坎》爲狐。狐，陰物也，履冰而濟者也。」（〔宋〕林栗《周易經傳集解》卷三十二，《景印文淵閣四庫全書》經部第12冊，臺灣商務印書館，1986年版，第435頁）是林氏以《未濟》之下卦《坎》爲狐。明儒熊過則駁諸說，其謂：「小狐者，初六、六三。干寶以爲『《坎》狐』，本《九家易》。虞翻曰：『《艮》爲小狐。』非也。明在外而險於內，狐之疑而心病也。陰稱小，小者才不足；狐者，志不果之稱。」（〔明〕熊過《周易象旨決錄》卷四，《景印文淵閣四庫全書》經部第31冊，臺灣商務印書館，1986年版，第578頁）是說以爻爲狐，可謂新解。近人尚秉和云：「《艮》爲小狐，卦有三《艮》形，故《易林》《渙》之《未濟》云：『三虎上山，更相喧喚。』是以《未濟》爲三《艮》，故曰『三虎上山』。茲曰『小狐』，是以《艮》爲狐。」（尚秉和《周易尚氏學》，中華書局，1981年版，第281頁）是援《焦氏易林》以爲說，此亦是尚氏《易》說的一個特點。總之，狐之象與卦畫的對應主要有上述三種觀點。

〔註68〕《說卦》文。

〔註69〕《漢書‧文帝紀》載：「朕狐疑」。師古曰：「狐之爲獸，其性多疑，每渡冰河，且聽且渡。故言疑者，而稱『狐疑』。」（〔漢〕班固撰、〔唐〕顏師古注《漢書》卷四，中華書局，1962年版，第114～115頁）《韻府群玉》有「狐聽冰」條引師古說（參〔元〕陰勁弦、〔元〕陰復春編《韻府群玉》卷七，《景印文淵閣四庫全書》子部第951冊，臺灣商務印書館，1986年版，第288頁）。宋儒李劉云：「小狐汔濟，亦奚事於聽冰。」明儒孫雲翼《箋注》：「……郭緣生述征人：北風勁，河水始合，要須狐行。云此物善聽，聽冰下無水聲，然後過河。」（〔宋〕李劉撰、〔明〕孫雲翼箋注《四六標準》卷十八，《景印文淵閣四庫全書》集部第1177冊，臺灣商務印書館，1986年版，第430頁）

河。此以小狐不愼濡尾的特殊物象，呼應了《未濟》的卦名之義，又與卦畫有著緊密的聯繫。

「小狐汔濟，濡其尾」，不僅加強了文辭的生動性，還突出了《未濟》的題中之義。「濡其尾」的意義亦因此而得以擴展，其可以指動物，亦可指物體，如《既濟・初九》所言「曳其輪，濡其尾，无咎」，此即指川水浸濕了車的尾部。

二、參稽變爻之卦象而撰辭

《周易》卦辭撰寫的第二種方式是：在本卦卦象的基礎上，參考變爻之卦（如反卦，即旁通之卦）卦象，最後寫成卦辭。

《小畜》䷈卦辭云：「密雲不雨，自我西郊。」〔註70〕細觀䷈之卦體，尋覓不到「爲雲爲水」之《坎》卦之象。《小畜》的旁通之卦（反卦）爲《豫》䷏，其上卦爲☳，六三至六五互體爲☳，有雲雷之象。周王朝筮人比較《小畜》與《豫》卦之象，而判之以「不雨」之辭。尋其「密」之著落，即是《巽》，「《巽》爲長，爲高」，是《巽》可表示事物發展階段之高，《小畜》外卦爲《巽》，可表示雲層之「密」。《巽》又爲「不果」，是《巽》又可表徵事物未有結果之象，於雲象而言，是爲「不雨」。又觀《小畜》下卦，其爲☰，爲天，雲僅聚於天上，而不降而爲雨，所以「不雨」。有《乾》爲「木果」，而《巽》爲「不果」，所以「密雲」當雨而「不雨」，此是一種異常的天象，其甚有可能不爲雨而爲冰雹，因《乾》爲「果」爲「冰」，所以「密雲不雨」爲省文，其隱藏著「密雲下冰雹」之意，而冰雹降落於西郊，不至於造成屋破人傷，所以卦辭云「《小畜》，亨」。「西郊」之義，九二至六四互體成《兌》，《兌》爲西方；上卦《巽》爲木，林木多生於野外，可借至郊野之地〔註71〕。

此外，「密雲不雨，自我西郊」，亦見於《小過・六五》爻辭。《小過》䷽亦未有《坎》象，所以未能成雨。卜雨不雨常見於殷之甲骨文，雨不雨是影響人們行止、農業生產等重要的人事活動的一個關鍵因素，所以成爲卜筮最

〔註70〕 清儒李道平稱：「《小畜》與《豫》旁通，四體《坎》，《坎》爲雲、爲雨。今陰雖得位，《坎》象不見，而互《離》爲日，在《乾》天之上，又《巽》爲不果，故有『密雲不雨』。互《兌》，故稱西邑。」（〔清〕李道平《周易集解纂疏》，潘雨廷點校，中華書局，1994年版，第148頁）

〔註71〕 《爾雅・釋地》云：「邑外謂之效，效外謂之牧，牧外謂之林。」（《爾雅》卷七，第334頁）

重要的命辭之一。《周易》是以人的智慧經驗而貫穿成書的筮典，其以天道、地道、人道而闡明人事，所以其「以卦象明人事」的特徵在卦辭中體現得淋漓盡致。其中，人倫的色彩鮮明，婚娶是最好的體現〔註72〕。

《咸》䷞卦辭云：「取女吉。」《咸》：貞卦爲☶，爲少男；悔卦爲☱，爲少女，上下各爻皆有所應，若初六動而之九四，位正而得《既濟》之卦象，吉利則呈現，否則，不利於迎娶女子，如《姤》䷫。《姤》：內卦爲☴，爲長女；外卦爲☰，爲健，若初往之正，成《小畜》之象，《巽》爲不果，女當陰柔而今爲陽剛過甚，所以卦辭稱「女壯，勿用取女」。又整體觀☴之卦體，一陰爻居於卦體之初，五陽爻處於其上，是陰卦之極致〔註73〕，所以卦辭云「女壯」，因此卦辭作者告誡命卦者得此卦而「勿用取女」，其包含著「取女凶」之意。又如《歸妹》䷵，貞卦☱爲少女，少女出嫁而從六三之於九四，而成《泰》，所以《歸妹》有男女交通之人倫大義，然而六三至六五互體成《坎》，《坎》爲陷，又有險難之象，所以卦辭言「征凶」，而若未能規避其險，則否道將成，所以卦辭言「无攸利」〔註74〕。又如《漸》䷴，其爲《否》䷋六三之九四而成，《否》道漸見削弱，而《泰》道漸見增強，而女順而靜，所以卦辭云「女歸吉」。觀此四卦，皆以陽卦主內、陰卦主外而爲吉，故言「取女」或「女歸吉」，否則，爲「勿用取女」或「征凶」。此既與其本卦卦體有關，又與其往來之爻所成之卦的吉凶有關，所以製撰卦辭者參之以寫成卦辭。顯然，明曉卦辭製撰的此條體例，可以更好地理解卦辭之義趣。

《周易》卦辭除了關注人倫之婚娶，對國家治亂之事（如制定刑法、祭祀、行師、建侯、等等）亦予以表出。

首先，卦辭直接涉及國家制定刑罰體制之事，其有《噬嗑》䷔，其有雷動而天下文明之象，如能動則威者莫若刑法。刑法威嚴，則乖戾之象（如

〔註72〕《禮記‧郊特牲》云：「夫昏禮，萬世之始也。……男子親迎，男先於女，剛柔之義也。」（〔唐〕孔穎達撰《影印南宋越刊八行本禮記正義》卷三十六，潘氏舊藏宋元遞修本，安平秋、楊忠主編《重歸文獻——影印經學要籍善本叢書》，北京大學出版社，2014年版，第811頁第12葉）所以《周易》卦體以陽卦居於陰卦之下爲吉利。

〔註73〕《繫辭下》云：「陽卦多陰，陰卦多陽。其故何也？陽卦奇，陰卦耦，其德行何也？陽一君而二民，君子之道也；陰二君而一民，小人之道也。」（足利本《周易注疏》，第715頁）

〔註74〕宋儒張載云：「《泰》之九三進而在四，六四降而在三，……然《泰》道將終，征將爲否，故曰凶。」（張載《橫渠易說》卷二，《景印文淵閣四庫全書》經部第8冊，臺灣商務印書館，1986年版，第717頁）

《睽》）遯去，而天下呈現光明之象（即☲象）。

　　其次，卦辭記錄了祭祀之事，其有《觀》《損》《萃》《渙》。《觀》䷓〔註75〕，其貞卦爲《坤》，爲釜，釜供煮熟祭物而薦於鬼神；悔卦爲木，神主爲木所製，由此觀之，即䷓有「祭品供於神主之下」之象。按卦象所承載之意義，卦辭當以此爲內容而言其吉凶，但卦辭卻云「觀盥而不薦，有孚顒若」，盥與薦皆爲祭祀先祖之禮的組成部分，爲何稱「觀盥而不薦」呢？卦辭當爲省文，即「觀盥而不觀薦」，由此再觀䷓之卦體，上卦☴又可解爲「臭」。《禮記‧郊特牲》云：「至敬不饗味而貴氣臭也。」〔註76〕又云：「周人尚臭，灌用鬯臭。鬱合鬯臭，陰達於淵泉。灌以圭璋，用玉氣也。既灌，然後迎牲。」〔註77〕此處之「圭璋」即是玉勺之柄〔註78〕，而《坤》爲柄。所以䷓有盥之象。《禮記‧祭統》云：「夫祭有三重焉：獻之屬，莫重於祼；……此周道也。」（《禮記注疏》卷四十九）盥禮即爲祼禮，爲周代禮制所重，亦爲觀禮者所關注〔註79〕。

〔註75〕鄭玄曰：「《坤》爲地、爲眾，《巽》爲木、爲風。九五，天子之爻，互體有《艮》，《艮》爲鬼門，又爲宮闕，地上有木而爲鬼門。宮闕者，天子宗廟之象也。」（〔漢〕鄭玄撰、〔宋〕王應麟輯，〔清〕惠棟考補《增補鄭氏周易》卷上，《景印文淵閣四庫全書》經部第 7 冊，臺灣商務印書館，1986 年版，第 156 頁）鄭氏此解頗有啟發性。

〔註76〕〔唐〕孔穎達撰《影印南宋越刊八行本禮記正義》卷三十四，潘氏舊藏宋元遞修本，北京大學出版社，2014 年版，第 784 頁第 1 葉。

〔註77〕〔唐〕孔穎達撰《影印南宋越刊八行本禮記正義》卷三十六，潘氏舊藏宋元遞修本，北京大學出版社，2014 年版，第 813 頁第 15 葉。

〔註78〕鄭玄《禮記注》云：「灌，謂以圭瓚酌鬯，始獻神也。」（《禮記注疏》卷二十六）鄭氏又在箋《大雅‧旱麓》之「瑟彼玉瓚，黃流其中」時云：「圭瓚之狀，以圭爲柄，黃金爲勺。」（〔漢〕毛亨傳、〔漢〕鄭玄箋、孔穎達疏《毛詩注疏》卷十六之三，臺北藝文印書館，2013 年版，第 559 頁）王肅云：「以圭璋爲瓚之柄也。瓚，所以斟鬯也。」（《禮記注疏》卷二十六）清儒梁國治稱：「圭瓚以盛秬鬯，其狀剡上邪銳，首爲勺形，柄注水道，所以灌也。一曰：宗廟祼器，形如盤。」（〔清〕梁國治《欽定音韻述微》卷十三，《景印文淵閣四庫全書》經部第 240 冊，臺灣商務印書館，1986 年版，第 997 頁上葉）是先儒以「圭璋」爲瓚之柄，所言甚是。據《周禮‧春官‧典瑞》載：「祼圭有瓚，以肆先王，以祼賓客。」鄭司農云：「於圭頭爲器，可以挹鬯。祼祭謂之瓚。故《詩》曰：『邲彼玉瓚，黃流在中。』」（〔漢〕鄭玄注、〔唐〕賈公彥疏《周禮注疏》卷二十，明朝嘉靖李元陽福建刻，明隆慶二年（1568 年）重修刊本，第 27 頁）鄭司農亦以「圭」爲瓚之柄。總之，「圭璋爲瓚之柄」爲可信之說。

〔註79〕《論語‧八佾》載：「子曰：『禘自既灌而往者，吾不欲觀之矣。』」（〔魏〕

再觀《損》䷨，下卦爲☱，爲毀折；上卦爲☶，爲果蓏，有「毀折下而益增上之果實」之象。又卦體九二至六四互體成☳，爲蒼筤竹，竹可製成竹簋〔註80〕；上卦☶，爲手，是䷨有「手持竹簋」之象。又下卦☱，爲巫，爲口舌，是䷨又有「佐食者如巫使鬼神享用竹簋物品」之意。所以卦辭云：「曷之用？二簋可用享。」此文強調了祭祀享神誠信的至關重要〔註81〕，由此觀之，此卦辭已非一般言吉凶之繇辭，其已與禮制不可分割地聯繫到一起，體現王官製撰卦辭的用意，即注重貫注禮義的精神。

又觀《萃》䷬，其下卦爲☷，六三至九五互體成☴，兩相疊加，有《觀》䷓之象，即《萃》有行祼禮之義，所以卦辭云「王至有廟」。祼禮之後是迎牲，然後是劃牲。觀《萃》䷬之卦體，其上卦爲☱，爲毀折，可指劃牲；下卦爲《坤》，爲子母牛，牛爲大牲，所劃者是牛，所以卦辭云「用大牲」〔註82〕。

何晏注、〔宋〕邢昺疏《論語注疏》卷三，藝文印書館，2013 年版，第 27 頁）

〔註80〕《儀禮・聘禮》載：「夫人使下大夫勞，以二竹簋方，玄被纁裏，有蓋。」（〔漢〕鄭玄注、〔唐〕賈公彥疏《禮儀》卷八，《景刊唐開成石經》第 1 冊，中華書局，1997 年版，第 772 頁下）阮元《儀禮注疏》本，「簋」作「簠」；武英殿本《儀禮注疏》同「簠」（《儀禮注疏》卷八，《十三經注疏》，清同治十年（1871 年），廣東書局重刊武英殿本，第 19 頁上）。宋儒李如圭稱：「案：簋，今《注疏》本從《釋文》，改作簠。唐石經作簋，據《注》，當以作簋爲正。」（〔宋〕李如圭《儀禮集釋》卷十一，《景印文淵閣四庫全書》經部第 103 冊，臺灣商務印書館，1986 年版，第 218 頁下～219 頁上）李氏之說是，今從之。

〔註81〕《禮記・明堂位》云：「有虞氏之兩敦，夏后氏之四璉，殷之六瑚，周之八簋。」鄭玄《注》云：「皆黍稷器，制之異同未聞。」（〔唐〕孔穎達撰《影印南宋越刊八行本禮記正義》中冊卷四十一，足利本，北京大學出版社，2014 年版，第 885 頁第 11 葉）《禮記・祭統》又云：「三牲之俎，八簋之實，美物備矣。」（〔唐〕孔穎達撰《影印南宋越刊八行本禮記正義》下冊卷五十七，足利本，第 1317 頁第 3 葉）八簋爲周天子之祭禮，意謂物產之完備。而卦辭言「二簋可用享」，此殆與「有虞氏之兩敦」相當，按《禮記》之禮制精神，敬祭鬼神不在物產之豐美，而在於人心之誠信。《左傳・隱公年》載：「君子曰：信不由中，質無益也。明恕而行，要之以禮，雖無有質，誰能間之？苟有明信，澗谿沼沚之毛，蘋蘩蘊藻之菜，筐筥錡釜之器，潢污行潦之水，可薦於鬼神，可羞於王公……」（《春秋左傳注疏》卷三）可見誠信之於禮義的重要性。

〔註82〕《左傳・僖公十九年》載：「小事不用大牲。」《禮記・雜記》載子羔之言，其云：「成廟，則釁之，其禮：……雍人舉羊升屋，自中，中屋南面，劃羊血流於前，乃降。門、夾室皆用雞，先門而後夾室。」（〔唐〕孔穎達撰《影印南宋越刊八行本禮記正義》下冊卷五十二，足利本，第 1181 頁第 28 葉）

卦辭稱「吉，利有攸往」者，是其牛血臭氣能降神之故〔註83〕。

最後觀《渙》䷺，下卦為☵，為水，為玄酒〔註84〕；上卦為☴，為臭，所以☴有祭祀鬼神之象，所以卦辭云「王假有廟」。

再次，卦辭載有建侯之利弊，其有《屯》《豫》。

細觀《屯》䷂，下卦為☳，為長子；六二至六四互體為☷，為眾，是卦體有「長子得眾」之象。上卦為☵，為陷，可意指險固之地；六三至九五互體為☶，為閽寺，為指，即為令行禁止之義，所以卦體又有「防禦外地，屏藩王朝」之意。準上，卦辭故云「利建侯」。

又觀《豫》䷏，下卦為☷，為眾，六二至九四互體成☶，為止，是卦畫有「眾人安居」之象；又六三至六五互體成☵，與☷上下疊結成《比》之象，上卦為☳，為長子，長子得眾人之比親，其有建侯之才，所以卦辭云「利建侯」。

最後，卦辭亦錄有行軍之事，其有《豫》《夬》《升》《震》。

《豫》䷏卦辭又云：「利……行師。」其一，與《豫》卦之義相關，《象》言「雷出地奮」。準此，則《豫》有軍中士氣奮動之意，故利於出師。其二，觀《豫》之卦體，內順而外動，其有「無內憂之慮，一致對外，以夷外患」之象，眾振旅成剛，卦體九四之六二，成《師》〔註85〕。《師‧九二》則云：「在師中，吉无咎，王三錫命。」此是師動之象。其三，《豫》六三至六五互體成☵，而上卦為☳，兩卦疊加成《解》，《解》卦辭言「有攸往，夙吉」，《象》則釋之曰「往有功也」，所以「利出師」。

〔註83〕《歸妹‧上六》云：「士刲羊，無血：無攸利。」《歸妹》卦體下《兌》上《震》，互體之卦亦無《巽》象，是為「無血」之象。刲羊無血，是無法降神，所以不得神之保祐。《萃》卦刲羊有血，且「女承筐有實（《萃》上卦為《巽》，為少女；六二至九四互體為《艮》，為果蓏）」，所以吉利，並且利有所往，往而之正，成《家人》，與《萃》之義同類相通，所以卦辭云「亨」。

〔註84〕《禮記‧禮運》載孔子論古今禮之言，其云：「後聖有作……以事鬼神，皆從其朔。故玄酒在室，醴醆在戶；粢醍在堂，澄酒在下……」（〔唐〕孔穎達撰《影印南宋越刊八行本禮記正義》中冊卷三十，足利本，第693頁第2葉）對「玄酒」之義，唐儒貫公彥《疏》稱：「禮有玄酒、涗水、明水。三者各逐事物生名：玄酒據色而言，涗水據新取為號。其實一也，上古無酒，用水為酒；後代雖有酒，用之配尊，不忘本故也。」（《儀禮注疏》卷二）

〔註85〕虞翻曰：「三至上體《師》象，故『行師』。」清儒李道平曰：「三至上《師》體半見，故體《師》象。又《震》足為『行』，故』利出師』。」（李道平《周易集解纂疏》卷三，第200頁）

又觀《夬》䷪，其與《姤》䷫爲覆卦，按「陽卦多陰，陰卦多陽」的原則，《夬》陰爻居於五陽爻之上，而《坤·上六》言「龍戰于野，其血玄黃」，有不利於興師動眾之象。其一，《夬》卦無《坤》象，無得眾人之孚信；又無《震》象，不得車行斬敵封侯之功；更無《坎》象，其無地險可依，如此，攻不能殺敵立功，守無地利可憑，所以軍心不穩，士氣消沉，若如斯戰，必折兵損將，王之威信有喪失之危機。其二，《夬》以柔弱之主，欲駕馭剛健之臣，若即時行師，便有內憂外患之象，不利於王之威信的滋大。準上，所以卦辭云：「不利即戎。」至於其辭「告自邑」，保留了某一次稽疑活動的背景，於卦象並無著落，不必拘泥於文而強爲之說〔註86〕。

再觀《升》䷭，其是王朝占南征吉凶之時，所筮得之卦，並作爲範例選入《周易》，作爲《升》之卦辭。

最後觀《震》䷲，其與王師聲勢之盛大或其行動相關，《舜典》有言「震驚朕師」，是師之受驚動，爲「震」；《詩·大雅·召旻》有言「昔先王受命，有如召公，日辟國百里，今也日蹙國百里」，國土之損失，以王師之敗所致，其以「百里」〔註87〕爲說，表示損失之嚴重。卦辭言「震驚百里」即是以聲勢威懾百里之民。其又云「不喪匕鬯」，體現了行軍祀禮是國之大事，此與卦象有契合：《震》六三至六五互體成《坎》，爲水，爲玄酒；六二至九四互體成《艮》，爲手，是《震》之卦體有「手持玄酒行裸禮」之象。

《井》䷯，此卦之體有井之象，以汲水之意言之，下卦《巽》，爲繩，爲工；上卦爲《坎》，所以䷯有「以繩子爲工具自下往上取水」之象。筮得《井》，判其吉凶，必審其卦象而繫辭。觀其卦體䷯，九二至六四互體成☲，爲毀折，是繩緪有斷裂之象；九三至九五互體成☲，上爲☵，是《井》有《既濟》之象，意即裝水之器已取到水。然而繩緪有斷裂之憂，所以卦辭云「汔至亦未繘井，羸其瓶」。繩斷甕破，其爲不吉利之象，所以卦辭定其爲「凶」。

又觀《井》䷯，內卦《巽》爲進退，爲近利市三倍，九二至九四互體成《兌》，爲羊，是卦體有喪羊而得利市三倍。而《巽》《兌》又成《大過》之

〔註86〕虞翻云：「陽息，動《復》，剛長成《夬》。《震》爲『告』，《坤》爲『自邑』。」（李道平《周易集解纂疏》卷六，第394頁）

〔註87〕《後漢書·光武帝紀》載：「博士丁恭議曰：『古帝王封諸侯不過百里，故利以建侯，取法於雷。」（〔宋〕范曄撰，〔唐〕李賢等注《後漢書》卷一上，中華書局，1965年版，第26頁）是「百里」可表示諸侯之國。

卦，即爲亨通。且《井》上卦爲《坎》，爲通，是貨殖之路井然有序，如此乃爲吉，所以卦辭云「无喪无得，往來井井」。雖其無言「吉」，而「吉」已含於其中。卦辭言「改邑不改井」〔註88〕是對井或井田之制〔註89〕的特徵的說明，於卦象關涉不大。

《晉》䷢，貞卦爲☷，《坤》卦辭云：「利牝馬之貞。」悔卦爲☲，《離》卦辭云：「畜牝牛。」以此觀之，☷有畜養牛馬之象。☲又爲大腹，有馬妊娠之象。結合☷爲眾之象，所以䷢有「馬繁衍」之意，所以《卦辭》云：「康侯用錫馬蕃庶。」值得特別指出的是，先儒對卦辭中的「康侯」多解爲「康國之侯」以就卦象〔註90〕，顧頡剛先生駁之，以「康侯」爲「衛康叔」〔註91〕，此爲出土的《康侯■鼎》（如圖）所證實，其銘文釋讀爲：「康侯封作寶尊」〔註92〕。又有《康侯鬲》（如圖），其銘文有「康侯」〔註93〕二字。所以，「康侯」乃是真實存在的歷史人物，故不宜以「安國之侯」解之。此亦是不能將

〔註88〕對此卦辭，虞翻曰：「《泰》初之五也。《坤》爲『邑』，《乾》初之五，折《坤》，故『改邑』。初爲舊井，四應甓之，故『不改井』。」（李道平《周易集解纂疏》卷六，第 428 頁）宋儒趙以夫申鄭意，云：「《井》自《泰》來，以五爲主。上本《坤》，《坤》爲『邑』，初、五相易，變《坤》爲《坎》，『改邑』也。《坎》水爲井，五剛得中，守正不變，『不改井』也。」（〔宋〕趙以夫《易通》卷五，《景印文淵閣四庫全書》經部第 17 冊，臺灣商務印書館，1986 年版，第 884 頁上～下）以此解說卦辭，注重卦辭與卦象的一一對應關係，不免有曲爲之說之弊。

〔註89〕宋儒程迥稱：「井雖以汲井爲義，然亦有井田之義。」（〔宋〕程迥《周易章句外編》，《景印文淵閣四庫全書》經部第 12 冊，臺灣商務印書館，1986 年版，第 612 頁下）此解值得注意。宋儒徐總幹又云：「《井》卦言『改邑不改井』，以見在昔，井田有井邑之法。」（〔宋〕徐總幹《易傳燈》卷一《三代制度》，《景印文淵閣四庫全書》經部第 15 冊，臺灣商務印書館，1986 年版，第 812 頁下）可見，此卦辭爲我們研究三代井田之法提供了重要的素材，其可能意味著朝代雖已更替，邑之名或地已被更替，但井田之法因仍不革。

〔註90〕虞翻曰：「《觀》四之五，《晉》，進也。《坤》爲康，康，安也。初動體《屯》《震》（筆者按：即成《屯》下卦之《震》），爲侯，故曰『康侯』。」（〔唐〕李鼎祚《周易集解》卷七，《景印文淵閣四庫全書》經部第 7 冊，臺灣商務印書館，1986 年版，第 721 頁上）是不以「康侯」爲人名解。

〔註91〕顧頡剛稱：「康侯，即衛康叔：因爲他封於康，故越『康侯』，和伯禽的封於魯而曰『魯侯』一樣。」（顧頡剛《周易卦爻辭中的故事》，《古史辨》第三冊，上海古籍出版社，1981 年版，第 17 頁）

〔註92〕中國社會科學院考古研究所編《殷周金文集成釋文》第 2 冊，香港中文大學出版社，2001 年版，第 167 頁第 2153～6 號釋文。

〔註93〕中國社會科學院考古研究所編《殷周金文集成釋文》第 1 冊，香港中文大學出版社，2001 年版，第 475 頁第 464.b 號釋文。

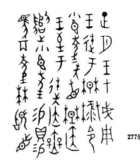

康侯キ鼎銘文〔註94〕　　　康侯鬲銘文〔註95〕　　　小臣夌鼎銘文〔註96〕

卦辭之文與卦畫之象一一對應的主因，否則，或有強牽卦象就卦辭之病。此
則卦辭保留了殷代《歸藏》卦辭的撰寫體例，即以歷史人物以筮稽疑的事例
為卦辭。其記載了西周早期康侯筮占將周王所賜之馬匹作何用途之事項。周
王賜諸侯以馬，金文時有載之，如《小臣夌鼎》銘文載：「正月王在成周，王
迲於楚麓，令小臣夌先省楚应。王至于迲应，無譴小臣夌，賜貝、賜馬兩……」
〔註97〕此是西周早期周王賜小臣夌貝與馬匹之事。又如《應侯見工鍾》銘文
載：「唯正二月初吉，王歸自成周。應侯見工遺王于周。辛未，王格于康。榮
伯入右應侯見工，賜彤弓一、彤矢百、馬……」〔註98〕是周王賜應侯弓矢、
馬匹之事。馬在古代甚為重要：其既是主要的交通工具，又可作戰馬〔註99〕。
因此，馬在《說卦》中所佔卦象比例最高，其云：「《乾》為良馬，為老馬，

〔註94〕中國社會科學院考古研究所編《殷周金文集成》第 4 冊，中華書局，1984 年
　　　　版，第 181 頁第 2153 號銘文。
〔註95〕中國社會科學院考古研究所編《殷周金文集成》第 3 冊，中華書局，1984 年
　　　　版，第 6 頁第 464 號銘文。
〔註96〕中國社會科學院考古研究所編《殷周金文集成》第 5 冊，中華書局，1984 年
　　　　版，第 168 頁第 2775 號銘文。
〔註97〕中國社會科學院考古研究所編《殷周金文集成釋文》第 2 冊，香港中文大學
　　　　出版社，2001 年版，第 167 頁第 355-b 號釋文。
〔註98〕中國社會科學院考古研究所編《殷周金文集成釋文》第 1 冊，香港中文大學
　　　　出版社，2001 年版，第 69 頁第 107 號釋文。
〔註99〕《周禮·夏官》載：「馬質掌質馬，馬量三物：一曰戎馬，二曰田馬，三曰駑
　　　　馬。皆有物賈。」賈公彥《疏》：「馬有六種，此三者無種，買以給官府，餘
　　　　三者仍有種馬、齊馬、道馬，其齊馬、道馬亦無種。不買之者，其種馬上善
　　　　似母者；其齊馬、道馬雖非上善似母者，亦容國家所蕃育，不買之也。」（《周
　　　　禮注疏》卷三○）《周禮·夏官·校人》又載：「校人掌王馬之政，辨六馬之
　　　　屬：種馬一物，戎馬一物，齊馬一物，道馬一物，田馬一物，駑馬一物。」
　　　　是六馬各有所用。

爲瘠馬，爲駁馬……《震》，……其於馬也，爲善鳴，爲馵足，爲作足，爲的顙……《坎》，……其於馬也，爲美脊，爲亟心，爲下首，爲薄蹄，爲曳。」此將馬的各種特徵以《乾》《震》《坎》之象表出，展示了馬生動的形態。《晉》卦辭云：「康侯用賜馬蕃庶。」意即康侯用周王所賞賜之馬繁育出更多的馬匹，「晝日三接」即言馬產崽之多。總之，此條卦辭有助於我們獲知《周易》卦辭對殷《歸藏》卦辭體系的有所承繼，又能讓我們更好地考察《周易》卦辭體系與前代撰寫體例的特徵，即將具體的筮例弱化，去掉其故事的成分，考察其通約性，最後撰寫成文。此外，《晉》卦辭提示我們，研究《周易》卦辭一味地去考尋其本事，可能事倍功半，因爲經過周代王官的精心編撰過的卦辭，已被特地過濾掉卜筮之本事。《晉》卦辭是其孑遺，或因康侯繁育戰馬功勞甚大，而馬又在人們生活中的重要作用，所以王官保留了康侯筮問以馬作何用的事例。

　　與《晉》卦辭保留了稽疑的故事相較，《離》卦辭所言「畜牝牛」並不繫之於何人。《離》☲，內外卦皆爲經卦☲。於動物之象，☲爲雉；六二至九四互體成☴，爲雞；九三至六五互體成☱，爲羊。尋覓不到與「牝牛」相應的經卦。先儒由此聯想到「《坤》爲子母牛」之說，並由《離》之成卦解「畜牝牛」之意〔註100〕，難免有郢書燕說之弊。其實，卦辭的重點在於「畜牝牛」之「畜」。《巽》爲繩，爲工，爲牛繮繩；《巽》又爲木，牛廄爲木材所搭建，所以《離》有畜養牛之象。牛爲農業社會提供了重要的生產力，又是祭祀用牲中的大牲等等〔註101〕。此條卦辭是周代王官筮斷養牝牛的吉凶所撰寫的解筮之辭。筮人在多次的稽疑活動中，大率筮得《離》卦的概率最高，且又爲吉利，所以將此卦辭繫於《離》☲之下。所以儘管☲無「牝牛」之象，王官還是依據經驗將其採用爲《離》之卦辭。此即筮人依據稽疑經驗製撰卦辭的

〔註100〕虞翻云：「《坤》二五之《乾》，與《坎》旁通。於爻，《遯》初之五。……畜，養也。《坤》爲牝牛，《乾》二五之《坤》成《坎》，體《頤》，養象。故『畜牝牛吉』。俗說皆以《離》爲牝牛，失之矣。」（〔唐〕李鼎祚《周易集解》卷六，《景印文淵閣四庫全書》經部第 7 冊，臺灣商務印書館，1986 年版，第 708 頁上～下）

〔註101〕《周禮・地官・牛人》載：「牛人掌養國之公牛，以待國之政令。凡祭祀，共其享牛求牛，以授職人而芻之。凡賓客之事，共其牢禮積膳之牛。饗食賓射，共其膳羞之牛。軍事，共其犒牛。喪事，共其奠牛。凡會同軍旅行役，共其兵車之牛，與其牽傍，以載公任器。凡祭祀，共其牛牲之互，與其盆簝以待事。」（《周禮注疏》卷十三）由此可見牛的重要作用。

體例，在此特予以表出。

又如《復》䷗是筮人在稽疑出入行止之吉凶所撰寫之文辭。觀䷗，一陽在五陰之下，爲陽之萌動、有所作爲之時。其貞卦爲☳，爲作足，爲動；悔卦爲☷，爲大輿，爲順，是䷗有「外順而利大輿行進，內健而利出入」之象。又觀䷗無《坎》難之象，即無「加憂、心病、耳痛、血卦」等不利出入因素之困擾，所以卦辭云「出入无疾」〔註102〕。此以《說卦》之卦象解之。若從陰爻、陽爻上下來往的情況闡之，如準王弼「朋謂陽也」之說，自外而來一陽爻，《復》䷗成《臨》䷒，按「十二消息卦」，《復》爲建子十一月，《臨》爲建丑十二月，其成時序漸進之勢，可隨遇而安而不至於有疾；而若自外而來二陽爻，《復》䷗成《泰》䷊，成三陽息陰之態，陰陽交通而不否閉，所以「出入无疾」。

《困》䷮，下卦是《坎》，爲水；上卦是《兌》，爲毀折。水是維繫萬物生命之源，水源短缺或毀壞，人畜將難以存活，此是《困》命名之由。又《兌》爲口舌，口舌爲人言說的發聲器官，故可表示言語。下卦《坎》，爲耳朵，六三至九五互體成《巽》，爲風，爲不果，如此成耳朵邊有風之象。「風以散之」，言語不能形成共鳴，不能達成共識，爲「不果」，所以卦辭言「有言不信」〔註103〕。

《豐》䷶，此卦辭亦簡省了其本事，其謂「王假之」，王適於何地，又所爲何事，卦辭無有言明。其僅僅以「勿憂，宜日中」來調整王之心態以及指示宜於何時動身。觀䷶，下卦爲☲，爲日，指白天；上卦爲☳，爲動，爲作足，故䷶有「君王欲乘馬車往某地」之象。再觀䷶之卦體，六二至九四互體成☴，爲躁卦；《豐》上體是☳，爲決躁，所以卦辭安慰王者「勿憂」，即爲莫要急躁之意。又再進一步而言，䷶無☵之象〔註104〕，故其與「加憂、心病」無涉，所以不必要憂於其事。何時宜行，卦辭予以指引，即「宜日中」，此於

〔註102〕對此卦辭，虞翻云：「謂出《震》成《乾》，入《巽》成《坤》。《坎》爲疾，十二消息不見《坎》象，故『出入無疾』。」（《周易集解》卷六）此從卦象變化的角度解說卦辭。《周易參同契》曰：「朔旦爲復，陽氣始通，出入無疾。」

〔註103〕虞翻云：「《震》爲言，折入《兌》，故有言不信。尚口乃窮。」（〔唐〕李鼎祚《周易集解》卷九，第756頁下）尋《說卦》之文，無有「《震》爲言」之說，故不必強爲之解。於卦象而撰寫卦辭，並依據《說卦》所約定俗成之普遍適用之卦象之說，亦可通解此卦辭。

〔註104〕我們不取「半象」之說，其說有枝蔓之弊，亦無取「逸象」之「象」，其說難徵於傳世之古典文獻。

卦象有應，下卦☷即爲日。可見，卦辭製撰者以《說卦》卦象爲解說卦之圭臬，於一卦之中，一個經卦或互體之卦可以有多個卦象組成的意義，並串聯成文。此是王官運思的精妙之處。此外，卦辭中明言問筮者爲「王」，彰顯出《周易》王官之學的色彩。其爲稽疑的對象「王」服務。並在長期的爲王筮斷中，形成了《周易》特定的卦辭體系。而正如前文我們所述的那樣，王官在編撰卦辭之時，刊消了其本事，以便爲解筮者或玩辭者提供更大的發揮餘地〔註105〕。

《節》䷻，內卦爲☱，於地爲剛鹵；外卦爲☵，爲水，地剛鹵之極〔註106〕，水分流失過甚，則成重鹽鹼地。卦辭作者云「苦節不可貞」，巧妙地「將地脫水，成剛鹵之地」的卦象昇華爲人事，其提出了「苦節」之於治亂的消極意義。節而不疏，是爲不通；賦貢等數度過苛，則民不堪其苦，民性必不醇正，民風必缺禮義之節〔註107〕。由此卦辭審察卦辭的撰寫體例，依據卦象以義而將之轉述爲人事意義，是王官寫成《周易》卦辭的一個不可忽視的特徵，故於此亦予以表出。

三、依據稽疑經驗，直宣判語

卦辭尚有一個重要的編撰體例是：主要根據長期的稽疑經驗，直系以吉凶之判詞，而不就卦體之象展開簡述。如《旅》䷷之「小亨。旅貞，吉。」依其卦象，若以人事言之，下卦爲☶，爲止，爲拘；上卦爲☲，爲甲冑，爲戈兵，可表示武力或暴力，是䷷有「以武力拘繫人」之意。所以《象》有「君子以明愼用刑而不留獄」之語。然卦辭卻無隻言片語及之，而是明指筮得《旅》而獲吉的主因：貞正，即旅人之心地純正。又如《鼎》䷱之「元吉，亨」，下卦爲〔註108〕☴，爲木，爲風；上卦爲☲，爲火，爲龜，是䷱有「吹風以使火

〔註105〕《乾·文言》云：「六爻發揮，旁通情也。」即言由六爻所組成的卦象，或分離或組合或互體重組等等，與命筮之事可通之以情理。

〔註106〕《爾雅·釋言》云：「鹵、矜、鹹，苦。」郭璞《注》云：「苦即大鹹。」邢昺《疏》云：「鹹殊極必苦，故以鹹爲苦也。」（〔晉〕郭璞注、〔宋〕邢昺疏《爾雅注疏》卷二）《淮南子·地形訓》云：「煉辛生苦，煉苦生鹹。」（何寧《淮南子集釋》卷四，中華書局，1998年版，第355頁）清儒郝懿行又云：「《書》『潤下作鹹』，鹹極必苦。」（〔清〕郝懿行《爾雅義疏》卷二《釋言》，上海古籍出版社，1983年版，第390頁）是鹹、苦可互化。

〔註107〕此正如王弼所言：「爲節過苦，則物不能堪也；物不能堪，則不可復正也。」

〔註108〕鄭玄云：「六五體《離》，處《乾》之上，猶大臣有聖明之德，代君爲政，處其位，有其事而理之也。元亨者，又能長群臣以善，使嘉會禮通，若周公攝

旺，以火灼大龜」之象，龜卜得吉，筮亦得吉，是爲「元吉」。

再如，《大有》☲之「元亨」，下卦爲☰，爲君；上卦爲☲，爲南方之卦，爲明，內健而外明，所以☲有「君王施行明政」之象〔註109〕，所以取「君王大有作爲」之義。因明君大有所爲，惠澤天下，所以政通人和〔註110〕，是政治之大亨通，所以卦辭云「元亨」。又再觀☲，上卦《離》，於人爲大腹，爲肥之象，家肥國肥天下肥〔註111〕，亦與《大有》卦義相通。然而王官亦未有對《大有》卦象展開闡釋。又如《遯》☶，《艮》下《乾》上，有隱退於山中之象，其若得遯道亨通，也僅爲小利之貞正。因《艮》爲止爲拘，其心志不得自由施展，以此道處世，貞固其志而所得者亦爲小利，所以卦辭直言「小利貞」，表明了王官對遯道一種複雜的態度：小利，當是私人之利，相對於公利而言，取得之小利爲有義，則爲貞之小者。再觀《大壯》☳，其不言「亨」，「亨」之意已含在其《大壯》之卦義中，物大壯而其所趨向之道亨通。而《兌》☱，僅從其卦名未能判定亨未亨，所以繫以「亨」。《明夷》☷之「利艱貞」與《家人》☲「利女貞」即表明「利貞」之境遇及對象。這些表意簡略的卦辭，以固定的形式來展示卦的意義，其撰寫的體例與依象繫辭或以本事撰辭等方式相異，保留了卜筮之辭古老的撰辭形式，其甚可能爲周文王拘於羑里之時所繫。

小　結

《周易》卦辭體系保留有《連山》《歸藏》生成義例的痕跡，如涉入史事之例。但周代筮人階層在長期的稽疑實踐中，有意識得保藏了大量的繇辭文檔，以編撰一部周代之筮典。王官在歸納、總結與編輯筮例過程中，有意識

政，朝諸侯於明堂。是也。」（〔唐〕李鼎祚《周易集解》卷四，第665頁下）鄭氏此說以六五爲賢臣，以賢臣踐君位爲「大有」之象，同王官命名卦與撰寫卦辭之本意不合。

〔註109〕《說卦》云：「聖人南面而聽天下，嚮明而治，蓋取諸此也。」

〔註110〕《大有》卦體之九三至六五互體成《兌》，爲說，有和悅之義。

〔註111〕《禮記‧禮運》云：「四體既正，膚革充盈，人之肥也；父子篤，兄弟睦，夫婦和，家之肥也；大臣法，小臣廉，官職相序，君臣相正，國之肥也；天子以德爲車，以樂爲御，諸侯以禮相與，大夫以法相序，士以信相考，百姓以睦相守，天下之肥也。是謂大順。」（〔唐〕孔穎達撰《影印南宋越刊八行本禮記正義》中冊卷三十一，足利本，第737頁第20葉）大順，則能至於大有，大有然後得大亨通。

地刪汰了占筮的本事，從而使卦辭更具理論性、概括性。《周易》卦辭按其主題或中心詞的異同，粗略地將之分爲九類：第一類是以「元亨利貞」爲主題；第二類是以「利、不利涉大川」爲主題，第三類是以人事吉凶爲主題；第四類是以卦畫上下體之陰陽來往情況編撰卦辭，第五類是以占筮原則爲中心寫就卦辭；第六類是以動物之象寫作卦辭；第七類是以「利不利有攸往」爲提示辭；第八類是以「利貞」爲判詞；第九類是以「亨」爲中心詞。由此可探知《周易》卦辭的生成義例，即主要有三種：一是依卦象製辭，二是參稽之卦之象撰辭；三是依據稽疑經驗，直宣判語。